Guoji Fazhan Yuanzhu Dui
Shouyuanguo FDI de Yingxiang Yanjiu
Yi OECD DAC Chengyuanguo Dui Yafei Guojia Yuanzhu Weili

# 国际发展援助对
# 受援国FDI的影响研究

以OECD DAC成员国对亚非国家援助为例

◆ 王 翚 /著

中 国 财 经 出 版 传 媒 集 团

经济科学出版社
Economic Science Press

**图书在版编目（CIP）数据**

国际发展援助对受援国 FDI 的影响研究：以 OECD DAC 成员国对亚非国家援助为例/王羣著．—北京：经济科学出版社，2016.12

ISBN 978 - 7 - 5141 - 7728 - 2

Ⅰ.①国⋯ Ⅱ.①王⋯ Ⅲ.①经济合作与发展组织 - 经济援助 - 影响 - 外商直接投资 - 研究 - 亚洲②经济合作与发展组织 - 经济援助 - 影响 - 外商直接投资 - 研究 - 非洲 Ⅳ.①F116.7②F833.048③F834.048

中国版本图书馆 CIP 数据核字（2017）第 016456 号

责任编辑：李　雪
责任校对：刘　昕
责任印制：邱　天

**国际发展援助对受援国 FDI 的影响研究**
——以 OECD DAC 成员国对亚非国家援助为例

王　羣　著

经济科学出版社出版、发行　新华书店经销

社址：北京市海淀区阜成路甲 28 号　邮编：100142

总编部电话：010 - 88191217　发行部电话：010 - 88191522

网址：www. esp. com. cn

电子邮件：esp@ esp. com. cn

天猫网店：经济科学出版社旗舰店

网址：http://jjkxcbs. tmall. com

北京中科印刷有限公司印装

710 × 1000　16 开　17.25 印张　310000 字

2016 年 12 月第 1 版　2016 年 12 月第 1 次印刷

ISBN 978 - 7 - 5141 - 7728 - 2　定价：58.00 元

# 摘　　要

　　"千年发展目标"的提出与实施使援助有效性成为 21 世纪国际发展援助领域关注的重点。国际发展援助的最终目标是促进发展中国家经济发展及增加其公民的社会福利，然而国际发展援助 60 多年的实践无法有力地证实国际发展援助是有效的。20 世纪 80 年代中期以来，FDI 加速流入发展中国家。相较国际发展援助，国际社会对 FDI 在转移知识和技术、创造就业、促进发展中国家经济增长方面的效果是比较认可的。因而，国际发展援助机构呼吁充分利用官方发展援助带动私人直接投资，以达到促进经济增长的效果。主要援助国也将创造有利的投资环境、促进本国私人资本流入受援国这一经济目标纳入了对外援助的宣言之中。从现有文献看，国内外学者对国际发展援助效果的研究主要集中于援助与经济发展议题，关于国际发展援助对 FDI 影响的文献不多。有关国际发展援助对 FDI 影响的理论研究缺少统一的分析框架，实证研究也因受援助主体、援助部门、受援国制度水平和政策环境等影响未形成一致的观点。可见，研究国际发展援助对 FDI 的影响具有重要的实践意义与理论意义。本书借鉴邓宁的国际生产折衷理论并结合国际发展援助的效果，建立了国际发展援助影响 FDI 的理论分析框架，并利用 OECD DAC 成员国对亚非国家的援助数据进行了实证检验。这有利于拓展国际社会对援助效果的认识，为提高援助效率提供了新的思路，并为援助国制订有效的援助方案提供理论参考。

本书将国际生产折衷理论简化为 OL 范式，结合国际发展援助的效果，将国际发展援助对受援国 FDI 的影响分为通过影响受援国的区位优势，从而影响受援国的 FDI；通过影响援助国企业的综合所有权优势，从而影响援助国流向受援国的直接投资，同时区分不同援助规模及不同援助部门的产出或效果对受援国区位优势的影响差异。然后，依次对援助规模、援助结构对受援国 FDI 的影响，以及援助对援助国流向受援国的直接投资的影响进行理论与实证分析，最后得出研究结论和政策建议。本书各章具体内容如下：

第一章是导论部分。本部分在介绍研究背景和研究意义后，从国际直接投资产生的动因、国际直接投资的区位选择、国际发展援助的效果、国际发展援助与国际直接投资关系几个领域对相关文献进行了梳理。鉴于研究国际发展援助与国际直接投资关系的文献不多，理论研究方面尚未形成统一的理论分析框架，实证研究方面未得出统一的结论，且欠缺对亚洲和非洲两个区域综合样本的考察，从规模角度研究援助对 FDI 的影响完全处于空白。因此，本书的创新表现在理论和实证两个方面：一是在理论研究上，对建立国际发展援助影响 FDI 的理论分析框架进行了初步尝试。二是在实证研究中，从援助规模和援助结构两个角度，综合亚洲和非洲两个区域的样本，检验了国际发展援助对受援国 FDI 的影响效果。

第二章是国际发展援助对 FDI 影响的理论基础分析。将国际生产折衷理论简化为 OL 范式并结合国际发展援助的效果，构建了国际发展援助影响 FDI 的分析框架，即国际发展援助对受援国 FDI 的影响包括通过影响受援国的区位优势及影响援助国企业的综合所有权优势。国际发展援助一方面为受援国补充了物质资本、经济基础设施、人力资本等生产所需要素，提升受援国的区位优势；另一方面也可能使受援国形成援助依赖、滋生腐败，恶化受援国的制度环境，不利于对 FDI 的吸引。国际发展援助营造良好的双边关系，有利于缩小双方发展模式、文化理念等"软环境"距离，为援助国企业在受援国投资创造优于他国企业的综合所有权优势，增加援助国企业对受援国进行直接投资的驱动力。

　　第三章是国际发展援助的规模对受援国 FDI 的影响分析。由于受到受援国自身条件、援助需求的有限性及援助供给成本的影响，受援国存在对援助的有限吸收。选用包含非贸易品投入的生产函数，就援助规模对 FDI 的影响进行理论分析。该模型推导结果显示，当援助规模处于吸收能力范围内，贸易品生产者可以得到援助通过增加非贸易品投入带来的所有好处，援助对 FDI 表现出极强的正效果。当援助规模超过吸收能力后，一方面国际援助中非生产性活动比例的增加不断地挤出投入非贸易品的援助，另一方面贸易品的全要素生产率持续下降，援助对 FDI 的负效果显现并不断加强，最终超过援助通过增加非贸易品投入带来的正效果。运用 OECD DAC 成员国对亚非国家的援助样本数据，建立包括援助变量、援助变量平方、援助变量与制度变量的交叉项的动态面板模型，对援助规模与 FDI 的非线性关系进行检验。结果验证了国际发展援助对 FDI 的促进效果存在最优规模，而不同的制度变量对最优规模的影响存在差异。

　　第四章是国际发展援助的结构对受援国 FDI 的影响分析。将援助结构界定为不同部门援助的组成。经济基础设施及服务部门援助和社会基础设施及服务部门援助为受援国提供经济基础设施、积累人力资本，提升区位优势。一般预算援助和债务减免属非捆绑型援助更易滋生腐败，政治、经济改革附加条件旨在帮助受援国建立良好的制度环境，然而不适宜的改革方案与过度的附加条件反而可能无法达到预期的效果且加重了政府负担，形成了不利于投资的制度环境。将援助通过增加物质资本与影响全要素生产率两个途径引入小型开放经济体的 Solow 模型，就不同部门援助对 FDI 的影响进行分析。模型结果表明，在储蓄率保持不变的情况下，生产部门援助等量地挤出了 FDI，基础设施部门援助对 FDI 的影响不确定，取决于资本边际产品提升对 FDI 产生的正效应与稳态人均收入水平提高对 FDI 产生的负效应，由一般预算援助和债务减免组成的其他部门援助对 FDI 的影响也由上述两个效应的综合结果决定。运用 OECD DAC 成员国对亚非国家的援助样本数据的实证结果显示，社会基础设施部门援助和经济基础设施部门援助对受援国 FDI 产生正向影响，生产部门援助和其他部门援助对 FDI 产生负向影响。受援国的制度水平能够强化部门援助对 FDI 的正效应、弱化负效应，但不能实质性地改变各部门援助对 FDI 的影响方向。

　　第五章是国际发展援助对援助国直接投资受援国的影响分析。若援助国向受援国提供援助能够促进该援助国对受援国的直接投资，则表明援助对直接投资具有"先锋效应"。国际发展援助能够帮助援助国企业创造或提升信息优势、软环境优势、低风险优势。对 OECD DAC 中八个主要援助国的对外援助与对外直接投资的区域分布、国家流向及其变化进行对比分析，发现日本的对外援助与对外直接投资的区域分布情况较一致，并且在亚非地区的主要受援国与东道国吻合度较高。建立决定 FDI 的引力模型来检验上述八个主要援助国对亚非国家的援助是否具有"先锋效应"，结果显示，只有日本的对外援助显著地带动了该国对受援国的直接投资。通过对日本对外援助与其他 DAC 成员国不同的特点进行分析，包括援助区域、援助领域、受援国收入状况、援助的主要动机、决策机制、利益团体，发现日本工商界在援助中的强大影响力，以及代表日本企业的通产省在对外援助决策体系中的地位是日本官方发展援助产生对直接投资"先锋效应"的最主要原因。

　　第六章是主要结论和政策建议。对前文的分析结果进行总结并提出相应的政策建议。为使国际发展援助能够促进受援国 FDI，建议援助国以引导受援国自我发展为主，注意援助规模的合理范围；

增加经济基础设施及服务部门援助所占比重，提升生产部门援助、一般预算援助和债务减免的有效性；援助分配不应过分强调受援国的制度环境，尤其是西方民主制度；采用"贸易、投资、援助"三位一体模式，推动与受援国的全方位经济合作。

# 目 录

contents

>     >     >     >     >   .     >

# 第一章

# 导　　论

## 第一节　选题背景和研究意义

### 一、选题背景

进入 21 世纪，为促进发展中国家"千年发展目标"的实现，如何提高发展援助的有效性成为国际发展援助领域内关注的重点。2000 年 9 月，在联合国千年首脑会议上，提出了包括消灭极端贫穷和饥饿，普及小学教育，促进两性平等并赋予妇女权利，降低儿童死亡率，改善产妇保健，与艾滋病、疟疾和其他疾病做斗争，确保环境的可持续能力，以及全球合作促进发展八个方面的 18 项分目标、48 项具体指标。这些目标依据 20 世纪 90 年代的全球局势制定并设定期限到 2015 年，称为"千年发展目标"。为了更好地实现"千年发展目标"，2002 年 3 月，国际发展融资峰会上达成了《蒙特雷共识》，要求发达国家增加其官方发展援助数量并兑现承诺，并呼吁采取行动增强官方发展援助的有效性。2002 年 12 月，世界银行国际开发协会建立了一个注重效果衡量的援助体制。2005 年 3

月，在巴黎举行的有关有效援助的高层论坛上通过了《巴黎宣言》，该《宣言》构建了提高援助效率五个方面的 12 项指标，并设立了 2010 年所要达成的具体目标。2011 年 11 月第四届援助实效性高层论坛通过的《釜山宣言》则提出了援助有效性即发展有效性的理念，并基于该理念针对以发展中国家为主的援助的有效性制定了四大行动计划。

从形成开始，国际发展援助的效果一直颇受质疑。1969 年世界银行发布的"皮尔森报告"指出，20 世纪 60 年代，国际发展援助在促进发展中国家发展和减贫方面存在失误，援助引导发展中国家实施进口替代和工业优先发展战略导致经济结构失衡、城乡分化以及社会贫富分化、贫困人口不断增加。20 世纪 80 年代中期，世界银行、国际货币基金组织以及西方主要发达国家开始对发展中国家实施以"华盛顿共识"为内容的结构性调整计划。根据 2004 年世界银行的最终评估，结构调整计划总体上是失败的。在非洲接受结构性调整计划的近 40 个国家中，除毛里求斯、加纳、塞内加尔等少数国家外，其他国家仍没有摆脱经济困境。世界银行数据显示，1979～1989 年 10 年间，非洲国家的平均生活水平下降了约 15%，1988 年列为最不发达国家的非洲国家已从 21 个增加到了 28 个。另外，一些受援国经过长期的援助后，不但没有得到发展，反而对援助形成了依赖。援助依赖现象在撒哈拉以南的非洲国家中尤其突出。布罗蒂加姆（2000）运用 1975～1997 年世界银行数据分析发现，在人口 100 万以上、援助超过其 GDP10% 或以上的 30 个国家中，有 27 个国家接受这种高强度援助状态维持了 10 年以上，其中 21 个国家来自撒哈拉以南非洲地区。① 道克利尔歌斯和巴拉姆（2009）在对过去 40 年中 543 份关于援助效果的研究进行分析后，

---

① Deborah Bräutigam, Aid dependence and Governance. Almqvist & Wiksell International, 2000, pp. 12 - 13.

得到的结果是援助对经济增长的影响几乎趋于零。[①]

　　20 世纪 80 年代中后期，由于对发展经济所需资金要素的迫切需求，许多发展中国家和地区取消了对外资的限制。20 世纪 90 年代，全球化快速发展背景下，发展中国家和地区将利用外资提升到战略的高度，采取积极的政策来吸引 FDI。根据联合国贸易与发展会议数据统计，流入发展中国家的 FDI 由 20 世纪 70 年代的年均 59 亿美元增加到 20 世纪 80 年代的 206 亿美元，到 20 世纪 90 年代这一金额达到 1187 亿美元。在 2002 年联合国蒙特雷发展筹资国际会议上，参会的 50 多个国家和地区代表对国际直接投资在转移知识和技术、创造就业、促进发展中国家经济增长从而减少贫困的重要性方面给予了肯定。国内外学者的一些研究证实了国际直接投资对经济增长具有正向推动作用（Volker Bornschier et al.，1978；De Mello，1999；奚君羊等，2001；萧政等，2002；Mina and Baliamorme，2004；Beata，2004；吴溺超，2004；赵英军等，2006；谭蓉娟，2008；韩家彬等，2012；陈春根和胡琴，2012）。20 世纪 80 年代中期以来，巴西、中国、印度、俄罗斯、南非通过贸易与投资参与全球化，现已成为经济快速发展的新兴经济体，1985～2012 年巴西、中国、印度、南非的经济年均增长率分别达到 3%、10%、6.4% 和 2.4%，2000～2012 年俄罗斯的经济年均增长率为 5.2%。[②] 根据联合国贸易与发展会议数据统计，2012 年上述五国吸引的 FDI 占流入发展中国家 FDI 的 40%。进入 21 世纪，由于宏观经济政策环境的改善及世界市场初级产品价格的上涨，非洲地区吸引的 FDI 上升。同时，这一时期非洲国家的经济也得到快速增长，根据联合国贸易与发展会议数据统计，2000～2012 年非洲地区的经济年均增长率为 4.7%。

---

　　① Doucouliagos D, Paldam M. The Aid Effectiveness Literature: the Sad Results of 40 Years of Research. Journal of Economic Surveys, 2009, Vol. 23, No. 3, pp. 433 – 461.
　　② 作者根据联合国贸易与发展会议名义 GDP 增长率数据统计。

然而，FDI 在发展中国家分布很不平衡。根据联合国贸易与发展会议数据统计，2012 年亚洲地区吸引的 FDI 占流入发展中国家 FDI 的 57.9%，美洲地区占 34.7%，非洲地区仅占 7.1%。在亚洲地区，仅流入东亚和东南亚地区的 FDI 就占整个亚洲地区的 80%。在非洲地区，尼日利亚、南非、加纳、埃及、刚果布、刚果金、摩洛哥七个国家吸引的 FDI 占非洲地区的 53.2%。FDI 的分布差异是由投资环境差异所造成的。根据 2014 年世界银行发布的《全球营商环境报告》，营商便利性排名前 99 位的发展中国家及经济转型国家中，22 个位于亚洲且主要来自东亚和东南亚地区（10 个）及中东地区（6 个），10 个位于非洲；排名在 100~139 位的国家中，12 个来自亚洲，10 个来自非洲；排名位于最后 50 位的国家中，10 个是亚洲国家，35 个是非洲国家且全部来自撒哈拉以南非洲地区。鉴于此，2002 年联合国蒙特雷发展筹资国际会议达成的《蒙特雷共识》强调："官方发展援助、国际贸易和国际直接投资是发展资金的三个重要来源。官方发展援助应当成为其他发展资金来源的有益补充，特别是在没有能力吸引国际直接投资的国家，它需要为便利私人投资创造必要的国内外环境，以吸引私人直接投资，推动发展中国家的经济发展。"经合组织（Organization for Economic Co-operation and Development，OECD）和联合国贸易与发展会议等国际组织也呼吁充分利用官方发展援助带动私人直接投资，不仅包括国内投资，也包括国际投资。

由 24 个西方发达国家组成的经合组织发展援助委员会（Development Assitance Committee，DAC）是全球主要的援助国，他们同时也是全球重要的 FDI 投资国。发展援助委员会提供的双边发展援助占全球官方发展援助总额的 90% 以上，[1] 发展中受援国的很大一部分 FDI 也来自于这些援助国。因此，单个援助国能否实现促进本

---

① 李小云、唐丽霞、武晋：《国际发展援助概论》，社会科学文献出版社 2009 年版，第 9 页。

国对外直接投资流入受援国在一定程度上影响着整体上发展援助能否促进受援国 FDI 的流入。在西方发达国家的援助动机中，促进私人投资是其中的经济动机之一。OECD DAC 在《2004 年发展援助政策指南》中指出，官方发展援助对国外私人资本的催化作用是给予发展中国家援助的合理性之一。在德国、欧盟、日本和英国的对外援助政策宣言中，都明确了通过发展援助完善受援国市场经济体系和促进私人部门发展的目标。如美国国际开发署在对其自身工作的描述中指出美国对外援助的主要目标："我们的援助是为美国商品开发未来的市场，美国国际开发署正在与那些鼓励私人投资的国家建立伙伴关系，从而为美国的商品打开新的市场，促进海外贸易与投资。"①

## 二、研究意义

21 世纪，"千年发展目标"的提出与实施使援助的有效性成为国际发展援助领域重点关注的议题。鉴于 FDI 在技术转移、创造就业、促进发展中国家经济增长方面的贡献，国际发展援助机构强调要通过官方发展援助带动私人直接投资以促进发展中国家的经济增长，主要援助国也将创造有利的投资环境、促进本国私人资本流入受援国作为重要的援助目标。所以，研究国际发展援助是否对受援国 FDI 产生促进效果、如何形成促进效果是当下发展援助有效性领域内的重要课题，这一课题具有重要的实践意义与理论意义。

### （一）实践意义

（1）研究国际发展援助与 FDI 的关系，能够拓展国际社会对援

---

① 李小云、王伊欢、唐丽霞：《国际发展援助——发达国家的对外援助》，世界知识出版社 2013 年版，第 465 页。

助效果的认识。国际发展援助的最终目标是促进发展中国家经济发展，以及增加其公民的社会福利。然而，在 60 多年的西方援助历史中，并未形成对国际发展援助有效性的一致肯定，尤其是非洲国家的援助效果受到很大质疑。从 20 世纪 80 年代中期开始，FDI 不断地流入发展中国家，FDI 为发展中国家补充了资本、带去了技术、吸纳了大量的就业人口，由此带动了一些发展中国家的经济增长。因此，国际组织建议利用官方发展援助为受援国创造良好的投资环境，吸引 FDI 流入并促进经济增长。另外，《巴黎宣言》提出援助有效性的五个方面，其中之一为援助的所有权，旨在提高受援国利用官方发展援助实现自我发展的能力，包括为经济发展融资的能力，这意味着官方发展援助促进 FDI 本身也是援助有效性的体现。所以，研究国际发展援助与 FDI 的关系，有利于拓展国际社会对援助效果的认识，从而对亚非国家的援助效果形成更加客观的看法。

（2）分析国际发展援助影响 FDI 的途径，能够为援助国制订有效援助方案提供理论参考。本书将国际生产折衷理论简化为 OL 范式，在此框架下构建了国际发展援助影响受援国 FDI 的两条途径，一是通过影响受援国的区位优势，即东道国对 FDI 的吸引力，二是通过影响援助国企业的综合所有权优势，即投资国企业对 FDI 的驱动力。进一步区分不同援助规模和不同援助部门带来的区位优势差异，从而在第一条途径下形成最终效果的差异。本书可以就如何形成和提高国际发展援助对受援国 FDI 的促进效果，在援助规模、援助部门分配及援助模式方面为援助国提供政策建议，尤其是针对亚非国家的援助政策。

**（二）理论意义**

目前有关国际发展援助与 FDI 关系的文献不多，主要来源于国外学者，国内仅搜索到两篇相关文献，理论方面与实证方面都存在研究的空间。理论研究方面，国外学者分别从降低风险、提供非贸易品和影响全要素生产率角度阐明了国际发展援助影响 FDI 的机理，由于从不同的视角出发，比较零散，而且得到了不一致的理论观点。同时，理论研究也仅从受援国区位优势角度说明国际发展援助影响了东道国对 FDI 的吸引力。实证研究方面，无论是从受援国视角还是从援助国视角，国际发展援助对 FDI 的影响均未形成一致的结论。结果的差异来自不同的受援国、不同的援助部门、不同的援助时间、不同的援助国以及受援国不同的制度水平和政策环境等。然而，相较国际发展援助对经济增长的有效性研究，还欠缺对援助规模的考察，这一有效性条件有待考证。同时，鉴于国际发展援助与 FDI 的关系因不同的受援国而存在差异，而实证研究中还并未出现结合亚洲和非洲两个区域样本的考察，实证结论有待明确。

本书将国际生产折衷理论简化为 OL 范式，不仅说明国际发展援助影响了东道国对 FDI 的吸引力，而且说明国际发展援助影响了投资国企业对 FDI 的驱动力，由国际发展援助影响东道国区位优势和投资国企业综合所有权优势两条途径构建了国际发展援助影响受援国 FDI 的理论框架，弥补了现有理论零散化缺陷。在实证研究方面，运用 OECD DAC 成员国对亚洲和非洲两个区域援助的样本数据，对上述两条路径进行了实证检验。同时，将国际发展援助规模对经济增长的影响拓展到对 FDI 的影响，从援助规模、援助结构两个方面，检验了国际发展援助对受援国 FDI 的影响。因而，本书的实证研究对现有的实证文献在样本和有效性条件上进行了拓展。

## 第二节　国际发展援助与国际直接投资的研究综述

现有的专门研究国际发展援助对外商直接投资影响的文献不多。本书的研究基础是国际发展援助理论和国际直接投资决定理

论，因此本书主要从国际直接投资的动因研究、国际直接投资的区
位选择研究、国际发展援助的效果研究，以及国际发展援助与国际
直接投资的关系研究四个领域，对现有文献进行梳理。

## 一、国际直接投资的动因研究

### （一）垄断优势观点

1960 年，海默在其博士论文《一国企业的国际经营活动：对
外直接投资研究》中，首次将国际直接投资与国际证券投资给予区
分，并以企业的垄断优势来解释国际直接投资。他为企业国际直接
投资的动因提供了两种明显区别又相互关联的解释：优势论和消除
冲突论。由于企业对外直接投资存在着障碍，所以企业必须拥有对
特定优势的独占性（垄断优势），并且通过对外直接投资可以利用
和保持企业的垄断优势，以消除竞争、克服障碍。[1] 金德尔伯格
（1969）通过对美国企业对外直接投资活动的考察，认为垄断优势
是美国企业对外直接投资的决定因素。美国企业在不完全市场中获
得了垄断优势，垄断优势使企业具备了对外直接投资的能力。对外
直接投资使企业绕过东道国的关税壁垒，维持和扩大市场，并获得
垄断优势的全部收益。当垄断优势所带来的收益超过因跨国经营而
额外增加的成本和风险时，对外直接投资就会产生。[2]

至于垄断优势的来源，约翰逊（1970）、凯夫斯（1971）、沃
尔夫（1971）、斯塔福得（1972）、阿利伯（1970）给予了不同的
解释。约翰逊在《国际公司的效率和福利意义》中指出知识资产是

---

[1] Hymer, S., International Operation of National Firms: A Study of Direct Foreign Investment. MIT press, 1976.

[2] C. P. Kingdleberger, American Business Abroad. Yale University Press, 1969, pp. 19 – 23.

垄断优势的核心。知识资产不能完全从组织中剥离，通过跨国直接投资，子公司可以以较低成本获得，而当地企业要获得同类知识资产要付出很高成本。凯夫斯在《国际公司：对外投资的产业经济学》中指出，跨国公司的垄断优势主要体现在产品差异化能力上。产品差异化不仅表现在生产技术优势带来的实物形态的差异，也表现在商标、品牌优势带来的产品附加价值的差异。产品差异化可以获得对产品价格和市场占有率的一定控制。① 沃尔夫认为，研发、采购、销售、资金运作等非生产活动也存在规模经济性。当企业在发展过程中发现某些技术资源没有充分利用时，会在国际市场上进行多样化扩展，以充分利用现有技术优势，形成当地竞争者没有的规模经济优势。斯塔福得和威尔士将企业组织理论用于跨国公司分析，认为跨国公司一般都具有良好的组织结构和高素质的管理人才。而这些组织管理优势的发挥会受到企业经营活动规模的限制，所以对外直接投资是扩大经营规模也是充分利用管理资源的内在要求。阿利伯的"货币差异论"认为，投资国拥有相对坚挺的货币也能使母国企业形成当地竞争者无法具备的特殊优势。②

## （二）内部化利益观点

1976 年伯克莱和卡森在《跨国公司的未来》中提出了内部化理论，他们认为企业经营活动需要一整套中间产品市场，但是某些中间产品市场是不完全的，导致中间产品的市场交易成本过高，所以企业选择对外直接投资。原材料、零部件等中间产品市场的不完全使企业产生了垂直一体化动机，无形资产中间产品市场的不完全使企业产生了水平一体化动机。企业最终是否选择内部化取决于内

---

① R. E. Caves, International Corporation: The Industrial Economics of Foreign Investment. Economics, Vol. 38 (February, 1971), 5.

② R. Z. Aliber, A Theory of Direct Foreign Investment, C. P. Kingdleberger: The International Corporation, Cambridge: MIT Press, 1970.

部化的成本与内部化的收益之差。① 威廉姆森和汉纳特也认为市场交易性失效是企业内部化的动因。威廉姆森关注专用性资产的交易成本，他认为由于专用性资产只适用于某一用途，难以通过交易移作他用，所以在市场上转让的交易成本太高，使交易双方无法承受，只能通过纵向一体化形式获得。汉纳特则关注企业治理结构，他在《跨国公司理论》中指出，由于有限理性和机会主义，自由市场机制难以正确地衡量产出的价值，从而使该产出的提供者和购买者都得不到合理的报酬，市场失灵产生。而企业组织可以利用内部价格体系以及层级体系作为行为约束，弥补市场的功效。跨国公司的内部化也即是企业治理结构的国际化。

近年来学者对于内部化动因的研究认为，企业内部化选择更多地考虑潜在收益而非交易成本的节约。莫克尔和杨（1991）的研究表明，当从事跨国经营的公司拥有研发或者其他无形资产时，跨国经营活动可以产生价值增值。价值增值的途径除了节省交易成本外，还包括多样化经营的利益、税收上的优惠和低廉的生产成本等。邓宁（2003）在对内部化理论进行评述时，总结道："从经济角度对企业本质的认识可以包括以下两点：一是企业的产生是对市场交易职能的替代；二是企业具有市场所不具有的功能，帮助企业更有效率地使用社会资源、获得收益。"②

### （三）综合利用观点

1976 年邓宁在他的论文《贸易、经济活动的区位与多国公司：折衷理论的探索》中提出了国际生产折衷理论，该理论首次在国际直接投资理论中引入区位理论，认为企业从事国际直接投资是由企

① Buckley, Peter J., Mark C. Casson, The Future of the Multinational Enterprise, London: Macmillan, 1976, 25th Anniversary ed. 2001.

② Dunning, John H., Some Antecedents of Internalization Theory. Journal of International Business Studies, Vol. 34, No. 2, Focused Issue: The Future of Multinational Enterprise: 25 Years Later, pp. 108 – 115, 2003.

业自身拥有的所有权优势（Ownership）、内部化优势（Internaliza-
tion）和区位优势（Location）三大因素综合作用的结果，将其中的
区位优势界定为东道国所有的优势，而不是企业自身拥有并能控制
的优势。这三种优势的不同组合决定了企业服务国际市场的方式是
从事出口、特许权转让还是对外直接投资。① 邓宁（1982）从动态
角度对一国在国际直接投资中所处的地位进行了研究，提出了投资
发展阶段理论。该理论认为，一国从事对外直接投资或者吸引外国
直接投资的水平受下述因素影响：经济发展阶段、要素禀赋与市场
结构、政治与经济体制和中间产品在跨国交易过程中市场失效的程
度。上述因素与一国经济发展水平相关，所以随着经济发展水平的
变化，对外投资的动力因素（企业竞争力）和吸引外资的引力因素
（国家区位优势）也发生变化，一国的净对外直接投资呈现出不同
的特征。② 法伊（2002）在企业资源观理论的基础上，提出了跨国
公司全球持续竞争优势理论。该理论认为资源是跨国公司进行国际
竞争的核心，它不仅包括企业资源，还包括国别资源，如地理位
置、自然资源、劳动力、税赋水平等基本国别资源，以及劳动生产
率、基础设施、教育水平、技术和组织能力等高级国别资源。战略
性的国际直接投资的动机除了利用市场机遇外，还有获取国别资源
和开发企业资源。

国内学者何其三、朱玉杰和曾道先、崔新健和毛蕴诗在他们的
国际直接投资动因理论中也表达了综合利用的观点。何其三创立了
直接投资的诱发要素组合理论，该理论认为，任何类型的对外直接
投资都是由直接诱发要素和间接诱发要素的组合而诱发产生的。直
接诱发因素主要是指各种生产要素，它可以来自东道国也可以来自
投资国；间接诱发要素涉及投资政策与投资环境，包括世界性诱发

①② J. H. Dunning, International Production and Multinational Enterprise. George Allen & Unwin Ltd, 1981.

要素、投资国间接诱发要素和东道国间接诱发要素。① 朱玉杰和曾道先的优势互补理论认为，国际直接投资活动是涉及两个主体的双向行为，即投资国的对外直接投资行为与东道国的吸引投资行为。国际直接投资发生的原因是投资国和东道国的互补和利用能够使得国际直接投资形成竞争优势；国际直接投资有效发生的对象是投资的外部环境保证互补优势转换为可以实现的竞争优势的国家。因此，国际直接投资是一个完整的系统工程，这个系统工程的核心就是竞争优势要素的全面互补与协调，是静态、动态和环境三个系统的统一。② 崔新健（2001）从微观视角构建了企业进行对外直接投资的行为方程，该模型表明，跨国公司对外直接投资的规模和结构是由企业优势、区位优势以及企业目标对企业优势、区位优势的策略反应之间相互作用所决定的。③ 毛蕴诗的四维分析模型表明，企业进行对外直接投资决策（产业选择、技术选择、区位选择、时机选择和方式选择）是在企业目标下，由国际环境、企业本国环境、投资目标国环境和企业的内部环境四个方面共同作用形成的。④

## 二、国际直接投资的区位选择研究

### （一）理论研究

目前，对国际直接投资区位选择的解释未形成理论体系。专门针对这一方向的研究是由邓宁将区位优势纳入国际直接投资理论形成的，它的理论路线主要来自德国古典区位理论和国际贸易理论中

---

① 张涵冰，周健：《简评跨国公司直接投资诱发要素组合理论》，载《社会科学论坛》2005 年第 8 期。
② 刘慧芳：《跨国企业对外直接投资》，中国市场出版社 2007 年版，第 81 页。
③ 崔新健：《FDI 微观理论：OL 模型》，载《管理世界》2001 年第 3 期。
④ 冯鹏程：《中国企业对外直接投资》，印刷工业出版社 2009 年版，第 226 页。

的要素禀赋理论。

德国古典区位理论以冯·杜能的农业区位理论和韦伯、勒施的工业区位理论为代表。在《孤立国同农业和国民经济关系》中冯·杜能对德国农业生产布局问题进行了研究，他认为决定农业生产品种和经营规模的首要因素不是自然条件，而是生产地与市场的距离。基于生产成本最小化，他结合与距离有关的地租和运费因素，提出了"杜能环"。① 阿尔弗雷德·韦伯在《工业区位论》中解释了工业区位迁徙的一般经济规律。他认为生产成本最小化应该作为工业区位选择的出发点，运输成本、劳动力成本和集聚是影响生产成本的主要因素，所以理想的工业区位选择是首先根据运输成本初步确定工业区位，然后根据劳动力成本进行调整，最终根据集聚状况确定区位。② 勒施认为，市场及利润最大化是企业布局的目标，生产成本最小化的地点不一定能达到最大市场和最大利润，所以工业区位选择应当尽可能地接近市场。要素禀赋论揭示了国际贸易的成因与国际分工的生产布局，认为封闭条件下的相对价格差异是国际贸易产生的基础，国与国之间要素禀赋的差异最终导致产品价格差异的形成，所以要素禀赋影响生产区位的选择。③

结合古典区位理论和要素禀赋理论中关于生产布局的影响因素，邓宁在国际生产折衷理论中构建了影响国际直接投资区位优势的因素。在他的论文《国际生产的决定》中，提到了四类国际直接投资的区位优势，分别为市场因素，如市场规模、市场增长速度、现有市场布局；成本因素，如原材料成本、劳动力成本、运输成本；贸易壁垒和投资环境，如关税税率、外商直接投资的政策和法规、国家风险。④

① ［德］冯·杜能国：《孤立国同农业和国民经济关系》，商务印书馆1997年版。
② 韦伯：《工业区位论：区位的纯理论》，商务印书馆1997年版。
③ 赵春明：《跨国公司与国际直接投资》，机械工业出版社2007年版，第58页。
④ 毛新雅：《中国长三角地区外商直接投资的区位选择及经济增长效应研究》，复旦大学博士论文，2006年，第20页。

### (二) 实证研究

#### 1. 综合因素实证

惠勒和莫迪 (1992) 通过对 1982 ~ 1988 年美国跨国企业对 42 个国家或地区的直接投资的研究发现, 在发展程度不同的国家或地区, 吸引美国跨国公司的区位因素不同。以基础设施质量、工业化水平和利用外资水平来衡量的集聚经济程度对所有国家吸引美国直接投资都有显著效果。对外关系的稳定性、基础设施水平、市场增长率、工业增长率是发展中国家吸引美国跨国公司直接投资的决定因素, 尤其以基础设施水平最为显著。在发达国家, 专业化配套能力是美国跨国公司考虑进行直接投资的关键因素。[①] 查克拉巴蒂 (2001) 对 1994 年全球 135 个国家的 FDI 决定因素进行了研究, 选取了 GDP、人均 GDP、GDP 增长率、税收收入、财政收支状况、通货膨胀率、汇率、进口关税、国际收支状况、政府消费支出、外债和政治稳定性 12 个影响因素, 结果表明市场规模和贸易开放度是全球 FDI 区位选择的两个最关键因素。[②] 乔尔等 (2003) 用 CLM 模型检验了影响土耳其 FDI 区位分布的因素, 市场规模、基础设施、劳动力质量和开放程度是重要影响因素, 而土耳其政府给予外商的优惠政策对 FDI 的区位选择影响并不显著。[③] 法比耶娜 (2005) 以匈牙利为研究对象, 发现基础设施因素对 FDI 区位选择正向影响显著, 劳动力成本与 FDI 的关系显著为正, 市场规模对 FDI 区位选择

---

① Wheeler, David; Mody, Ashoka. International investment location decisions: The case of U. S. , Journal of International Economics (Amsterdam), Vol. 33, No. 1 – 2, 1992, pp. 57 – 76.

② Chakrabati Avik, The Determinants of Foreign Direct Investment: Sensitivity Analysis of Cross-country Regression. Kyklos, Vol. 54, No. 1, 2001, pp. 89 – 108.

③ Joel Deichmann, Socrates Karidis, Selin Sayek, Foreign Direct Investment in Turkey: Regional Determinants. March 2003, pp. 1 – 37. http: //sayek. bilkent. edu. tr/FDITR. pdf.

的正向影响相对较弱。①

　　许多国内外学者对中国 FDI 的区位分布进行了研究。程
（2000）利用中国 1985～1995 年 29 个省（区、市）的数据对 FDI
的区位分布进行了研究，结果表明，大量的市场需求、完善的基础
设施和优厚的经济政策能够提升地区对 FDI 的吸引力，但是劳动力
成本并没有成为地区吸引 FDI 的优势。② 陈（1996）应用条件逻辑
模型对 1987～1991 年中国 30 个省（区、市）的数据进行分析，结
果显示，劳动力成本差异没有影响 FDI 的区位选择，交通运输状况
与 FDI 呈显著正相关。在中部地区，市场增长潜力是吸引 FDI 的显
著因素；在西部地区，丰富的矿藏和能源优势对 FDI 具有很强的吸
引力。③ 孙等（2002）对中国 1991 年前后 FDI 区位分布的影响因
素进行了比较分析，发现劳动力质量、基础设施与开放程度对 FDI
区位分布具有稳定的正向影响。市场规模因素在 1991 年之前对 FDI
区位分布没有明显影响，1991 年后成为重要的影响因素；平均工
资在 1991 年前对 FDI 区位分布有正向影响，1991 年后转变为负向
影响。④ 杨晓明等（2005）利用 1995～2002 年中国 178 个城市的
面板数据，采取广义最小二乘回归方法对外商直接投资的区位选择
因素进行了实证研究，研究结果表明自变量人均 GDP、单位土地面
积、城市交通便利程度、高校毕业人数、前一期 FDI 与因变量 FDI
显著正相关，而自变量职工平均工资系数不显著，即市场规模、基

　　① Fabienne Boudier – Bensebaa, Agglomeration economies and location choice: Foreign direct investment in Hungary " – super – 1," The Economics of Transition. The European Bank for Reconstruction and Development, Vol. 13, No. 4, (October, 2005), pp. 605 – 628.

　　② Cheng L K. What are the Determinants of the Location of Foreign Direct Investment? The Chinese Ex perience. Journal of International Economics, Vol. 51, No. 2, 2000, pp. 379 – 400.

　　③ Chen Chien – Hsum. Regional Determinants of Foreign Direct Investment in Mainland China. Journal of Economic Studies, Vol. 23, 1996, No. 2, pp. 18 – 30.

　　④ Qian Sun, Wilson Tong, Qiao Yu, Determinants of foreign direct investment across China. Journal of International Money and Finance, Vol. 21, 2002, pp. 79 – 113.

础设施状况和人力资本水平是中国 FDI 的重要区位选择因素，而在成本因素中，劳动力成本作用不大。[1] 金相郁和朴英姬（2006）以 2002 年中国 210 个地级以上城市为样本，选取了三种成本因素、三种市场因素、四种集聚因素和四种制度因素，对 FDI 的区位决定因素进行了实证研究。研究结果表明，市场规模、集聚因素中的基础设施水平、制度因素中的教育和研究开发条件以及地方金融规模对 FDI 的区位选择具有较强的正向影响，成本因素中的劳动力成本与预期不一致，与 FDI 呈现正相关关系。[2] 贺灿飞和梁进社（1999）利用弹性系数对 20 世纪 80 年代后期、90 年代初期中国外商直接投资的区域分布及变化进行了研究，发现劳动力成本、地缘因素的影响在减弱，以基础设施水平、经济水平和现有 FDI 规模表现的集聚效应对 FDI 的因素明显增强。[3] 曾国军（2005）利用 1997 年、2001 年和 2002 年数据对中国 30 个省（区、市）的数据进行 OLS 回归也得到了相似的结论。劳动力成本、外资优惠政策对于外商直接投资区位优势的影响越来越小，基础设施、工业化水平等集聚因素、研发投入对外商直接投资的区位选择影响越来越大。[4]

上述文献表明，市场规模和基础设施水平是影响外商直接投资区位选择的重要因素，劳动力素质或人力资本（教育、研发投入）和国家开放程度对外商直接投资区位选择产生正向影响，而劳动力成本对外商直接投资的影响并不确定。

2. 人力资本因素实证

一些学者关注人力资本对外商直接投资吸引力影响的研究。若

① 杨晓明、田澎、高园：《FDI 区位选择因素研究——对我国三大经济圈及中西部地区的实证研究》，载《财经研究》2005 年第 11 期。
② 金相郁、朴英姬：《中国外商直接投资的区位决定因素分析：城市数据》，载《南开经济研究》2006 年第 2 期。
③ 贺灿飞、梁进社：《中国外商直接投资的区域分异及其变化》，载《地理学报》1999 年第 2 期。
④ 曾国军：《外商直接投资在华区位选择的影响因素研究》，载《学术研究》2005 第 11 期。

尔巴克斯等（2001）利用发展中国家 1993～2004 年的大样本数据进行了实证分析，发现在影响外商直接投资的众多因素中，东道国的人力资本水平具有决定性的作用，并且随着时间的推移，人力资本因素的作用越加重要。[1] 努内坎普（2002）对全球化如何改变国际直接投资的决定因素进行了研究，实证结果反映了 20 世纪 80 年代晚期以来，随着全球化的深入，发展中国家的人力资本水平对外商直接投资的吸引作用愈发重要。[2] 阿尔卡塞尔（2000）以东欧转型国家为对象研究了人力资本对 FDI 的影响，认为外商直接投资进入东欧转型国家的主要障碍是缺乏高级管理人才。[3] 沈坤荣、田源（2002）利用 1996～2000 年中国各省份的面板数据进行实证检验，结果显示人力资本存量与外商直接投资流量及项目规模呈现显著正相关关系。[4] 赵江林（2004）通过对中国 1990～2000 年全国教育水平的变化与外商直接投资流量的变化进行相关性研究，发现 1995 年以前，小学文化程度的人口对 FDI 具有明显的吸引力；1995 年以后，高中及以上文化程度的人口对 FDI 的区位选择影响显著。人力资本水平影响外商直接投资的规模及结构。[5]

3. 制度因素实证

鲁明鸿（1999）将影响国际直接投资的制度分为经济制度、法律制度、企业运行体系和国际经济安排四类。运用全世界 110 多个国家或地区的数据，全面、系统地研究了制度对国际直接投资的影

① Noorbakhsh, F., A. Paloni, A. Youssef, Human Capital and FDI Inflows to Developing Countries: New Empirical Evidence. World Development, Vol. 29, No. 9, 2001, pp. 1593 - 1610.

② Peter Nunnenkamp. Determinants of FDI in Developing Countries: Has Globalization Changed the Rules of the Game? Kiel Working Paper No. 1122, July 2002.

③ Alcacer, J., The Role of Human Capital in Foreign Direct Investment, Transiti on, May - August, 2000.

④ 沈坤荣、田源：《人力资本与外商直接投资的区位选择》，载《管理世界》2002 年第 11 期。

⑤ 赵江林：《外资与人力资源开发：对中国经验的总结》，载《经济研究》2004 年第 2 期。

响。研究发现国际直接投资趋向于流入贸易壁垒低、对外资持欢迎态度、签署双边投资保护条约、经济一体化发展水平高、市场发育程度高、金融管制宽松、经济自由程度高、私有财产保护程度高、法律完善程度高、企业运行障碍少以及政府清廉程度高的国家或地区，其中对外资态度和经济自由程度因素的影响最为显著，而东道国税率的高低对国际直接投资没有影响。[①] 其他学者多数以经济制度、企业运行体系和国际经济安排这三类制度因素对国际直接投资的影响研究为主。

（1）国际经济安排。主要包括东道国参与的经济一体化组织、签署的双边投资保护条约、贸易壁垒及对外资的态度或政策。这一类制度因素对 FDI 区位选择的影响，学者未得出确切的结论。胡再勇（2002）利用中国 1983～1984 年、2003～2004 年的数据实证研究了 FDI 的国内外政策对吸引外商直接投资的影响。FDI 的国内政策考察了关税政策、外商投资税收政策、投资激励政策及限制性措施的废除，FDI 的国外政策以生效的双边投资协议为代表。实证结果表明，实际关税税率对 FDI 的影响显著为负，FDI 投资激励政策的实施及限制性措施的废除、双边投资协议对 FDI 的影响显著为正，税收优惠对 FDI 的影响为正，但在 5% 的水平下不显著。[②] 拉希米（2003）以 1980～1981 年和 1999～2000 年南亚、东亚、东南亚国家的 15 个发展中国家为样本分析税收优惠、限制性措施的取消及双边和区域投资协议的签署对 FDI 的影响，实证结果与胡再勇（2002）相同，税收优惠对 FDI 的影响不显著，限制性措施的取消及与发达国家的双边和区域投资协议的签署对 FDI 的影响显著。[③]

① 鲁明鸿：《制度因素与国际直接投资区位分布一项实证研究》，载《经济研究》1999 年第 7 期。

② 胡再勇：《影响 FDI 的决定性因素——关于中国的实证》，载《外交评论》2006 年第 6 期。

③ Rashmi Banga, Impact of Government Policies and Investment Agreements on FDI Inflows. Working Paper. Indian council for research on international economics relations, 2003.

有关税收优惠与双边、区域协议对 FDI 的影响，部分学者有不同的结论。阿奇舒勒等（2001）使用美国 1984 年和 1992 年的公司营业税税率数据检测税率对 FDI 影响的变化进行了研究，研究结果显示公司营业税税率与美国 FDI 显著负相关并且 1992 年此效果明显增加。[①] 戈尔特和帕里克（2003）研究了欧盟成员间的 FDI 与有效的公司所得税之间的关系，结果显示某个欧盟成员国降低 1% 的有效公司所得税，其他欧盟成员国对其 FDI 增加 4%。[②] 秉和霍顿（2002）的研究发现，不同的投资协定对 FDI 的影响不同，如 APEC 对 FDI 流入的影响很显著，而 ASEAN 的影响不显著。[③] 布罗斯特姆和戈戈（2002）则认为 RTA 通过贸易自由化对 FDI 的影响分为两种，如果只降低区域内的关税，则有利于市场扩大、增加 FDI 的流入；但如果也降低对外的关税水平，那么关税跳跃投资的利益不存在，流入该地区的 FDI 将会降低。[④]

（2）经济制度。包括东道国市场发育程度、金融外汇制度、经济自由程度，以经济开放度为主要研究指标，研究多数见诸于实证方面，以贸易额占 GDP 的比重表示，实证结果基本支持东道国经济越开放，对 FDI 的吸引力越强（Charkrabarti，2001；Sun et al.，2002；Joel et al.，2003；贺灿飞和梁进社，1999；金相郁和朴英姬，2006；黄肖琦和柴敏，2006）。黄肖琦和柴敏（2006）将影响 FDI 区位分布的因素分为比较优势、地区性制度因素和新经济地理因素三类。在地区性制度因素中除了包括优惠政策和开放程度外，

---

① Altshuler，Rosanne，Harry Grubert，T. Scott Newlon，Has U. S. Investment Abroad Become More Sensitive to Tax Rates? in James R. Hines Jr.，ed. International taxation and multi-national activity（Chicago：University of Chicago Press，2001），pp. 9 – 32.

② Gorter，J.，A. Parikh，How Sensitive is FDI to Differences in Corporate Income Taxation within the EU? De Economist. Vol. 151，2003，pp. 193 – 204.

③ Binh and Haughton. Trade Liberalization and Foreign Direct Investment in Vietnam. ASEAN Economic Bulletin，Vol. 19，No. 3（December 2002），pp. 302 – 318.

④ Chakrabati Avik，The Determinants of Foreign Direct Investment：Sensitivity Analysis of Cross-country Regression. Kyklos，Vol. 54，No. 1，2001.

还囊括了市场化程度变量。以国有企业产值在当地工业总产值中的比重代表市场化程度，运用 1993~2004 年中国 29 个省（区、市）的数据进行实证研究，结果显示市场化程度对 FDI 的影响为负，但不显著。[①]

（3）影响企业运行便利的制度。主要包括企业运行障碍和政府清廉程度，将政治稳定性以及文化制度也纳入。这类制度因素对外商直接投资的影响研究从政府机构障碍、社会文化障碍和国家风险三个方面进行。

歌斯坦歌等（1998）运用 1970~1995 年 49 个最不发达国家的数据检验了公司税率、关税税率、资本市场开放度、汇率扭曲、合同执行、国有化风险、官僚化和腐败对 FDI 的影响。结果显示腐败、官僚化、合同执行、公司税率对 FDI 有显著的负向影响。[②] 德拉贝克和佩恩（1999）对包含腐败、不稳定的经济政策、不完备的产权制度以及缺乏行政效率的政府机构在内的"非透明性"政策或制度变量对外商直接投资的影响进行了研究。运用国家风险指标度量"非透明性"的实证检验，发现一国的"非透明性"程度越高，流入该国的外商直接投资越少。[③] 魏（1997，2000）利用大量的母国—东道国双边投资数据重点针对腐败对外商直接投资的影响进行研究。实证结果说明东道国高腐败程度对 FDI 有负面影响，这一效果对于欧美国家跨国公司的 FDI 区位选择尤其明显。[④]

---

① 黄肖琦、柴敏：《新经济地理学视角下的 FDI 区位选择——基于中国省际面板数据的实证分析》，载《管理世界》2006 年第 10 期。

② Gastanga Victor M., Jeffrey B. Nugent, Bistra Pashamova, Host Country Reforms and FDI Inflows: How Much Difference Do They Make? World Development, Vol. 26（July, 1998）, pp. 299 - 314.

③ Drabek, Zdenek, Warren Payne, The impact of transparency on foreign direct investment. Staff Working Paper, EAR No. 99 - 02, 1999.

④ Wei, Shang - Jin, 1997, How Taxing is Corruption on International Investors? The William Davidson Institute Working Paper No. 1 - 35, February 1997; Wei, Shang - Jin, 2000, How Taxing is Corruption on International Investors? Review of Economics and Statistics. Vol. 82, No. 1, pp. 1 - 11.

巴利奥斯等（2010）研究了文化差异如何影响外商直接投资。以文化联系、语言差异、地理距离和市场进入等作为自变量，对西班牙1988~1997年数据进行分析，发现文化与语言联系显著影响西班牙跨国公司在海外的投资区位决策，这也解释了相较其他欧美国家，西班牙跨国公司得以在拉丁美洲市场中处于更有利地位的原因。[1] 巴德瓦杰（2007）则重点研究了文化变量中不确定性规避和信任，43个国家的实证研究表明外商更愿意向低不确定性规避和高信任度的区域投资，并且不确定规避越低，东道国的信任度与FDI的关联度越高。[2]

金和辛格（1996）运用1970~1993年31个发展中国家的数据来研究外商直接投资的决定因素，发现低政治风险的国家对跨国公司更具有吸引力。[3] 张纪（2006）对1985~2002年美国对华直接投资的决定性因素进行研究，发现1989年的政治事件和1997年的亚洲金融危机对流入中国的FDI造成了不利的影响。[4] 布鲁诺等（2010）认为恐怖主义严重干扰了企业的正常经营活动，从而影响了外商投资的区位选择。外商倾向于投资不受恐怖主义威胁或受恐怖主义威胁较小的国家。[5] 曼库索等（2010）运用全球市场研究中心的全球恐怖主义指标的实证研究也表明恐怖主义风险严重影响了外商直接投资的流入，国家防恐能力也是外商直接投资决策的重要

---

[1]  Barrios Salvador, Benito Juan Miguel, The Location Decision of Multinationals and the Cultural Link: Evidence from Spanish Direct Investment Abroad. Economic Papers, No. 2 2012, pp. 181 – 196.

[2]  Bhardwaj Arjun, Dietz Joerg, Beamish Paul W., Host Country Cultural Influences on Foreign Direct Investment. Management International Review. Vol. 47 (January, 2007), pp. 29 – 50.

[3]  Jun K. W., H. Singh, The Determinants of Foreign Direct Investment: New Empirical Evidence. Transnational Corporations, Vol. 5, No. 3, pp. 67 – 105.

[4]  张纪:《美国对华直接投资影响因素实证分析》,载《世界经济研究》2006年第1期。

[5]  Bruno S. Frey, Simon Luechinger, Calculating Tragedy: Assessing the Costs of Terrorism, Journal of Economic Surveys, January 2007, pp. 1 – 2.

影响因素。[①]

## 三、国际发展援助的效果研究

### (一) 国际发展援助与经济增长

1. 援助通过补充生产要素影响经济增长的观点

（1）理论方面的研究。钱纳里和布鲁诺（1962）、钱纳里和斯特劳特（1966）在哈罗德—多马经济增长理论基础上创立了"双缺口"理论，认为发展中国家不仅因缺少储蓄而不能促进经济增长，而且缺少外汇收入来进口投资所需的资本品。国际发展援助能够弥补储蓄和外汇缺口，从而促进发展中国家的经济增长。[②③] 巴沙（1990）和泰勒（1990）在此基础上，提出了发展中国家的第三个缺口——财政收入缺口。他们认为发展中国家缺乏财政收入、无法达到合意的公共投资水平，国际发展援助直接提供给受援国政府以弥补该缺口。[④⑤] 约翰·怀特（1974）提出了援助的补充论，认为受援国的经济发展缺乏一些基本要素，如储蓄、外汇、技术，外援可以起到代替或者补充这些要素的作用。[⑥]

---

① Mancuso Anthony, J. Dirienzo Cassandra, E. Das Jayoti, Assessing Terrorist Risk and FDI Using Relative Information Measures. Applied Economics Letters, September 2010, pp. 787 – 790.

② Chenery H, Bruno M. Development alternatives in an open economy: the case of Israel. Economic Journal, Vol. 77, No. 285, 1962, pp. 79 – 103.

③ Chenery H. B. , Strout A. M. Foreign Assistance and Economic Development. American Economic eview, Vol. 56 1966, pp. 679 – 733.

④ Bacha EL. A Three – Gap Model of Foreign Transfers and the GDP Growth Rate in Developing Countries. Journal of Development Economics. Vol. 32, No. 2, 1990, pp. 279 – 296.

⑤ Taylor L. , Foreign Resource Flows and Developing Country Growth: A Three – Gap Model. In Problems of Developing Countries in 1990s. World Bank Discussion Paper No. 97, World Bank, 1990.

⑥ White, John, The Politics of Foreign Aid, London: The Bodley Head Ltd, 1974, pp. 109 – 116.

研究者关注的生产要素以资本为主。龚六堂等（2000）在 Uza-wa 模型中引入国际援助和国际借贷，在这个内生的时间偏好模型中，短期的国际援助可使消费水平和投资水平上升，国外债务水平下降，从而促进经济增长。① 也有理论模型研究认为国际援助对受援国资本积累作用不大，甚至会产生负面影响。布斯特菲尔德（1995）在 Ramsey 模型②框架内讨论国外经济援助与稳态经济增长率之间的关系，结论认为国外经济援助的增加可以加速经济增长向稳态点移动，但不会改变稳态时的资本存量。布斯特菲尔德（1999）采用 Ramsey – Cass – Koopmans 跨时动态优化模型研究外国经济援助与受援国资本水平的关系，他发现长期的国外经济援助只是一对一地增加了受援国的消费，并没有对受援国的均衡资本存量产生影响③。而宫和邹（2000，2001）通过连续时间的动态最优化模型研究发现，国际援助会降低受援国的资本存量水平④。

（2）实证方面的研究。在哈罗德—多马经济增长理论和"双缺口"理论的影响下，20 世纪 60 年代晚期至 70 年代早期，研究者主要通过检验援助与储蓄的关系来说明援助的经济增长效应。拉赫曼（1968）、魏斯科普夫（1972）、格里芬（1970）的研究表明，国际发展援助与国内储蓄呈负向关系，受援国将援助用于消费而不

① 龚六堂、苗建军：《动态经济学方法》，北京大学出版社 2002 年版，第 212 ~ 220 页。

② Obstefld M, Effect of Foreign Resources Inflows on Saving, A Methodological Overview, Mimeograph, University of California, Berkeley, 1995.

③ Obstfeld M., Foreign Resource Inflows, Saving and Growth. The Economics of Saving and Growth. Cambridge University Press, 1999, pp. 107 – 146.

④ Gong, L. and Zou, H., Foreign Aid Reduces Domestic Capital Accumulation and Increases Foreign Borrowing: A Theoretical Analysis. Annals of Economics and Finance, January 2000, pp. 147 – 163.

是储蓄。①②③ 古普塔（1970）在他的研究中没有发现外援与国内储蓄的相关性。④ 汉森和塔布（2000）纠正了以往对援助—储蓄模型中储蓄系数的解读，认为若用援助对储蓄的影响来说明援助对经济增长的影响，储蓄系数的分界点应该是 −1 而不是零。因为国际援助和国内储蓄之和代表了储蓄总额。他用聚类分析方法对前人的 41 篇有关援助与储蓄关系的文献进行分析，发现 40 篇文献的结果显示援助通过储蓄对经济增长产生正效应。⑤ 道克利尔歌斯和巴拉姆（2009）分析了 29 项关于援助与储蓄的研究、37 项关于援助与投资的研究，在此基础上计算了援助对于储蓄和投资的弹性系数，结果表明援助资金中 25% 能够促进储蓄，75% 导致了公共消费的增加。⑥

2. 援助直接影响经济增长的观点

一种观点援助促进经济增长。阿德尔曼和钱纳里（1966）利用希腊 1950～1961 年的数据进行实证研究，发现国际援助促进了希腊的经济增长。⑦ 帕帕内克（1973）将国际资本分为国际援助、国际投资和其他资本流入三种形式，利用 1950～1965 年间三个五年

① Rahman MA. Foreign Capital and Domestic Savings: a Test of Haavelmo's Hypothesis with Cross – Country Data. Review of Economics and Statistics, Vol. 50, No. 1, 1968, pp. 137 – 138.

② Weisskopf T E., The Impact of Foreign Capital Inflow on Domestic Savings in Underdeveloped Countries. Journal of International Economics, February 1972, pp. 25 – 38.

③ Griffin K, Enos J. Foreign Assistance: Objectives and Consequences. Economic Development and Cultural Change, No. 18, 1970, pp. 313 – 327.

④ Gupta KL. 1970. Foreign Capital and Domestic Savings: a Test of Haavelmo's Hypothesis with Cross – Country Data: a Comment. Review of Economics and Statistics Vol. 52, No. 2, pp. 214 – 216.

⑤ Henrik Hansen and Finn TarpAid Effectiveness Disputed. 2000, http://www.econ. ku. dk/ftarp/workingpapers/docs/aid% 20effectiveness% 20disputed. pdf.

⑥ Doucouliagos D, Paldam M. The Aid Effectiveness Literature: the Sad Results of 40 Years of Research. Journal of Economic Surveys, Vol. 23, No. 3, 2009, pp. 433 – 461.

⑦ Adelman I., Chenery H. B. The Foreign Aid and Economic Development: The Case of Greece. Review of Economics and Statistics, Vol. 48, 1966, pp. 1 – 19.

阶段 51 个国家的面板数据进行实证分析，发现国际援助对受援国的经济增长具有明显的促进作用[①]。莫斯利（1980）基于 1970～1977 年间 83 个国家的面板数据的实证研究表明，虽然总体援助对经济增长的负效应不显著，但 30 个最不发达国家的援助与这些国家的经济增长却呈现出显著的正相关性。[②] 伊斯兰（1983）建立国际援助、储蓄和经济增长的联立方程进行研究，研究结果表明，20 世纪 60 年代和 70 年代国际援助对经济增长产生了促进作用。[③]

也有学者的研究显示，国际援助与受援国经济增长之间不存在显著的关系。道林和海尔门斯（1982）采用两阶段最小二乘法、利用 1968～1979 年间的多国样本数据的实证研究结果表明，援助对经济增长的影响不显著。[④] 莫斯利（1987）采用联立方程、运用三阶段最小二乘法，对 63 个国家 1970～1980 年数据的实证检验也得出了相同的结论。[⑤] 伊斯特里（2003）对 97 种关于援助和增长的文献进行研究，并利用多元回归分析得出结论：援助同经济增长有较小的正相关关系，但并不显著。[⑥] 道克利尔歌斯和巴拉姆（2008）采用后设研究方法对已有相关文献进行研究也发现，援助对增长有微弱的促进作用，但作用并不显著[⑦]。

基于援助异质性的假设，一些学者对特殊部门援助的经济增长

① Papanek G. F. Aid, Foreign Private Investment, Savings, and Growth in Less Developed Countries. Journal of Political Economy, Vol. 81, 1973, pp. 120 – 130.

② Mosley P. Aid, Savings and Growth Revisited. Oxford Bulletin of Economics and Statistics, Vol. 42, No. 2, 1980, pp. 79 – 95.

③ Gupta KL, Islam MA. Foreign Capital, Savings and Growth – An International Cross – Section Study. Reidel Publishing Company：Dordrecht. 1983.

④ Dowling, M., Hiemenz, U., Aid, Savings and Growth in the Asian Region. Economic Office Report Series 3, Asian Development Bank：Manila. 1982.

⑤ Mosley P, Hudson J, Horrell S. Aid, the Public Sector and the Market in Less Developed Countries. Economic Journal, Vol. 97, No. 387, 1987. pp. 616 – 641.

⑥ Easterly, W., Can Foreign Aid Buy Growth? Journal of Economic Perspectives, 2003, pp. 23 – 48.

⑦ Doucouliagos, Paldam. Aid Effectiveness on Growth：Ameta Study. European Journal of Political Economy, Vol. 24, 2008, pp. 1 – 24.

效果进行了研究。阿斯顿和南德瓦（2007）关注援助的教育分配及其对受援国经济增长的影响，他们按照教育层次的不同对援助数据进行了分类。结果表明，对低收入国家初等教育援助促进经济增长，而对较高教育层次的援助无效率；对中等收入国家较高教育层次的援助促进经济增长，对初等教育的援助则适得其反①。沃尔夫（2007）分析了投向教育、健康、水利和公共卫生部门援助的经济增长效应，结果发现对教育和健康的援助投入有非常明显的积极作用，投向其他部门的援助效应不显著。②

3. 援助通过一定的条件促进经济增长的观点

（1）受援国的政策环境。1998 年世界银行报告 "Assessing Aid" 开启了援助有效的条件性研究。该报告总结到：只有在受援国具备良好的政策环境下，国际发展援助才能够促进经济增长。③伯恩赛德和朵拉（2000）用财政收支余额、通货膨胀率和贸易开放度组成政策指标，建立经济增长计量模型，将援助、政策、援助与政策的乘积项纳入，运用 40 个低收入国家和 16 个中等收入国家 1970 ~ 1993 年的数据为样本进行了回归分析，结果验证了世界银行报告的结论：国际援助能否促进经济增长取决于受援国是否具有良好的政策环境，包括货币政策、财政政策和贸易政策。④科利尔和朵拉（2002）运用世界银行的国家政策评估数据作为政策变量，该政策变量包括宏观经济政策、社会领域政策和公共部门政策，在伯恩赛德和朵拉（2000）的经济增长模型中添加援助的平方项进行

① Asiedu E. , Nandwa B. On the Impact of Foreign Aid in Education on Growth: How Relevant is the Heterogeneity of Aid Flows and the Heterogeneity of Aid Recipients? Review of World Economics, Vol. 143, No. 4, 2007, pp. 631 –649.

② Wolf S. Does Aid Improve Public Service Delivery? Review of World Economics, Vol. 143, No. 4, 2007, pp. 650 –672.

③ World Bank. Assessing Aid, What Works, What Doesn't and Why. Oxford University Press, 1998.

④ Burnside C. , Dollar D. Aid, Policies, and Growth. American Economic Review, Vol. 90, 2000, pp. 847 –868.

实证分析，得到了与伯恩赛德和朵拉（2000）相同的结果。[1]

但是上述结果也受到很多质疑，伊斯特里等（2004）用伯恩赛德和朵拉（2000）的计量模型与计量方法，只是将数据范围扩大了4年，援助与政策交叉项的系数不再显著。[2] 鲁德曼（2004）对伯恩赛德和朵拉（2000）、科利尔和朵拉（2002）的实证结果进行稳健性检验，包括模型变化和变量变化，大部分的检验结果都不支持政策与援助有效性的关系。因此，他认为政策环境对援助效率起决定性作用的主张是脆弱的。[3]

（2）受援国的制度水平。面对一些学者对伯恩赛德和朵拉（2000）的研究中政策作为援助有效性条件的质疑，伯恩赛德和朵拉（2004）将援助有效性条件转移到制度水平上来。他们认为，良好的政策环境是由内在的、高水平的制度支持的。高水平的制度环境有益于援助效率的提高。他们采用考夫曼等（1999）所创建的制度变量及数据，该制度变量衡量了四类制度环境：政府效率、政策质量、法律环境和腐败程度。同时，运用124个国家20世纪90年代的新数据进行实证检验，援助与制度变量的系数显著为正，支持了制度为援助有效性条件的论点。[4] 伊斯兰（2002）、肖韦和古尔劳蒙特（2002）则重点研究政治稳定性这个制度变量对援助效率的影响。他们均采用伯恩赛德和朵拉（2000）的经济计量模型，交叉项改为援助与政治不稳定变量的乘积进行实证检验，交叉项的系数

① Collier P, Dollar D. 2002. Aid Allocation and Poverty Reduction. European Economic Review, Vol. 46, No. 8, pp. 1475 – 1500.

② Easterly W. Can Foreign Aid Buy Growth？ Journal of Economic Perspectives, Vol. 17, 2003, pp. 23 – 48.

③ Roodman D. The Anarchy of Numbers：Aid, Development and Cross-country Empirics. CGD Working Paper No. 32, July 2004, Centre for Global Development：Washington, DC.

④ Burnside C, Dollar D. Aid, Policies and Growth：Revisiting the Evidence. World Bank Policy Research Working Paper No. 3251. 2004；Chauvet L, Guillaumont P. Aid and Growth Revisited：Policy, Economic Vulnerability and Political Instability. Paper presented at the Annual Bank Conference of Development Economics, Oslo. 2002.

显著为负。说明受援国政治越不稳定，援助的效率越低。[1] 克萨克
（2003）研究了民主政治制度、援助与发展效果的关系，实证中用
人的发展指数来表示发展效果，研究也得出了相同的结论：制度水
平的高低决定了援助是否有效。[2]

（3）援助的规模。一些学者的研究表明，援助自身的规模也是
援助有效性的条件。克莱门斯和拉德莱特（2003）构建了一个内生
性增长模型，模型包括家庭、企业和政策三个部门。国际援助为外生
性变量，通过两个影响途径进入模型：一是产品生产的公共品投入由
援助融资；二是援助负向影响全要素生产率。通过模型分析发现，当
援助水平较低时，援助对经济增长率的影响系数为正；当援助超过一
定水平后，援助的增加伴随着经济增长率的下降。所以，援助存在着
最大化经济增长的最优规模。[3] 兰信克和怀特（2001）也认为，由
于受吸收能力的限制，对于受援国来说，存在着援助的最优规模，
即援助饱和点。受援国吸收能力的限制主要来自四个方面的原因：
一是大规模援助导致宏观经济管理的困难；二是大规模援助有损于
政府治理能力；三是受援国自身条件限制；四是援助实践中存在的
问题。[4] 关于援助的吸收能力限制因素，吉尔劳蒙特和金纳里
（2007）的研究中特别强调援助程序问题和受援国制度恶化问题。[5]

在实证研究中，检测援助是否存在适宜规模的常用方法是在计

① Islam N. Regime Changes, Economic Policies and the Effects of Aid on Growth. Paper presented at the conference, Exchange Rates, Economic Integration and the International Economy, May 17 – 19, 2002. Ryerson University, Canada.

② Kosack S. Effective Aid: How Eemocracy Allows Development Aid to Improve the Quality of Life. World Development, Vol. 31, No. 1, 2003, pp. 1 – 22.

③ Clemens M, Radelet S. The Millennium Challenge Account: How Much is too Much, How Long is Long Enough? Washington: Center for Global Development, Working Paper No. 23, 2003.

④ Lensink R, White H. Are There Negative Returns to Aid? Journal of Development Studies. Vol. 37, No. 6, 2001. pp. 42 – 65.

⑤ Patrik Guillaumont, Sylviane Guillaumont Jeanneney, Absorptive Capacity: More Than the Volume of Aid, its Modalities Matter. CERDI Etudes et Documents, February 2007.

量模型中加入国际援助及其平方项，若援助平方项系数显著不为零，则表示国际援助对受援国经济增长的促进作用随援助规模发生变化。道伯瑞等（1998）、达尔高和汉森（2001）、卢和兰姆（2001）、汉森和布（2001）、科利尔和朵拉（2002）、达尔高等（2004）的研究都支持援助规模超过饱和点后，援助对经济增长将产生负向作用，而最优的国际援助规模是援助额占受援国 GDP 的 15%～45%，且科利尔和朵拉（2002）的研究显示受援国的制度水平正向影响最优援助规模。[1] 延森和巴拉姆（2003）的研究得出了不一样的结论，他首先将计量模型简化，并在其他实证研究的基础上将样本进行扩展，发现援助具有最优的规模，然而当他将样本限定为非原始样本时，援助平方项系数不再显著。[2]

## （二）国际发展援助与社会福利

国际发展援助的主要目标是促进经济增长与增进社会福利，经济增长可以促进社会福利的增加，克利特嘉德和福德克（1998）、伊斯特里（2000）的研究表明，收入与福利指数间存在着显著的相关性。援助也可以直接影响受援国的社会福利。伯索尔（2005）对穷国援助的效果进行了分析，认为援助是有效的，主要表现在教育、医疗等直接增进社会福利领域的援助以及对战后国家的重建援

---

　① Durbarry R, Gemmell N, Greenaway D. New Evidence on the Impact of Foreign Aid on Economic Growth. CREDIT Research Paper No. 98/9. 1998. ; Dalgaard CJ, Hansen H. On Aid, Growth and Good Policies. Journal of Development Studies, Vol. 37, No. 6, 2001, pp. 7 – 41; Lu S, Ram R. Foreign Aid, Government Policies and Economic Growth: Further Evidence From Cross-country Panel Data for 1970 to 1993. Economia Internazionale Vol. 54, No. 1, 2001. pp. 14 – 29; Hansen H, Tarp F. Aid and Growth Regressions. Journal of Development Economics, Vol. 64, No. 2, 2001, pp. 547 – 570; Collier P, Dollar D. Aid Allocation and Poverty Reduction. European Economic Review. Vol. 46, No. 8, 2002, pp. 1475 –1500; Dalgaard CJ, Hansen H, Tarp F. On the Empirics of Foreign Aid and Growth. Economic Journal. Vol. 114, No. 496, 2004, pp. F191 – F216.

　② Jensen PS, Paldam M. Can the New Aid – Growth Models Be Replicated? Institute for Economics: Aarhus. Working Paper No. 2003 – 17, 2003.

助和人道主义援助。① 莫斯利（1986）分别从宏观和微观角度研究
援助的效果，证明了援助在卫生、医疗、基础设施等微观领域的有
效性。② 米歇劳瓦和韦伯（2006）以 18 个低收入国家为样本，运
用 1975～2000 年平均 5 年的结构数据以及 1993～2000 年的年度数
据进行面板回归，做教育援助有效性的长期和短期效果检验。检验
结果显示，无论是长期还是短期，对低收入国家的教育援助均促进
了这些国家的初等教育入学率的提升。③ 德勒埃（2008）通过对
100 个受援国 1970～2005 年的数据进行实证研究也发现，人均教
育援助提高了受援国的初等教育入学率。④ 艾格勒皮耶和瓦格纳
（2010）对教育援助和教育效果进行了研究，其中教育效果包括了
教育的覆盖率（初等教育入学率）以及教育过程的公正性（性别
平等）。1999～2007 年全球样本数据的实证结果显示，初等教育援
助对初等教育入学率以及性别平等产生显著的正向影响。⑤ 阿斯顿
（2008）同时对教育部门援助和医疗部门援助的效果进行了研究，
他对 1990～2004 年发展中国家的实证研究表明，教育援助显著提
高了受援国的初等教育入学率和完成率，医疗援助大大减少了受援
国的儿童死亡率。⑥

① Birdsall N, Rodrik D, Subramanlan A. How to Help Poor Countries. Foreign Affairs, Vol. 84, No. 4, 2005, pp. 136 – 152.

② Mosley P. Aid Effectiveness: the Micro – Macro Paradox. Institute of Development Studies Bulletin, No. 17, 1986, pp. 214 – 225.

③ Michaelowa, K. and A. Weber, Aid Effectiveness Reconsidered: Panel Data Evidence from the Education Sector. Hamburg Institute of International Development Working Paper No. 264. 2006.

④ Dreher, A., Nunnenkamp, P., Thiele, R. Does aid for education educate children? Evidence from panel data. World Bank Economic Review, Vol. 22, No. 2, 2008, pp. 291 – 314.

⑤ D'Aiglepierre, R., Wagner, L., Aid and Universal Primary Education. CERDI Etudes et Documents, E 2010. 22. http://cerdi.org/uploads/ed/2010/2010. 22. pdf (accessed: October 2012).

⑥ Elizabeth Asiedu, Aid and Human Capital Formation: Some Evidence 2008, http://www.afdb.org/fileadmin/uploads/afdb/Documents/Knowledge/30754268 – EN – 1. 3. 4 – GYIMAH – AID – HUMANCAP4. PDF.

歌曼尼等（2003，2004，2005）对援助与社会福利水平改善间的关系进行了研究，以人的发展指数 HDI 以及婴儿死亡率来衡量社会福利，实证结果表明援助与高的人的发展指数 HDI、低的婴儿死亡率显著相关。歌曼尼等（2003）探讨了援助影响社会福利的间接途径。他以教育、医疗、公共卫生和住房四个内容的公共支出代表减贫性公共支出，基于 39 个国家 1980～1998 年面板数据的检验结果显示，援助通过影响受援国减贫性公共支出从而间接影响了社会福利水平。[1] 歌曼尼等（2004）随后将样本国家扩大到 104 个，基于 1980～2000 年面板数据对援助与社会福利的关系进行检验，发现相比高收入国家，低收入国家的援助对社会福利水平改善程度更为显著，但这一效果并没有通过减贫性公共支出间接机制。[2] 歌曼尼等（2005）重新采用歌曼尼等（2003）的样本，以福利水平高低对样本进行了分类，发现低福利水平国家的援助对社会福利水平改善程度更为显著。[3]

### （三）国际发展援助与财政反应

多数研究者的结论表明，援助对受援国政府财政收入有反向作用。司托茨基和玛丽安（1997）的研究发现，在非洲援助占 GDP10% 或以上的国家与 IMF 所界定的低税收国家是一致的。[4] 德瓦拉贾（1999）通过回归分析发现，在短期内，非洲援助能够替代这

① Gomanee, K. et al. , Aid, Pro – Poor Government Spending and Welfare. CREDIT Research Paper. No. 03/03, 2003.

② Gomanee, K. et al. , Aid, Government Expenditure and Aggregate Welfare. World Development, Vol. 33, No. 3, 2004, pp. 355 – 370.

③ Karuna Gomanee, Sourafel Girma, Oliver Morrissey, Aid, Public Spending And Human Welfare: Evidence From Quantile regressions. Journal of International Development（J. Int）. Dev. 17 2005, pp. 299 – 309.

④ J. G. Stotsky, A Wolde Mariam, Tax Effort in Sub – Saharan Africa, International Monetary Fund Working Paper WP/97/107（IMF, Washington, D. C. , September 1997）.

些国家的税收收入。①② 莫斯等（2006）通过对有关援助的财政反应文献的分析得出了高水平的援助和低税收收入的结论，这一相关性在非洲国家尤其显著。另一方面，他还指出大量的援助将削弱受援国政府的合理财政预算能力，可能导致过度和不可持续的政府消费支出。③ 鲁斯（2005）也赞同莫斯等（2006）的观点，援助与政府财政关系的表现是短期内援助替代税收收入，长期内将削弱援助依赖的政府在税收管理方面和财政预算方面的能力。④ 布罗蒂加姆和纳克（2004）重点关注援助对财政预算能力的影响。他认为，高水平的援助提供了"软预算约束"。在"软预算约束"下，受援国无法发展也无须发展合理财政预算能力，如此也提供了停止发展相关机构的动力与可能性。⑤

一些学者基于不同的援助形式分析了援助的财政反应。古普塔等（2004）运用 1970～2002 年来自 107 个发展中国家的数据进行实证检验，结果表明，国际发展援助的增加会导致受援国财政收入的下降。当区分援助形式为赠款与贷款时，实证结果为赠款的增加会降低受援国的财政收入，贷款的增加则与受援国财政收入的增加相联系。⑥ 奥

① Devarajan S, BajkumarA S, Swaroop V. What Does Aid to Africa Finance? Working Papers No. 2092, January, 1999.

② Brautigam, Stephen Knack, Foreign Aid, Istitutions, and Governance in Sub – Saharan Africa, Southern Economic Development and Cultural Change, Vol 68, No. 2 (January., 2004). pp. 255 – 285.

③ Moss, T., Pettersson, G., Vander Walle, N. An Aid-institutions Paradox? A Review Essay on Aid Dependency and State Building in Sub – Saharan Africa, Center for Global Development, Working Paper No. 74, January. 2006.

④ Elsabe Loots, Aid and Development in Africa, The debate, the challenges and the way forward. 2005.

⑤ Brautigam, Stephen Knack, Foreign Aid, Institutions and Governance in Sub – Saharan Africa, Southern Economic Development and Cultural Change, Vol 68, No. 2 (January., 2004). pp. 255 – 285.

⑥ Gupta, Sanjeev, Benedict Clements, Alexander Pivovarsky, Erwin Tiongson. Foreign Aid and Revenue Response: Does the Composition of Foreign Aid Matter? In Sanjeev Gupta, Benedict Clements and Gabriela Inchauste (eds.), . Helping Countries Develop. The Role of Fiscal Policy. Washington, DC: International Monetary Fund. 2004.

德多坤（2003）和克莱门茨等（2004）的研究也得到了相同的结论，国际发展援助中的赠款与受援国税收收入下降相关。[1] 不过，莫里西等（2006）运用1975～2000年55个中低收入国家的数据实证检验了援助的财政收入反应以及不同援助形式的效果，结果并未证明援助、援助的构成与税收占GDP的比例之间有稳健的、显著的关联。[2]

### （四）援助无效的原因

#### 1. 援助依赖问题

一些受援国，尤其是撒哈拉以南非洲的国家，在长期接受援助以后，不但没有得到应有的发展，反而对援助产生了不同程度的依赖。[3] 布罗蒂加姆（2000）运用世界银行数据进行分析后发现，在人口100万以上、接受援助超过其GDP10%或以上的30个国家中，其中至少有20个国家接受这种高强度的援助状态维持了10年以上，说明这些国家都产生了严重的援助依赖现象。[4]

一些学者对援助依赖产生的原因进行了研究。约翰·怀特的替代论认为，援助资金替代了公共储蓄，减轻了受援国的财政压力，减弱了受援国政府的自主发展能力。[5] 鲍尔则认为，援助资金部分替代了国内储蓄，使受援国的相关市场和部门不能得到发展，最终使受援国对外援产生依赖。[6] 孙同全（2008）则认为，援助依赖的

[1] Odedokun, Matthew. Economics and Politics of Official Loans versus Grants. Panoramic Issues and Empirical Evidence. WIDER Discussion Paper No. 2003/04.

[2] Morrissey, Islei, M. Amanja, Aid Loans Versus Aid Grants. CREDIT Research Paper, No. 06/07. 2006.

[3] 孙同全：《国际发展援助中"援助依赖"的成因》，载《国际经济合作》2008年第6期。

[4] Brutigan, Deborah, Aid Dependence and Governance. Almqvist & Wiksell, 2000.

[5] White, John, The Politics of Foreign Aid, London: The Bodley Head Ltd, 1974, pp. 109 – 116.

[6] Bauer, P. T., Foreign Aid: An Instrument for Progress? Two Views on Aid to Developing Countries, Institute of Economic Affairs, 1966, pp. 70 – 84.

成因与受援国自身息息相关，包括经济基础薄弱、人才资源匮乏、脆弱低效的政府机构。[①]

另一些学者对援助依赖给受援国带来的影响进行了研究。布罗蒂加姆（2000）认为，当受援国处于援助依赖的状态时，那么该国在没有外国资金和技术援助的情况下，政府的很多核心功能无法正常发挥。[②] 纳克（2001）、布罗蒂加姆和纳克（2004）的研究表明，援助依赖会恶化政府治理水平、毁损公共部门机制，表现为大量援助可以削弱政府责任心、损坏政府财政预算能力、助长腐败和寻租活动、增加援助行政成本以及"挖走"公务人才。他们运用 ICRG 数据库的政府机构质量、国家腐败指数和法律环境作为制度变量，纳克（2001）运用 1982～1997 年的撒哈拉以南国家样本数据进行回归，布罗蒂加姆和纳克（2004）运用 1982～1997 年的发展中国家样本数据进行回归，结果显示高水平的援助有损于受援国的制度水平。[③]

2. 援助的"荷兰病"效应

一些研究者发现大量的外援进入受援国后会造成宏观经济失衡，主要表现为"热钱"的涌入带来竞争力的减弱以及出口增长和就业机会的减少，又称为"荷兰病"。[④] 米开里（1981）构建了一个两部门的一般均衡模型来说明援助与两种产品产量、外汇汇率之间的关系。模型表明，国际援助因增加贸易品的供应使该类产品的

---

① 孙同全：《国际发展援助中"援助依赖"的成因》，载《国际经济合作》2008 年第 6 期。

② Brutigan, Deborah, Aid Dependence and Governance, Almqvist & Wiksell, 2000.

③ Stephen Knack, Aid Dependence and the Quality of Governance: Cross - Country Empirical Tests, Southern Economic Journal, Vol 68, No. 2 (Oct. , 2001). pp. 310 - 329；Deborah A. Brautigam, Stephen Knack, 2004, Foreign Aid, Istitutions and Governance in Sub - Saharan Africa Southern Economic Development and Cultural Change, Vol 68, No. 2 (January. , 2004). pp. 255 - 285.

④ Loots E. Aid and Development in Africa: the Debate, the Challenges and the Way Forward. South African Journal of Economics, Vol. 74, No. 3, 2006, pp. 363 - 381.

价格下降，转移支付带来的收入效应提高了非贸易品的需求及价格。结果是一方面生产要素由贸易品生产部门流入非贸易品生产部门，贸易品生产减产；另一方面，以非贸易品相对价格代表的实际汇率上升，将刺激进口而削弱出口产品的竞争力。[1] 扬格（1992）的研究表明，20世纪80年代大量的援助投入乌干达导致该国外汇汇率的上升以及国内的通货膨胀，最终国际援助的流入鼓励了进口、阻碍了出口，造成了国际收支的失衡。[2] 亚当和比万（2003）对乌干达的援助与外汇汇率、出口量和贸易条件的相关性进行了研究，发现乌干达的援助确实造成了"荷兰病"效应，不过这一效应只持续在短期内。[3] 莫斯等（2006）的研究进一步表明，如果援助的挥发性较高，大量援助带来的"荷兰病"效应将强化。[4]

3. 援助与受援国的政府治理问题

一些学者认为援助可能会延缓政府治理改革，甚至恶化政府治理水平。[5] 罗德里克（1996）认为，外部援助减少了受援国政府不作为的成本，帮助治理不善的政府持续生存。[6] 鲍尔（1984）、卡尔（1997）和穆尔（1998）的观点是，外部援助帮助受援国克服公共资本短缺的瓶颈，降低了受援国政府对国内纳税人的依赖，由此，受援国政府因对纳税人负责而改善政府治理水平的动力减少。

[1] Michaely, Michael, Foreign Aid, Economic Structure and Dependence. Journal of Development Economics, Vol. 9, (December. 1981). pp. 313 – 330.

[2] Younger, Stephen, Aid and the Dutch Disease: Macroeconomic Management When Everybody Loves You. World Development, Vol. 20, No. 11, 1992.

[3] Adam, C. S., Bevan, D. L. Aid, Public Policy and Dutch Disease, Department of Economics, University of Oxford. 2003.

[4] Moss, T., Pettersson, G., Vander Walle N. An Aid-institutions Paradox? A Review Essay on Aid Dependency and State Building in Sub – Saharan Africa, Center for Global Development, Working Paper No. 74, January. 2006.

[5] RemmerK L. Does Foreign Aid Promote the Expansion of Government? American Journal of Political Science, Vol. 48, No. 1, 2004, pp. 77 – 92.

[6] Rodrik, Dani. Understanding economic policy reform. Journal of Economic Literature, Vol. 34 1996. pp. 9 – 41.

政府—税收—公民这条政府对公民负责的传导机制短路了。①②③ 在考察了撒哈拉以南非洲地区的被援助历史后，莫斯等（2006）认为，在政府财政收入的大部分来自国际社会的国家里，政府对公民较不负责，在维持公共合法性方面的压力也小，因此他们也不太可能投入于发展有效的政府机构与制度环境。④ 莫伦（1997）研究了20 世纪 80 年代大规模援助对索马里政府对公民责任心的影响，得到的结论是大规模的援助使关于收入和支出决定的最高话语权在国际贷款机构手中，受援国政府主要对外国援助者负责而不是本国的纳税人。⑤ 布罗蒂加姆和纳克（2004）使用 1982 ~ 1997 年 32 个撒哈拉以南非洲国家的数据，实证检验了援助与政府治理的关系，结论是高援助水平与政府治理的恶化有显著的相关性。⑥ 莫斯等（2006）也得到了相似的结论，援助与制度的相关性显著，大量的、持续的援助对受援国制度产生负向影响。⑦

还有一些学者对援助与受援助的腐败关系进行了研究，基本结论是援助助长了受援国的腐败。在理论研究方面，伊科诺米季斯

---

① Bauer, P. T. Reality and Rhetoric: Studies in the Economics of Development. Cambridge, MA: Harvard University Press. 1984.

② Karl, Terry Lynn. The Paradox of Plenty: Oil Booms and Petro-states. Berkeley, CA: University of California Press. 1997.

③ Moore, Mick. Death without taxes: Democracy, state capacity, and aid dependence in the fourth world. In Towards a democratic developmental state, edited by G. White and M. Robinson. Oxford: Oxford University Press. 1998.

④ MossT, Petterssonm G, van deWalle N. An Aid-Institutions Paradox: A Review Essay on Aid Dependency and State Building in Sub – Saharan Africa. Working Paper No. 74, Center for Global Development, Washington, DC, 2006.

⑤ Maren, Michael, The road to hell: The ravaging effects of foreign aid and international charity. New York: The Free Press, 1997.

⑥ Brautigam, D. A., Knack, S., Foreign Aid, Institutions and Governance in Sub – Saharan Africa, Economic Development and Cultural Change, Vol. 52, (January, 2004), pp. 255 – 285.

⑦ Moss, T., Pettersson, G., Vander Walle, N., An Aid-InstitutionsParadox? A Review Essay on Aid Dependency and State Building in Sub – Saharan Africa, Center for Global Development, Working Paper No. 74, January 2006.

（2008）建立了一个包含企业、家庭、政府三方的均衡模型，将援助视为政府收入，家庭将自己的时间在劳动和获取援助收入之间进行分配。采用分散性竞争均衡方法得出了援助对经济增长的影响，其中援助通过寻租活动给经济增长带来了负效应，而且援助越多，将会激励家庭将更多的时间投入寻租活动。① 达尔高和奥尔森（2006）建立了包含政府和企业的双头垄断纳什均衡模型，均衡结果显示，在不考虑受援国政府治理能力和全要素生产率的情况下，非捆绑性援助将正向影响寻租活动。② 在实证研究方面，斯文松（1999）以民族多样性来代替国家的竞争性社会团体，使用1980～1995 年 66 个受援国样本数据实证分析了援助与腐败的关系，结果表明，对外援助与高腐败指数相关，这一相关性在多民族国家表现得更为明显③。达尔高和奥尔森（2006）的研究也显示更多的援助导致更高的受援国腐败程度，不过两者的关系是非线性的。

## 四、国际发展援助与国际直接投资的关系研究

### （一）理论方面的研究

国外学者从降低风险、提供非贸易品和影响全要素生产率三个方面对国际发展援助影响外商直接投资的途径进行了理论研究。

1. 从降低风险角度

阿斯顿等（2009）和班德亚帕德耶等（2011）从降低风险角度证实，认为国际发展援助有利于 FDI 流入受援国。阿斯顿等

---

① George Economides, Sarantis Kalyvitis, Apostolis Philippopoulos, Does Foreign Aid Distort Incentives and Hurt Growth? Public Choice, Vol. 134, 2008, pp. 463 - 488.

② Dalgaard and Olsson, Windfall Gains, Political Economy and Economic Development. Paper prepared for the 2006 AERC conference in Nairobi, 2006.

③ Jakob Svensson, Foreign Aid and Rent - Seeking. Journal of International Economics, Vol. 51, 2000, pp. 437 - 461.

（2009）建立了一个无限期界包括外国投资者和东道国政府两个主体的动态最优化模型，模型中考虑了投资的没收风险。对外国投资者而言，投资一旦遭遇东道国政府的没收，将没有任何收益；对东道国而言，若东道国采取没收政策能获取更大收益，他们将采取没收政策。该模型显示，外国投资者面临的没收风险越大，对东道国的投资越少。如果东道国同时还接受国外援助，则能够减少东道国采取没收政策与否的收益之差，从而降低没收风险、促进 FDI 流入受援国。① 班德亚帕德耶等（2011）也建立了一个包括外国投资者和东道国政府两个主体的最优化模型，模型中考虑了恐怖主义风险。他们认为恐怖主义是破坏性的，它能够给生产带来不利影响，从而影响国外投资者的投资收益，影响 FDI 的流入。反恐援助的投入能够减少恐怖主义对生产的破坏，从而提高国外投资者的投资收益，促进 FDI 的流入。②

2. 从提供非贸易品角度

哈姆和卢茨（2003）将援助对 FDI 的影响分为"基础设施效应"和"寻租效应"。"基础设施效应"是从非贸易品供应角度对 FDI 产生影响。非贸易品是贸易品生产的投入要素。非贸易品主要由政府提供，若政府供应不能满足需求，企业也需要参与非贸易品的生产。基础设施类援助或者援助资助受援国政府用于基础设施投入可以增加政府对非贸易品的供应，相应地，企业减少对非贸易品的供应，于是劳动力被释放出来生产贸易品，提高了贸易品的边际资本产量。由于外国投资者主要从事贸易品生产，因而促进了 FDI 的流入，产生了正向的"基础设施效应"。他认为，在制度环境差

① Asiedu. E., Jin Y., Nandwa B., Does foreign aid mitigate the adverse effect of expropriation risk on foreign direct investment? Journal of internalional Economics, Vol. 78, pp. 268 – 275, 2009.

② Subhayu Bandyopadhyay, Todd Sandler, Javed Younas, Foreign Direct Investment, Aid, and Terrorism: An Analysis of Developing Countries. Federal Reserve Bank of St. Louis Working Paper Series 2011 – 004A, 2011.

的国家，由于生产非贸品需要耗费更多的劳动力，所以援助的投入将使更多劳动力从非贸品生产中释放出来转向贸易品生产。那么，在制度环境不好的国家，援助对 FDI 的"基础设施效应"更加明显。①

伯拉迪和奥拉迪（2006）认为在特定的产品资本密集型条件下，国际援助对 FDI 将产生替代效应。他们建立了包括三种产品（出口产品、进口替代产品和非贸易品）生产部门的一般均衡模型。非贸易品由政府免费提供，由国际援助进行融资。假设外国私人资本只投资于出口产品部门，若相比较非贸易品部门，进口替代产品部门属于资本密集型，因而从进口替代产品部门每一资本流出的劳动力比非贸易品部门需要的少，那么一些劳动力必须由出口产品部门流向非贸易品部门，导致出口产品部门的资本边际产量下降，国际援助替代了 FDI。放松假设，即外国私人资本既投资出口产品部门又投资进口替代产品部门，若相比较出口产品部门，进口替代产品部门属于资本密集型，相比较非贸易品部门，出口产品部门属于资本密集型，则国际援助替代了 FDI。②

3. 从影响全要素生产率角度

哈姆和卢茨（2003）认为援助对 FDI 的影响不仅表现在"基础设施效应"上，还体现在"寻租效应"上。援助使受援国政府产生了可以控制的资源，企业为了获取资源，将部分人力投入到非生产性寻租活动中，用于研究与开发活动、生产性活动的资源减少，导致全要素生产率下降，由此资本的边际产量下降，最终减少了

① Harms P，Lutz M Aid，Governance and Private Investment：Some Puzzling Findings and a Possible Explanation. HWWA Disscussion Paper，No. 1－33，2003.

② Beladi H，Oladi R，Does Foreign Aid Impede Foreign Investment? In Professor Hamid Beladi，Chapter 4. Professor E. Kwan Choi（Ed.）Theory and Practice of Foreign Aid（Frontiers of Economics and Globalization，Volume 1），Emerald Group Publishing Limited，pp. 55－63，2006.

FDI 的流入。[①]

塞拉亚等（2008）认为不同部门的援助对 FDI 的影响效果是不同的。经济基础设施及服务部门和社会基础设施及服务部门的援助能够提高全要素生产率，一方面可以提高资本的边际产量，促进FDI 的流入，另一方面提高了稳态资本水平以及稳态收入水平，在国内储蓄率不变的条件下，能够增加国内储蓄水平、促进国内投资、减少对 FDI 的需求。综合以上两种效应，基础设施及服务部门的援助对 FDI 的影响不确定。[②]

### （二）实证方面的研究

#### 1. 从受援国角度

国外学者从受援国角度研究国际发展援助对 FDI 的影响，主要采用受援国的援助与 FDI 的面板数据进行实证检验，大部分学者的观点是国际发展援助对 FDI 影响存在异质性，异质性主要源于受援国的政策环境或制度条件、不同的援助部门、不同的援助时间、不同的援助种类以及不同的援助国。

（1）受援国的政策环境或制度条件。一种观点是在政策环境好、制度水平高的国家，援助对 FDI 产生促进效果。朵拉和伊斯特里（1998）运用 49 个非洲国家 1970~1993 年 6 个四年的平均数据进行实证研究，结果表明国际机构的多边援助对受援国外来私人投资的影响取决于受援国的经济政策质量。在好的经济政策环境下，占 GDP1% 的国际多边援助可以增加受援国占 GDP1.9% 的外来私人投资，相反国际多边援助会对外来私人投资产生"挤出"效应。[③]

---

① Harms P，Lutz M Aid，Governance and Private Investment：Some Puzzling Findings and a Possible Explanation. HWWA Disscussion Paper，No. 1 – 33，2003.

② Selaya P.，Sunesen E. R.，Does Foreign Aid Increase Foreign Direct Investment? Discussion Papers No. 08 – 04，2008，Department of Economics University Copenhagen.

③ Dollar David，William Easterly. The Search for the Key：Aid，Investment and Policies in Africa. World Bank，Development Research Group，1998.

凯拉科普兰和萨耶克（2005）运用考夫曼等（2003）的 6 个国家制度变量和 3 个金融条件变量，97 个国家 1960～2004 年的面板数据的实证分析也得出了相似的结论：FDI 并没有必然流向接受援助的国家，但在具有高水平的制度环境和良好的金融条件的国家，援助能够显著地促进 FDI 的流入。[①] 安娜格地（2012）运用似不相关回归的方法实证检验了 1992～2009 年中亚五国（哈撒克斯坦、吉尔吉斯斯坦、塔吉克斯坦、土库曼斯坦、乌兹别克斯坦）的国际援助、FDI 和国内投资的关系。结果显示，从整体区域来看，国际援助显著地促进了 FDI 的流入。从具体国家来看，只有吉尔吉斯斯坦和塔吉克斯坦的国际援助和 FDI 有正相关关系，这两个国家明显地有着持续的国际援助投入和国内经济制度改革的行动。[②]

另一些学者得出了相反的结论。哈姆和卢茨（2006）运用 1988～1999 年人口超过 100 万的中低收入国家数据进行实证检验得出了援助对 FDI 的边际效应为零的结论，当区分受援国不同的制度环境后，发现在制度环境差的国家，国际发展援助对 FDI 产生了正效果。[③] 阿斯顿等（2009）和班德亚帕德耶等（2011）则实证检验了国际发展援助影响 FDI 的风险路径。阿斯顿等（2009）选择了 1983～2004 年 35 个低收入国家和 28 个撒哈拉以南的国家进行实证分析，发现风险（包括没收风险在内）对 FDI 产生了负效应，援助可以减缓风险的负效应，促进 FDI 流入受援国。[④] 班德亚帕德耶等

① Karakaplan U. M., Neyapti B., Sayek S., Aid and Foreign Direct Investment: International Evidence. Bilkent University Discussion Paper, No. 05－05, 2005.

② Annagedy Arazmuradov, Foreign Aid, Foreign Direct Investment and Domestic Investment Nexus in Landlocked Economies of Central Asia. The Economic Research Guardian, Vol. 2, No. 1, 2012, pp. 129－151.

③ Harms P, Lutz M. Aid, Governance and Private Investment: Some Puzzling Findings for the 1990s'. Economic Journal. Vol. 116, 2006, pp. 773－790.

④ Asiedu. E., Jin Y., Nandwa B., Does Foreign Aid Mitigate the Adverse Effect of Expropriation Risk on Foreign Direct Investment? Journal of internaIional Economics, Vol. 78, 2009, pp. 268－275.

（2011）通过 1984～2008 年 78 个国家的数据检验证明了国内恐怖主义和国际恐怖主义均对 FDI 产生不利影响；援助可以降低国内恐怖主义的危害，从而对 FDI 产生有利的影响。所以，阿斯顿等（2009）和班德亚帕德耶等（2011）的研究间接反映了一个事实：在国家风险高、受恐怖主义威胁的受援国，国际发展援助对 FDI 产生了促进效果。[1]

（2）不同的援助部门。塞拉亚等（2008）将援助分为基础设施及服务部门援助和生产部门援助两类，通过对 1970～2001 年 84 个国家的实证分析显示，基础设施及服务部门的援助吸引了 FDI 的流入，而生产部门的援助挤出了 FDI，两类援助对 FDI 的综合效果为正，但影响效果较小。[2] 哈万（2011）也将援助分为基础设施及服务部门援助和生产部门援助两类进行实证分析，发现投入南亚四国（巴基斯坦、印度、孟加拉国和斯里兰卡）的两类援助对流入这些国家的 FDI 均具有促进效果。[3]

卡普弗等（2007）和轩（2008）重点分析经济基础设施及服务部门援助对 FDI 的影响。卡普弗等（2007）发现 1982～1995 年他所选取的 52 个国家的援助与 FDI 没有显著相关性，而经济基础设施部门的援助与 FDI 显著正相关，这个结论对于具体的通信、能源和交通部门都成立，并且正效应具有持久性。[4] 轩（2008）运用 2002～2004 年越南 60 个省的数据实证分析了经济基础设施援助对 FDI 的

---

① Subhayu Bandyopadhyay, Todd Sandler, Javed Younas, Foreign Direct Investment, Aid, and Terrorism: An Analysis of Developing Countries. Federal Reserve Bank of St. Louis Working Paper Series 2011 - 004A, 2011.

② Selaya P., Sunesen E. R., Does Foreign Aid Increase Foreign Direct Investment? Discussion Papers No. 08 - 04, 2008, Department of Economics University Copenhagen.

③ Bhavan T, Xu C, Zhong C., The Relationship between Foreign Aid and FDI in South Asian Economies. International Journal of Economics and Finance. Vol. 3, No. 2, 2011, pp. 143 - 149.

④ Kapfer S, Nielsen R, Nielson D, If You Build It, Will They Come? Foreign Aid's Effects on Foreign Direct Investment. Paper prepared for the 65th MPSA National Conference, 2007.

影响。结果显示：短期影响效果不确定，长期影响效果为正且显著；正效果不仅来自经济基础设施援助对 FDI 的直接影响，还通过提高越南的人力资本增加了对 FDI 的吸引力。[1] 多纳鲍尔等（2012）则重点关注教育部门援助，他们对 1984～2008 年投入到 21 个拉丁美洲国家的教育部门援助对流入这些国家的 FDI 的影响进行了实证研究，结果表明教育部门援助与 FDI 显著正相关。[2]

另外，还有一些学者的研究表明，国际发展援助对 FDI 是否产生促进效果也因援助时期、援助种类与具体援助国而不同。布德和罗兰兹（1997）研究了国际性金融机构对低收入国家的优惠贷款是否会对进入这些国家的私人投资产生催化作用。1973～1989 年 90 个低收入国家的实证结果显示，在 20 世纪 80 年代以前，国际金融机构的优惠贷款对流入低收入国家的私人资本表现出一定的催化效应，而进入 20 世纪 80 年代以后，未显示有催化效应产生。[3] 亚辛（2005）通过对 1990～2003 年 11 个撒哈拉以南非洲国家的实证分析发现，双边发展援助对这些国家的 FDI 有显著的促进作用，但是多边发展援助对 FDI 的影响却不显著。[4] 卡罗和拉鲁（2010）研究了巴西和阿根廷的援助与 FDI 的关系。通过援助和 FDI 的流入来源的实证分析发现两国主要的 FDI 投资国也是援助的主要投入国，然而两者的相关系数却不能进一步支持援助对 FDI 的促进效果。不过德国和日本对巴西的援助与 FDI 的关系例外，尤其是日本投入到巴

---

[1]　Hien P. T, The Effects of ODA in Infrastructure on FDI Inflows in Provinces of Vietnam 2002－2004. VDF Working Paper. No. 089, 2008.

[2]　Julian Donaubauer, Dierk Herzer, Peter Nunnenkamp, Does Aid for Education Attract Foreign Investors? An Empirical Analysis for Latin America, Kiel Working Paper No. 1806, November 2012. pp. 1－31.

[3]　Graham Bird, Dane Rowlands. The Catalytic Effect of Lending by the International Financial Institutions. World Economy, vol. 20, No. 2, 1997, pp. 967－991.

[4]　Yasin, M., Official Development Assistance and Foreign Direct Investment Flows to Sub Saharan Africa. African Development Review, Vol. 17, No. 1, 2005, pp. 23－40.

西的基础设施部门援助，对日本流入巴西的 FDI 产生了较强的正向效应。①

2. 从援助国角度

援助国角度的实证研究主要采用援助国—受援国（母国—东道国）的配对数据，检验援助国投入到受援国的发展援助是否促进了该援助国对受援国的直接投资。

基穆拉和土度（2009）建立了基于 FDI 决定的引力模型，运用法国、德国、日本、英国和美国这 5 个援助国和 98 个受援国的配对数据进行了实证研究。结果显示双边发展援助并没有对援助国流入受援国的直接投资产生显著影响，但若区分不同的援助国，日本的对外援助能够促进日本的直接投资流入受援国，国际发展援助被视为对外直接投资的"开路先锋"。② 康等（2011）在基穆拉和土度（2009）研究的基础上增加了韩国和荷兰两个援助国进行分析，结果显示，只有来自韩国和日本这两个亚洲国家的对外发展援助促进了直接投资流入受援国。③ 布莱斯（2007）采用条件 logit 模型对 1980~1999 年日本对华的省级数据进行了实证检验，发现日本的对华援助对日本的对华直接投资的区位选择有着显著的正向影响。④ 布莱斯（2009）运用相同的方法对东南亚四国（印度尼西亚、马来西亚、泰国、菲律宾）进行研究，也证实了日本对外援助对其对

① Carro M, Larru, J. M, Flowing Together or Flowing Apart: An Analysis of the Relation between FDI and ODA Flows to Argentina and Brazil. MPRA Paper, No. 25064, posted 17 September 2010.

② Kimura H, Todo Y., Is Foreign Aid a Vanguard of Foreign Direct Investment? A Gravity - Equation Approach. World Development, Vol. 38, 2009, pp: 482 -497.

③ Sung Jing Kang, Hongshik Lee, Bokyeong Park, Does Korea Follow Japan in Foreign Aid? Relationships between Aid and Foreign Investment. Japan and the World Economy, Vol. 23, 2011, pp. 19 -27.

④ Blaise, S., On the Link between Japanese ODA and FDI in China: A Micro - Economic Evaluation Using Conditional Logit Analysis. Applied Economics, Vol. 37, 2007, pp. 51 -55.

外直接投资具有"先锋效应"。[1]

### 3. 国内相关研究

国内的两篇文献对国际发展援助与 FDI 的关系进行了研究。张汉林等（2010）通过对 1993～2007 年中国对非洲的官方援助与中国对非洲的直接投资的关联度分析发现两者在规模上具有互补性，但从各自占当年中国 GDP 的比重来看，两者又具有相互替代性。[2] 王逸汇（2012）运用法国、德国、日本、英国和美国对非洲大陆及相关岛的 51 个国家的配对数据进行实证研究，结果显示，发达国家向非洲国家提供的双边发展援助在总体上对这些国家流入受援国直接投资的促进作用并不显著。将双边发展援助进行分类后，发现短期内对经济产生促进作用的双边发展援助对直接投资的促进作用在 10% 的临界条件下显著；而长期内对经济产生促进作用的双边发展援助和纯粹援助不会促进援助国对受援国的直接投资流入。进一步区分援助国后，发现法国对非洲国家提供的双边发展援助对法国流入这些国家的直接投资有显著的促进作用，短期内对经济产生促进作用的援助效果尤其明显。[3]

## 五、简单评述

通过对国际直接投资的动因与区位选择、国际发展援助的效果、国际发展援助对国际直接投资的影响的几个领域的文献梳理，我们发现：

一是现有关于国际发展援助与国际直接投资关系的文献不多。

---

[1]　Blaise，S.，Japanese Aid as a Prerequisite for FDI：the Case of Southeast Asian Countries. Asia Pacific Economic Papers，No. 385，2009.

[2]　张汉林、袁佳、孔洋：《中国对非 ODA 与 FDI 关联度研究》，载《世界经济研究》2010 年第 11 期。

[3]　王逸汇：《官方发展援助对 FDI 的流入是否有促进作用》，复旦大学硕士论文，2012 年。

国内外学者对国际发展援助效果的研究主要集中在援助与经济发展议题，包括援助是否促进了受援国经济增长、改善社会福利，援助如何促进经济增长以及援助不利于经济增长的原因，而较少研究援助与直接投资的关系。一方面，相较于国际发展援助，FDI 在技术转移、创造就业、促进发展中国家经济增长方面的效果更加明显。因此，利用官方发展援助促进 FDI 流入发展中国家，可能成为援助有效性的另一种体现，研究援助对 FDI 的影响也就具有了必要性。另一方面，国际发展援助效果的研究表明援助可能产生一些更为直接的效果，如补充生产要素、增进社会福利、助长腐败、形成援助依赖、降低政府治理能力；而对国际直接投资区位选择研究的回顾发现东道国的人力资本、基础设施水平、市场规模和制度环境是影响 FDI 的重要因素。因此，利用国际发展援助的效果与影响 FDI 的因素可能建立起两者的作用途径，也就使研究援助对 FDI 的影响具备了可能性。

二是目前在国际发展援助与国际直接投资关系的理论研究中，缺少统一的分析框架。学者分别从降低风险、提供非贸品和影响全要素生产率角度阐明国际发展援助影响国际直接投资的机理，比较零散。同时，理论研究也仅从受援国区位优势角度，说明国际发展援助影响了东道国对国际直接投资的吸引力。国际直接投资动因研究表明，近期国内外学者基本持有综合性观点，多数认为国际直接投资活动即是东道国的吸引投资行为亦是投资国的对外投资行为，且在国际发展援助与国际直接投资关系的实证研究中，一些学者已从援助国（投资国）视角进行了分析。所以在理论研究中有必要结合投资国企业的驱动力来分析国际发展援助对 FDI 的影响。

三是在现有国际发展援助与国际直接投资关系的实证研究中，存在着对不同受援国制度水平和政策环境条件、不同援助部门、不同援助时间、不同援助种类及不同援助国的检测，相比较国际发展援助对经济增长的有效性研究，还欠缺对援助规模的考察，有待丰富。同时，鉴于国际发展援助与国际直接投资关系因不同的受援国而存在差异，而实证研究中还并未出现结合亚洲和非洲两个区域样本的考察，实证结果有待明确。

## 第三节　研究框架、研究方法、主要 创新点和不足之处

### 一、研究框架

本书的总体研究框架是：在国际生产折衷理论的基础上，结合国际发展援助的效果，建立国际发展援助影响受援国 FDI 的理论分析框架，即通过影响受援国的区位优势，从而影响流入受援国的 FDI；通过影响援助国企业的综合所有权优势，从而影响援助国流向受援国的直接投资。并区分不同援助规模以及不同援助部门的产出或效果对受援国区位优势的影响差异。然后，依次探讨援助规模、援助结构对受援国 FDI 的影响以及发展援助对援助国直接投资受援国的影响，分别利用 OECD DAC 成员国对亚非国家的援助数据进行实证检验，最后得出研究结论和政策建议。具体章节安排如下：

第一章，导论。在国际发展援助有效性受到质疑、FDI 的经济增长效益相对得到认可、国际发展援助机构呼吁利用官方发展援助带动 FDI 流入发展中国家以及发达援助国将促进 FDI 流入受援国作为对外援助的目标等背景下，引出了本书的研究主题：国际发展援助对受援国 FDI 的影响。对该主题的研究能够拓展国际社会对援助效果的认识，为提高援助的效果提供新的思路，为援助国制定有效的援助方案提供理论参考。通过对国际直接投资的动因研究、国

际直接投资的区位选择研究、国际发展援助的效果研究、国际发展援助与国际直接投资关系研究进行文献疏理，发现国际发展援助与国际直接投资关系的文献不多，在相关理论方面的研究中，尚未形成理论体系，缺少统一的分析框架。在实证方面的研究中，未考察援助规模对 FDI 的影响，且综合亚洲和非洲两个区域的样本的实证分析也欠缺。鉴于此，本书利用国际生产折衷理论的 OL 简化范式，建立了国际发展援助影响 FDI 的理论分析框架，并利用 OECD DAC 成员国对亚洲和非洲国家的援助数据进行了实证检验，如图 1 - 1 所示。

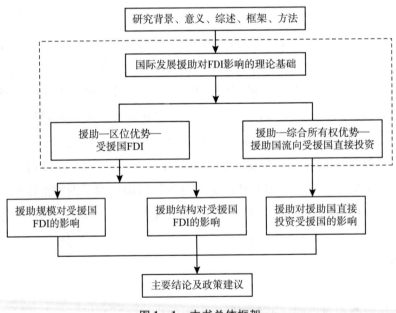

图 1 - 1　本书总体框架

第二章，国际发展援助对 FDI 影响的理论基础。主要以国际生产折衷理论、国际发展援助的效果为基础，构建国际发展援助影响 FDI 的理论分析框架。将国际生产折衷理论简化为 OL 范式，把国际发展援助影响受援国 FDI 的途径分为影响受援国的区位优势（即东道国对 FDI 的吸引力) 和影响援助国企业的综合所有权优势 (即投资国企业对 FDI 的驱动力)。在此基础上, 区分不同援助规模和不同援助部门对受援助区位优势的影响。

第三章, 国际发展援助的规模对受援国 FDI 的影响。这一章是从受援国的区位优势角度, 援助影响受援国对 FDI 的吸引力来分析的。首先对援助的吸收能力进行定义, 并从受援国因素、援助需求的有限性及援助供给的成本三个方面说明受援国存在对援助的有限吸收。以受援国对援助的吸收能力为界, 将援助规模分为适量与过量。进一步选用包含非贸易品投入的生产函数, 就援助在适量与过量状态下对 FDI 的影响进行理论分析。该模型推导结果显示, 当援助规模处于适量阶段时, 贸易品生产者可以得到援助通过增加非贸易品投入带来的所有好处, 援助对 FDI 表现出极强的正效果。当援助规模处于过量阶段时, 一方面, 国际援助中非生产性活动比例的增加不断地挤出投入非贸易品的援助; 另一方面, 贸易品的全要素生产率持续下降, 援助对 FDI 的负效果显现并不断加强, 最终超过援助通过增加非贸易品投入带来的正效果。其次, 就 OECD DAC 成员国对亚非国家的援助规模以及亚非国家的 FDI 规模从时间维度与区域、国家维度进行了分析。最后, 构建决定 FDI 的动态面板模型, 采用系统 GMM 方法检验国际发展援助的规模对 FDI 的影响, 进一步添加制度变量与援助变量的交叉项, 用以检验上述效果是否受到受援国制度水平的影响。结果显示, 在亚非国家, 来自 OECD DAC 成员国的援助对这些国家 FDI 的影响存在最优援助规模, 即大规模援助导致援助对 FDI 产生负向效果。在世界银行 WGI 的六个制度变量中, 政治稳定性、政府效率、腐败控制程度与最优援助规模存在正向关系, 政策质量与最优援助规模存在负向关系, 公众参与度、法律环境与最优援助规模的关系不显著。

第四章, 国际发展援助的结构对受援国 FDI 的影响。这一章也是从受援国区位优势角度, 援助影响受援国对 FDI 的吸引力来分析的。首先将援助结构界定为不同部门援助的组成。根据 OECD DAC 对部门援助的划分，分析主要部门援助（经济基础设施及服务部门援助、社会基础设施及服务部门援助、一般预算援助和债务减免）的产出或效果及其带来的区位优势。进一步运用小型开放经济体的 Solow 模型，就不同部门援助对 FDI 的影响进行分析。模型结果表明，在储蓄率保持不变的情况下，生产部门援助等量地挤出了 FDI，基础设施部门援助对 FDI 的影响不确定，取决于资本边际产品提升对 FDI 产生的正效应与稳态人均收入水平提高对 FDI 产生的负效应，由一般预算援助和债务减免组成的其他部门援助对 FDI 的影响也由上述两个效应的综合结果决定。其次，对 OECD DAC 成员国对亚非国家的援助部门组成从时间维度与区域维度进行了分析。最后，构建决定 FDI 的动态面板模型，采用系统 GMM 方法检验不同部门援助对 FDI 的影响，进一步构建综合制度变量，将制度变量与援助变量的交叉项添加进模型中，用以检验上述效果是否受到受援国制度水平的影响。结果显示，在亚非国家，来自 OECD DAC 成员国的社会基础设施部门援助和经济基础设施部门援助对这些国家 FDI 产生正向影响，生产部门援助和其他部门援助对 FDI 产生负向影响。受援国的制度水平能够强化部门援助对 FDI 的正效应、弱化负效应，但不能实质性地改变各部门援助对 FDI 的影响方向。

第五章，国际发展援助对援助国直接投资受援国的影响。这一章是从援助国企业综合所有权优势角度，援助影响援助国企业对 FDI 的驱动力来分析的。这一正向效果又称为援助对直接投资的"先锋效应"。首先从信息优势、软环境优势和降低风险优势三个方面阐述了援助为援助国企业创造的综合所有权优势。其次，对 OECD DAC 中 8 个主要援助国的对外援助与对外直接投资区域分布、国家流向及其变化进行分析，发现日本的对外援助与对外直接投资区域分布情况较一致，并且在亚非地区的主要受援国与东道国吻合度较高。最后，建立决定 FDI 的引力模型来检验上述 8 个主要援助国对亚非国家的援助是否促进了他们对这些受援国的直接投资，即是否对直接投资产生"先锋效应"。结果显示，只有日本的对外援助显著地带动了该国对受援国的直接投资。进一步通过对日本对外援助与其他 DAC 成员国不同的特点进行分析，包括援助区域、援助领域、受援国收入状况、援助的主要动机、决策机制、利益团体，发现日本工商界在援助中的强大影响力以及代表日本企业的通产省在对外援助决策体系中的地位是日本官方发展援助对直接投资产生"先锋效应"的最主要原因。

第六章，主要结论和政策建议。对前文援助规模、援助结构对受援国 FDI 的影响以及援助对援助国流向受援国直接投资的影响分析结果进行总结，提出相应的政策建议。为使国际发展援助能够促进受援国 FDI，建议援助国以引导受援国自我发展为主，注意援助规模的合理范围；增加经济基础设施及服务部门援助所占比重，提升生产部门援助、一般预算援助和债务减免的有效性；援助分配不应过分强调受援国的制度环境，尤其是西方民主制度；采用"贸易、投资、援助"三位一体模式，推动与受援国的全方位经济合作。

## 二、研究方法

本书研究了国际发展援助对 FDI 的影响途径、国际发展援助的规模和国际发展援助的结构对受援国 FDI 的影响效果以及国际发展援助对援助国流入受援国 FDI 的影响效果。在研究中，采用理论研究和实证研究相结合的方法，具体分析方法如下：

### （一）理论分析

借鉴国际生产折衷理论，结合国际发展援助的效果，运用数理分解的方法将国际发展援助影响受援国 FDI 的途径分为影响受援国

的区位优势（即东道国对 FDI 的吸引力）和影响援助国企业的综合
所有权优势（即投资国企业对 FDI 的驱动力）。

运用包含企业、家庭和政府三方的分散性竞争均衡框架，分析
家庭之间对国际援助的寻租竞争，说明伴随着援助规模的上升，家
庭用于寻租竞争的时间越多。选用包含非贸易品投入的生产函数，
从提供非贸易品和影响全要素生产率两个角度分析援助在适量与过
量状态下对 FDI 的影响，说明从援助对 FDI 的影响效果看，存在最
优规模。

运用小型开放经济体的 solow 模型，将援助划分为四大部门，
从补充资本和影响全要素生产率两个角度，就不同部门援助对 FDI
的影响进行分析，说明不同部门援助对 FDI 的影响存在差异性。

## （二）实证分析

在理论分析框架的基础上，就国际发展援助的规模和国际发展
援助的结构对受援国 FDI 的影响效果以及国际发展援助对援助国流
向受援国直接投资的影响效果进行了实证检验。

本书主要运用 OECD DAC 成员国对亚非国家的援助作为样本，
分别构建了动态非线性面板模型和动态线性面板模型来检验援助的
规模、援助的结构对受援国 FDI 的影响效果，采用系统 GMM 估计
方法来消除内生性问题，进一步在模型中添加制度变量与援助变量
的交叉项，用以检验受援国制度水平对上述效果的影响。

在进行国际发展援助对援助国流向受援国直接投资的影响效果
的实证分析时，运用主要的 8 个 OECD DAC 成员国的对外援助和对
外直接投资分布区域、国家的数据进行统计对比分析，并以上述 8
个国家对亚非国家的援助与直接投资配对数据，运用引力模型建立
动态面板模型进行计量检验，用以说明主要援助国对亚非国家的援
助是否对直接投资产生了"先锋效应"。

## 三、主要创新点

### （一）理论研究

本书将国际生产折衷理论简化为 OL 范式，结合国际发展援助的效果，将国际发展援助对受援国 FDI 的影响划分为两条途径：一是通过影响受援国对 FDI 的吸引力（即区位优势）影响受援国的 FDI，并区分不同援助规模和援助部门的产出或效果对受援国区位优势的影响。二是通过影响援助国企业对 FDI 的驱动力（即综合所有权优势）影响援助国对受援国的直接投资。这一理论分析框架的建立尝试弥补现有相关理论文献未形成统一体系的缺陷。

将国际发展援助的规模对经济增长的影响分析拓展到对 FDI 的影响分析，选用包含非贸易品投入的生产函数，从提供非贸易品和影响全要素生产率两个角度，分析援助在适量与过量状态下对 FDI 的影响。

### （二）实证研究

本书首次尝试将援助的平方项纳入 FDI 决定模型，检验援助对 FDI 的影响是否具有最优规模，并添加制度变量与援助变量的交叉项，检验在不同制度水平下，援助对 FDI 影响的最优规模是否存在差异。

结合亚洲国家以及非洲国家的样本数据对国际发展援助对受援国 FDI 的实际效果进行了计量分析，这也是对现有实证文献在样本上的更新。

## 四、不足之处

由于可得资料和本人研究能力方面的限制，本书的研究存在诸多不足之处，还有待今后进一步完善。

（1）在构建国际发展援助与 FDI 关系的理论框架时，利用国际生产折衷理论 OL 范式作了简单的数理分解。在援助—区位优势—受援国 FDI 路径下，区分了援助规模与援助结构对受援国区位优势的影响差异，但这一部分仅做了理论的描述，若将援助分解为援助规模与援助结构并纳入数理分析中，将使国际发展援助与 FDI 关系的理论框架更加完善。

（2）在构建不同援助规模对 FDI 影响的理论模型时，主要从生产角度考虑，假设贸易品由外国企业投入，没有从资本角度考虑国内私人投资与国外私人资本的相互替代性。

（3）在分析援助结构对受援国 FDI 的影响时，出于数据可得性和完整性考虑，将一般预算援助与债务减免合并进行分析，虽然两者都是非捆绑性援助并且实施中均附加了社会、政治和经济改革条件，但是毕竟是两个不同部门的援助，若数据条件允许，不进行合并、作各自分析是更好的选择。

# 第二章

# 国际发展援助对 FDI 影响的理论基础

现代国际发展援助的历史已有 60 余年。鉴于国际发展援助的初衷是促进发展中国家的经济发展与增进其公民的社会福祉，学者们普遍关心的是国际发展援助的有效性问题，研究主要集中在国际发展援助与受援国经济增长和社会福利的关系上。但国际发展援助对 FDI 影响的研究还不多见，理论上没有形成统一的分析框架。因此，本章主要在国际发展援助理论、国际直接投资理论的基础之上，构建国际发展援助对 FDI 影响的理论分析框架。

## 第一节　国际发展援助的理论

### 一、国际发展援助的概念

国际发展援助作为对外援助的一种，其基本着眼点在于促进受援国的发展。李小云（2009）对国际发展援助的定义为：一国或国家集团对另一国或国家集团提供的无偿、优惠资金或有偿货物，用于解决受援国所面临的政治、经济、社会、环境等发展过程中遇到的问题。① 通常情况下，国际发展援助是发达国家向发展中国家流动的转移支付形式。储祥银（2000）将国际发展援助界定为：发达国家或高收入的发展中国家及其所属机构、相关国际组织、社会团体以提供资金、设备、技术或资料的方式帮助发展中国家发展经济和提高社会福利的具体活动。②

国际发展援助按照提供主体的性质分类可划分为官方发展援助和非官方发展援助。官方发展援助的概念由经合组织下属的发展援助委员会于 1969 年提出并沿用至今。根据 OECD DAC 的定义，官方发展援助是由援助国政府向受援国提供的，并且由双方对等官方机构实施的无偿援助或优惠贷款。官方发展援助要求符合下列三项标准：第一，援助资金出自援助国政府的财政预算并由援助国的政府机构执行；第二，援助服务于促进受援国的经济发展与改善受援国人民福利的主要目标；第三，援款具有金融上的优惠条件，要求赠与成分不低于援助总额的 25%。非官方发展援助是由各种非政府机构、企业、基金会、甚至是私人，将通过捐赠、募捐、民间基金等途径获得的资金和物质提供给受援国的形式。非官方发展援助主要以提供慈善救助和人道主义紧急救助为主。

虽然近年来非官方援助的规模和种类迅速增加，但从国际发展援助产生以来，官方发展援助始终占据国际发展援助的主体地位。在国际发展援助的 60 年历史中，官方发展援助保持占国际发展援助总量的 80% 以上。③ 本书所研究的国际发展援助即指 OECD DAC 定义的官方发展援助，它不包括私人捐赠，也不包括政府间军事援助或军事支出，贸易补贴、政府间补贴等其他间接形式的援助。

---

① 李小云：《国际发展援助概论》，社会科学文献出版社 2009 年版，第 1 页。
② 储祥银：《国际经济合作与实务》，对外经济贸易大学出版社 2000 年版，第 495 页。
③ 李小云：《国际发展援助概论》，社会科学文献出版社 2009 年版，第 5 页。

## 二、双边发展援助和多边发展援助

国际发展援助按照援助资金的来源渠道可以划分为双边发展援助和多边发展援助，两者都属于官方发展援助。

### （一）双边发展援助

双边发展援助是援助国与受援助政府间对等层面的机构与机构之间执行的发展援助。双边发展援助的资金来自于援助国的财政预算。由于双边发展援助是建立在两个当事国间的直接互动上，各种行使影响力的机制也较容易获得施展，因此双边发展援助更为明显地结合了援助国的国家利益。以双边援助的地域分布为例，亚洲地区对日本的安全和繁荣有重大影响，所以成为日本援助的重点对象。美国发展援助的重点区域是其后院"拉美"地区和具有重要资源意义的中东地区，英国将南亚和非洲的英联邦国家视为其对外援助的主要对象，法国外援区域以它的海外省、海外领地和前殖民地为主。

目前，提供双边发展援助的国家主要为经合组织成员国，该组织成员国提供的双边发展援助占全球双边发展援助总额的90%以上。① 在经合组织的机构框架内，对外援助工作主要由发展援助委员会负责，经合组织提供的双边发展援助全部来自发展援助委员会成员国。截至目前，该委员会共有 24 个成员，分别是澳大利亚、奥地利、比利时、加拿大、丹麦、芬兰、法国、德国、希腊、爱尔兰、意大利、日本、韩国、卢森堡、荷兰、新西兰、挪威、葡萄牙、西班牙、瑞典、瑞士、英国、美国以及欧盟。

---

① 李小云：《国际发展援助概论》，社会科学文献出版社 2009 年版，第 9 页。

### (二) 多边发展援助

多边发展援助是援助国通过多边发展援助机构向受援国提供的援助。多边发展援助资金来源可以是成员国的捐款、认缴股本、优惠贷款，也可以是国际资金市场借款或业务收益。多边发展援助的资金由多边发展援助机构统一管理和分配。通过多边机制协调各成员国立场、维持成员国之间的制衡作用，使得多边发展援助的决策不会过于受某些成员国的影响，而更体现促进受援国的经济发展和改善受援国国民福利的主要目标。从这个意义上说，多边发展援助是更符合援助理想的援助形式。

当前主要的多边发展援助机构有联合国系统（联合国开发计划署、联合国儿童基金会、世界粮食规划署、联合国妇女发展基金会、联合国人口基金等）、世界银行集团（国际复兴开发银行、国际开发协会、国际金融公司等）、区域性开发银行（如亚洲开发银行、非洲开发银行、欧洲复兴与开发银行）①。经合组织的发展援助委员会成员国仍然是以上多边发展援助机构的主要成员国。

### (三) 双边和多边发展援助的受援国

无论是双边发展援助还是多边发展援助，最终均以经合组织的发展援助委员会成员为主要援助国，所以他们的受援国代表了全球范围内接受官方发展援助的国家。

1961 年发展援助委员会成立初期，就已经确定了固定的受援国名单。由于受冷战期间政治意识形态的影响，当时的受援国主要是除南非、美国、加拿大、澳大利亚、日本和新西兰以外的所有非社会主义的亚、非、拉美国家。此外，还有塞浦路斯、希腊、马耳他、西班牙、土耳其以及南斯拉夫 6 个欧洲国家。冷战结束后，由

---

① 黄梅波、王璐、李菲瑜：《当前国际援助体系的特点及发展趋势》，载《国际经济合作》2007 年第 4 期。

于东欧国家的经济政治转型以及东亚国家的经济快速发展，发展援助委员会对受援国进行了调整，并于 1993 年发布新的受援国名单。该名单分为两个部分，第一部分是传统的发展中国家，第二部分是较发达的发展中国家以及东欧国家。2005 年，发展援助委员会对受援国名单进行了再次修订并沿用至今。该版本实行单一的受援国名单制度，并从 1993 年版本的第一部分和第二部分受援国名单中剔除 G8 成员国和欧盟成员国后，按照世界银行基于人均国民收入总值对国家进行分类的方法①对受援国进行重新排序。最新版本的受援国名单中共计 182 个发展中国家或地区，包括最不发达国家 50 个、其他低收入国家 6 个、中低收入国家和地区 40 个、中高收入国家和地区 54 个、较发达的发展中国家或地区 32 个。若按地域来划分，则包括 56 个非洲国家、48 个亚洲国家、43 个美洲国家、16 个欧洲国家和 19 个大洋洲国家。

　　鉴于国际发展援助数据的完整性，本书实证研究中的国际发展援助针对的是双边发展援助。援助国为经合组织发展援助委员会 24 个成员，受援国为列入经合组织发展援助委员会 2005 年版本名单中的亚洲地区和非洲地区的发展中国家。

## 三、国际发展援助的效果

### （一）援助与生产所需要素

1974 年约翰·怀特在《国际援助的政治学》一书中归纳了四

---

　　①　2007 年世界银行对发展中国家划分的标准：最不发达国家（Least Developed Countries，LDCs），由联合国根据收入、经济多元化程度以及社会发展程度等因素，综合考虑确定 50 个最不发达国家；其他低收入国家（Other Low Income Countries，OLICs,），指 2007 年人均国民收入总值低于 935 美元的所有非最不发达国家行列的国家；中低收入国家（Lower Middle Income Countries，LMICs），指 2007 年人均国民收入总值介于 936 美元至 3705 美元之间的国家；中高收入国家（Upper Middle Income Countries，UMICs），指 2007 年人均国民收入总值介于 3706 美元至 11455 美元之间的国家。

类援助理论：补充论、替代论、受援国中心论和援助国中心论。补充论认为发展中受援国在经济发展中缺乏一些基本的要素资源，如资金、技术、管理经验、企业家才能等，而外援可以起到补充这些要素资源的作用。现代国际发展援助体系始于二战后的 20 世纪 40 年代末，伴随着国际发展援助指导理论的变迁，援助实践也在不断变化着，国际发展援助为生产提供着各种要素。

1. 补充物质资本

20 世纪 40 年代末至 60 年代，影响国际发展援助的主要理念是唯增长论，以"哈罗德—多马"模型、"双缺口"模型、大推进理论为代表的经济增长理论成为国际发展援助的主导理论。

"哈罗德—多马"模型指出，在经济增长三大基本要素（资本、劳动力和技术）中，资本是决定性要素。资本由国内储蓄提供，当储蓄转化为投资时，产量、资本存量、投资三大增长要素能够按照一定的增长率持续循环下去。国际发展援助作为一项资本投入，可以弥补受援国的自我储蓄、提高受援国产量，从而增加受援国的国内储蓄和资本存量，最终使受援国实现资本的自我积累以及自我投资的能力。

钱纳里的"双缺口"模型认为，用于投资的资本主要来自国内储蓄和外汇收入两个方面，但多数发展中国家并没有满足经济持续增长的国内储蓄和外汇收入，因此形成了经济发展中的"储蓄缺口"和"外汇缺口"。通过国际发展援助可以同时弥补受援国国内经济持续增长所急需的储蓄缺口和外汇缺口，产生双重的效应。以机器设备投入为例，若一项国际发展援助以机器设备的形式转移到发展中国家，一方面，从供给角度来看，它代表从国外进口了商品，而这笔进口不需要用增加出口来支付，这就减轻了外汇不足的压力；另一方面，从需求角度来看，机器设备又是投资品，而这项投资品不需要用国内储蓄来提供，这就减轻了国内储蓄不足的压力。

可见，"哈罗德—多马"经济增长模型和钱纳里的"双缺口"模型在论证资本积累（国内储蓄和外汇收入）对经济持续增长重要性的同时，也表明了国际发展援助作为弥补国内储蓄和外汇收入、增加资本要素积累的有效来源。

2. 提供经济基础设施及服务

1943 年罗森斯坦·罗丹在《东欧和南欧国家的工业化问题》一文中系统阐述了自己关于发展中国家如何使用各种可得资本促进经济持续增长的观点，形成了著名的"大推进"理论。大推进理论的主要观点包括：第一，多数发展中国家人口众多、农业劳动力剩余及收入水平低下，这些国家要解决人口就业问题、摆脱贫困、提高收入水平，就必须大力发展工业，快速实现工业化。第二，实现工业化必须增加资本投资、促进资本形成。发展中国家投资规模极小、工业落后、基础设施不健全，所以要在短时间内实现工业化，必须全面地、大规模地在各个工业部门投入资本来推进整个工业部门的全面、迅猛的发展。第三，在发展中国家经济发展的起步阶段，阻碍工业发展和经济增长的最大瓶颈是基础设施建设不足。同时，基础设施如交通运输、通信、能源等作为社会分摊资本，具有供给的不可分性，所以这些基础设施一旦建成，可以供整个工业部门共同使用。基础设施及服务不仅为各个厂商的生产活动带来便利，降低其生产经营成本，而且能发挥外部经济效益，提高整个工业部门的获利能力。

作为发展中国家资本的来源之一，大推进理论强调国际发展援助应该重点投资于工业基础设施及城市基础设施，从而为实现经济持续增长提供良好的基础设施保障。在大推进理论指导下的国际发展援助，在 20 世纪 50 年代至 60 年代，工业部门以及交通、通信、能源等经济基础设施部门得到了大量的援助。根据 OECD 数据统计，1967 ~ 1969 年发展中国家共接受官方发展援助 27.73 亿美元，其中 37% 流向了工业部门，30% 流向了经济基础设施及服务部门，即三年内经济基础设施部门获得 8.18 亿美元的援助，为发展中国家的基础设施建设做出了贡献。

3. 积累人力资本

20 世纪 70 年代，贫困问题成为发展中国家最大的发展问题。基于此背景下，联合国儿童基金会、国际劳工组织、世界银行提出了"基本需要论"的援助理念。该理论主张，在国家经济发展过程中，为体现公平分配原则与保障贫困群体的利益，要注重改进生活的基本需要条件，包括充足的食物、住房等家庭生存的最低需要，以及安全的饮用水、公共卫生、建康及教育设施等必要的公共服务，以直接对人力资源产生积极作用。70 年代，国际发展援助依据"基本需要论"理念对援助领域进行了调整，由以工业部门援助和电力、交通、能源等经济基础设施援助为主移转至包括教育、健康、住房等社会服务援助和农业发展援助。根据 OECD 数据统计，社会基础设施及服务部门援助比例由 1967～1969 年的 9.94% 上升至 1970～1979 年的 25.79%，其中教育、健康和供水领域援助比例由几乎为零增加至 21.03%。70 年代，发展中国家获得社会基础设施及服务部门援助 268.62 亿美元，其中教育部门援助 153.6 亿美元、健康部门援助 46.23 亿美元，直接促进了发展中国家人力资本的积累。

20 世纪 90 年代末，以斯蒂格利茨为代表的经济学家对以"私有化、自由化和市场化"为核心的新自由主义发展观进行了批判和反思，提出了新的发展思想，称为"后华盛顿共识"，该理论强调适当的经济管理以及综合发展理念，包括注重教育和卫生投资、注重社会公平、强调可持续发展。在"后华盛顿共识"思想的影响下，2000 年 9 月的联合国千年首脑会议上提出了"千年发展目标"，计划到 2015 年，在消除贫穷和饥饿、疾病、文盲、环境恶化和对妇女的歧视等 8 个方面，实现如下具体目标：使世界上每日收入低于一美元的人口比例及挨饿的人口比例减半；消除各级教育中的两性差距以及确保所有男童和女童都能完成全部小学教育课程；五岁以下儿童的死亡率降低 2/3，产妇死亡率降低 3/4，遏止艾滋病病毒或艾滋病、疟疾和其他主要疾病的蔓延；将可持续发展原则纳入国家政策和方案，扭转环境资源的流失，并且使无法持续获得安全饮用水的人口比例减半。在联合国"千年发展目标"的推动下，基础教育、医疗卫生等社会基础设施和服务部门援助以及环境保护相关援助成为国际发展援助的重点领域。根据 OECD 数据统计，2000～2012 年发展中国家 39.97% 的国际发展援助流向社会基础设施及服务部门，教育、医疗卫生和供水部门共接受援助 2904.84 亿美元，为发展中国家改善生活条件、发展人力资源提供了大量的投资。

### （二）援助与制度或制度水平

1. 援助对受援国制度的直接影响

20 世纪 80 年代，以墨西哥为首的第三世界国家爆发了严重的债务危机。这一时期，在西方发达国家，主张"减少国家对经济的干预，强调市场机制的调节作用，执行经济自由化政策"的新自由主义经济思潮占据了经济学的主流地位。在这一经济思潮的影响下，美国与国际货币基金组织、世界银行共同为拉美等发展中国家的国内经济改革提出了以私有化、自由化和市场化为核心的"华盛顿共识"结构调整方案，主要内容包括：（1）配合各种债权转股权的计划，对国有企业实行私有化，巩固私有产权；（2）实行贸易和金融自由化政策，取消或放松对外汇和进口的管制；（3）实行投资上的自由化，对外国投资者给予更大的优惠，从经济上对国际商业开放；（4）取消各种形式的价格控制，推动自由市场经济的发展；（5）执行由国际货币基金组织和世界银行为代表的多边国际经济组织所推行的包括使汇率贬值和紧缩性财政政策等在内的稳定化计划。整个 20 世纪 80 年代以及 90 年代早期，西方发达国家、国际货币基金组织和世界银行相继在拉美地区、非洲地区、苏联、东欧和中亚地区施行了大范围的结构调整计划。以世界银行为例，1980～1987 年有 51 个国家从世界银行获得一笔或一笔以上的结构调整贷款或部门调整贷款，总额为 150 亿美元。① 通过国际发展援助许多发展中国家建立了市场经济体制。

20 世纪 80 年代末期，新制度主义逐渐占据经济发展思想的主流地位。新制度主义理论体系重视制度对经济发展的影响，并且认为有利于经济发展的制度安排不是外部强加的，而是在国家内部特定的制度环境下衍生出来的。其中，国家理论认为，政治制度是经济发展的重要内生变量，成功的国家通过设计一套合理的产权制度、发展一组法律制度以保障前者有效执行，最终达到经济的平稳、持续发展。制度变迁论认为，经济发展过程是处于永恒的动态之中的，虽然资本积累、技术、人口等生产要素是经济长期发展的主要源泉，但政治、经济制度的变迁才是上述生产要素结构配置变迁的基础。

受新制度主义理论的影响，20 世纪 90 年代，西方援助国和多边援助机构提出了公民社会和"善治"理念，认为"为了维持平衡、持续的增长，保证社会公平，让所有群体都能从发展中受益，各种形式的民主、多元，以及诚实、负责的政府都是非常必要的。"② 他们还指出，20 世纪 90 年代之前，国际发展援助效果低下与受援国不良的政府机制、腐败、法制不健全、过渡政府管制等内在问题有关。所以，受援国的人权、民主、治理能力等政治层面的改革成为援助国的关注重点。一方面，直接对公民社会领域和改善政府治理能力提供援助；另一方面，以"民主、人权、善治"等作

① 威廉·A·麦克利里：《调整贷款政策的实施情况》，《金融与发展》（中译本），中国财政经济出版社 1989 年版。
② 丁韶彬：《大国对外援助：社会交换论的视角》，社会科学文献出版社 2010 年版，第 35 页。

为附加条件，要求受援国必须按援助国的设定进行政治改革，抑或者以其作为提供援助的先决条件。通过以上援助或方式，西方援助国在受援国内建立了自身所倡导的政治体制。以美国为例，20 世纪 90 年代，美国通过东欧民主基金、自由支持基金和全国民主基金向东欧和苏联地区国家提供的民主援助基金达到了 10 亿美元左右。[①] 整个 20 世纪 90 年代，有 50 多个非洲国家接受了美国的民主援助，亚洲地区的柬埔寨、印度尼西亚、蒙古、斯里兰卡、尼泊尔等国也得到了美国提供的民主援助。[②]

2. 援助对受援国制度水平的间接影响

（1）援助依赖问题。1974 年约翰·怀特在《国际援助的政治学》一书中归纳了四类援助理论，其中之一是替代论，替代论从经济学角度说明了援助的效果，该理论的主要观点为援助会使受援国形成依赖，导致受援国怠于采取行动发展经济。

什么是援助依赖呢？孟加拉国学者索班（1996）认为，援助依赖是一种思想状态，在这种状态下，受援国失去了自我发展的思考能力，所以放弃了对援助的控制。[③] 兰信克和怀特（1999）认为，如果一国在缺乏可预见的援助情况下，无法实现某一目标，则该国就产生了援助依赖。[④] 布罗蒂加姆（2004）则认为，援助依赖是一种状态，是指一国在没有外国资金和技术援助的情况下，其政府的很多核心功能无法正常发挥，比如机构的运转和维持、提供基本的

---

① Thomas Carothers, Aiding Democracy Abroad: A Learning Curve, Washington D. C. , Carnegie Endowment for International Peace, 1999, pp. 41.

② 刘国柱：《在国家利益之间—战后美国对发展中国家发展援助探研》，浙江大学出版社 2011 年版，第 332 页。

③ Sobhan, R. , 1996, Aid Dependence and Donor Policy: The Case of Tanzania with Lessons from Bangladesh's Experience, in Sida, ed. , pp. 111 – 245, pp. 122.

④ Lensink, R, H. White, Aid Dependence, Issues and Indicators. EGDI Study No. 2, 1999, Stockholm, Ministry for Foreign Affairs.

公共服务等。①

　　援助依赖给受援助国带来了什么影响呢？布罗蒂加姆（1992）、索班（1996）、兰信克和怀特（1999）、纳克（2001）、布罗蒂加姆和纳克（2004）的研究认为，在依赖援助的国家，政府通常有如下表现：第一，政府对公众的责任心弱，改善治理的动力严重不足。国家的财政收入主要来源于纳税人的税收，那么政府迫于财政收入的压力，需要对纳税人负责，不断改善治理能力、满足纳税人的需求。② 援助可作为受援国政府额外的收入来源，减轻对税收收入的依赖压力，因而削弱了政府对纳税人的责任心及改善治理能力的动力。③ 当受援国政府支出依赖援助时，受援国政府的责任心由国内的纳税人转向援助国政府，此时满足援助国的要求比改善自身的治理能力更加重要。④ 第二，政府的财政预算能力欠缺。援助一般为受援国预算外收入，大量的援助形成了有效的"软预算约束"。在软预算约束环境下，受援国不用计算什么投资项目是可以承受得起并能维持运转下去的，因为即使过度的政府支出造成了严重的财政赤字，也可以通过援助去弥补。如此长此以往，在依赖援助的国家，政府的税收功能及预算能力将严重缺失。基于政府的主观动力和客观能力的不足，因而在依赖援助的国家，政府的正常运转需要由外国资金和技术援助来支持。

　　（2）寻租与腐败问题。援助就像自然资源租金一般，受援国不

① Deborah A. Brautigam, Stephen Knack. Foreign aid, Institutions, and governance in Sub – Saharan Africa, Economic Development and Cultural Change, Vol. 52, No. 2 (January 2004), pp. 265.

② Tilly, Charles, War making and state making as organized crime. In Bringing the state back in, edited by P. Evans, D. Rueschemeyer, and T. Skocpol, New York: Cambridge University Press, 1985.

③ Brautigam, Deborah, Governance, Economy, and Foreign Aid, Studies in Comparative International Development Vol. 27, 1992, pp. 3 – 25.

④ Deborah A. Brautigam, Stephen Knack, Foreign aid, Institutions, and governance in Sub – Saharan Africa. Economic Development and Cultural Change, Vol. 52, No. 2 (January 2004), pp. 265.

需要付出多少努力就能获得的"额外收入",所以援助与商品生产
以及服务供应取得的收入比较,有着过低的成本—收益比例。①②③
纳克(2001)和莫斯等(2005)的研究认为,作为"租金"的一
个潜在来源,一方面援助的获得减少了受援国政府部门的财政压
力,削弱了他们改善机构透明度的动力,直接增加了腐败的发生;
另一方面,援助类似给政府部门的补贴,可能增加政府部门的雇员
数量,扩大政府部门的规模,庞大的官僚机构给腐败创造了更多的
机会。④ 在这种环境下,政府部门掌握大量的"租金",私人部门
用于获取政治联系、进行游说和寻租活动的资源增加,劳动力将更
多的时间用在学习如何获取援助收入上,整个社会的腐败问题将会
越来越严重,国家的制度不断恶化。⑤

### (三) 援助与双边关系

国家利益理论是国际关系中现实主义学者汉斯·摩根索、弗
雷、吉尔平、华尔兹等持有的观点。该理论认为,在国际社会中,
国家就如一个法人代表,一切行为的根本目的是为整个国家利益服
务的。国际发展援助作为一种国家或政府政策行为也是如此,其主
要目标是促进和保护援助国的国家利益。国家利益包括安全利益、
政治利益、经济利益和文化利益,那么基于政治考虑的对外援助就
需要达成或符合援助国的政治目标。

① Svensson, J., Foreign Aid and Rent Seeking. Journal of International Economics, Vol. 51, 2000, pp. 437 – 461.

② Acemoglu, D., J. Robinson, T. Verdier, Kleptocracy and Divideand – Rule: A Model of Personal Rule. Journal of the European Economic Association, Vol. 2 (2 – 3), 2004, pp. 162 – 192.

③ Dalgaard and Olsson, Windfall Gains, Political Economy and Economic Development. Paper prepared for the 2006 AERC conference in Nairobi, 2006, pp. 1 – 29.

④ Dollar, David, Lant Pritchett, Assessing aid: What works, what doesn't, and why. New York: Oxford University Press, 1998.

⑤ Stephen Knack., Aid Dependence and the Quality of Governance: Cross – Country Empirical Tests. Southern Economic Journal, Vol. 68, No. 2 (Oct. 2001), pp. 310 – 329.

　　国际发展援助是发达国家向发展中国家进行的大规模、制度化、经常性的资源转移，它不受价值规律和市场体系的影响，而是以国家或政府的政策行为对双边或多边的国际关系进行调整的产物。① 从某种意义上说，国际援助是一种外交行为，确切地说，它是利用经济工具来完成援助国的外交战略和政策目标的经济外交行为。根据鲍德温（1985）、科普兰（1998）、张曙光（2007）和向丽华（2010）对经济外交内涵的界定，经济外交主要是为主权国家追求权力并达成政治和安全目标，也即是发挥经济援助外交的政治杠杆效用。②③④⑤

　　援助国通过提供国际发展援助实现的政治目标范围比较宽泛，建立与受援国之间的友谊与友好关系是其中之一。国际发展援助可以表达善意，借此接近不发达国家的决策者，起着一种促进或者促成外交活动运转的润滑剂作用。丁韶彬（2010）认为，由于双方关系状态不同，援助产生作用的方式不同。当受援国和援助国相互之间有着较为广泛而稠密的国际合作时，双边贸易与投资等经济联系对于双边关系有较大的影响，援助也是双方关系的一部分，可以对双边关系起增强和补充作用；当双方相互间交往密度较小、合作较少，贸易、投资关系较薄弱时，抑或者双方相互间没有什么经贸往来，甚至没有建立正式外交关系时，援助往往被视为建立和密切双

　　① 林晓光：《日本政府开发援助与中日关系》，世界知识出版社 2003 年版，第 1 页。

　　② David A. Baldwin, *Economic Statecraft*, Princeton. New Jersey：Princeton University Press，1985.

　　③ Dale C. Copeland, Economic Interdependence and War, in *Theories of War and Peace*：*An International Security Reader*, eds. By Michael E. Brown, Owen R. Cote, Jr., Sean M. Lynn - Jones, Steven E. Miller, Cambridge, Mass：The MIT Press, 1998.

　　④ 张曙光：《经济外交战略研究——以中华人民共和国 50 年外交实践为例》，2007 年国家社科项目。

　　⑤ 向丽华：《经济援助外交"杠杆"建构研究》，上海外国语大学博士学位论文，2010 年，第 4 页。

边关系的敲门砖，在双边关系中居于主导地位。[①] 可见，无论双方关系的基础如何，国际援助均能起到增强双边关系的作用。

### （四）援助与软环境影响

国家内部因素的外化理论以挪威学者斯多克为代表，该理论认为援助国内部的社会、经济、政治变化对援助国的对外援助行为以及受援国都会产生重要影响。

主观方面，在全球化背景下，各国的政治、经济联系日趋紧密，逐渐成为不可分割的整体，在这个整体中，处于强势地位的国家通过全球化来推广其价值观，以实现其国家利益。国际发展援助是其中一种重要方式，援助国可以用少量的外援资金投入作为"杠杆"，在受援国倡导或推行某种政策目标、主张或观念，形成"主流观念"或时尚方式。[②] 国际发展援助的历史变迁有力地证明了援助对受援国发展模式的影响。20 世纪 50 年代至 60 年代末，大推进理论、经济起飞理论等经济增长理论指导下的国际发展援助理念是唯增长论，大部分发展中国家以经济增长为唯一目标进行大规模地投资，以及实施进口替代、出口导向工业化战略。20 世纪 80 年代，新自由主义在西方援助国盛行。这一时期，援助国集团在几乎所有的第三世界国家推行以"华盛顿共识"为内容的结构调整计划，市场经济体制逐渐在发展中国家建立。进入 20 世纪 90 年代，新制度主义占据了西方经济发展思想的主流地位。国际发展援助的主要理念转变为公民社会与"善治"，为获得西方发达国家的援助，多数发展中国家进行民主化改革和法制化建设，努力改善政府治理和人权状况。

客观方面，在一个沟通渠道日益畅通的国际社会中，国家的历

---

① 丁韶彬：《大国对外援助：社会交换论的视角》，社会科学文献出版社 2010 年版，第 139 页。

② 周弘：《对外援助与现代国际关系》，载《欧洲》2002 年第 3 期。

史经验和社会文化会通过不同的方式和渠道表现出来，向外部释放。① 国际发展援助创造了援助国与受援国观念交流与碰撞的机会，通过参与人员的交流与合作，援助方的文化理念和工作模式潜移默化地影响着受援国的观念、制度和行为方式，并且在受援国培养了一批熟识并接受援助国文化理念和工作模式的人员，包括政府官员、学者、技术人员、项目执行者、项目受益人等。在援助活动结束后，这些人员会继续在受援国发挥影响。

## 第二节　国际直接投资理论

### 一、国际生产折衷理论

1976 年，英国里丁大学经济学教授邓宁在他的论文《贸易、经济活动的区位与多国公司：折衷理论的探索》中提出了国际生产折衷理论。1981 年，邓宁出版了名为《国际生产与跨国企业》② 的论文集，对国际生产折衷理论进行了系统的整理和阐述。之后在论文《国际生产理论》（1998 年）和《在联合资本主义时代对折衷理论的重新评价》（1995 年）以及著作《跨国公司与全球经济》（1993 年）中做了进一步的修正和完善。由于邓宁的这一理论在国际直接投资理论中引入区位理论，并与俄林的要素禀赋论、巴克利和卡森等的内部化理论、海默和金德尔伯格等的垄断优势理论相结合创立而成，故名折衷理论。国际生产折衷理论认为，企业从事国际直接投资是由企业自身拥有的所有权优势（Ownership）、内部化

① 周弘：《对外援助与现代国际关系》，载《欧洲》2002 年第 3 期。
② John H. Dunning, International Production and the Multinational Enterprise, London: George Allen & Unwin, 1981.

优势（Internalization）和区位优势（Location）三大因素综合作用的结果，也被称为国际直接投资的 OIL 范式。

## （一）所有权优势

所有权优势指一国企业拥有的或能够得到的而其他国家企业没有的或者无法得到的资产及其所有权。所有权优势又称作"垄断优势"或"竞争优势"，包括三个方面的内容：第一，资产性所有权优势，即对有价资产的拥有或独占形成的优势，如燃料、原材料、生产技术等；第二，交易性所有权优势，即因拥有的无形资产形成的优势，如专利、品牌、商誉、管理经验、创新能力、营销技巧等；第三，跨国公司层级内部共同支配位于不同国家和地区的资产网络所产生的优势，① 即一体化优势。企业所获得的这些所有权优势通常是由于市场结构性不完全竞争而形成的，如规模经济、技术垄断、商标、产品差别以及政府税收等限制性措施引起的偏离完全竞争的市场结构。

## （二）内部化优势

内部化优势是指企业为了避免外部市场的不完全而把所拥有的所有权优势保持在企业内部所获得的优势。企业内部化的根源主要在于中间产品市场的不完全带来的高交易成本。中间产品市场的不完全包括两种情况：一是如原材料、零部件等中间产品市场的不完全。市场配置资源需要交易成本，交易对象的选择、讨价还价、拟定合同并付诸实施以及监督执行等都是有成本的。当一个行业的产品需要经过多个生产阶段时，由市场去配置中间产品花费的交易成本可能较大。二是如技术、专利、管理技能、市场信息等中间产品市场的不完全。知识产品拥有"公共品"的特性，自由市场机制难

---

① John. H Dunning, Reappraising the Eclectic Paradigm in An Age of Alliance Capital-ism. Journal of International Business Studies, Vol. 26, No. 3, 1995, pp. 461 – 491.

以正确地衡量、测度和表示这些产品的价值，因此要明确界定这类产品的产权、维持和保障产权的排他性，需要付出很高的代价。邓宁还认为，除了交易性市场不完全外，结构性市场不完全也是企业内部化的动因，如为绕过东道国政府实施的关税或非关税壁垒而开展对外直接投资。可见，企业通过替代市场机制，将外部市场的交易活动内部化，能够为跨国公司在国际经营活动中创造如下内部化优势：防止技术优势的丧失，降低外部市场交易造成的不确定性，减少交易成本，避免政府干预带来的损失。随着跨国公司国际分工的深化，内部化的选择更多的是因为企业关注资源跨国配置的价值增值。邓宁（2003）在对内部化理论的发展进行评述时总结道：企业的产生是对市场交易职能的替代，目的在于节约由市场失灵造成的高额交易费用。企业还具有市场所不具有的功能，如创新、分工、资本集聚等，可以使企业能更有效地配置资源、实现价值的增值。①

外部市场内部化会增加额外的成本，企业的内部化优势也需要将此考虑进去。内部化成本主要表现在以下三个方面：第一，信息交流成本。企业内部化市场以后，总部与子公司、子公司相互之间的信息交流将增加。母国与东道国之间的"地理距离"或者两国语言、文化、商业惯例等的"社会距离"越大，信息交流成本越高。第二，管理成本。由企业内部价格取代外部市场价格后，市场的价格调节机制作用需要由企业内部的监督管理机制来代替，由此产生的监督或激励成本将增加。第三，国际风险成本。跨国公司在经营周期内，可能遭遇东道国歧视性的政策或法规而导致损失。跨国公司母国与东道国之间的政治关系越不稳定，国际风险成本越高。

① John. H Dunning, Some Antecedents of Internalization Theory. Journal of International Business Studies, Vol. 34, No. 2, Focused Issue: The Future of Multinational Enterprise: 25 Years Later, 2003, pp. 108 – 115.

### （三）区位优势

区位优势是指由于企业选择不同的投资地点所带来的优势，它源自东道国的环境条件。邓宁认为，国际直接投资的区位优势主要包括三个：由东道国特定资源禀赋结构决定的成本优势、由东道国投资相关政策和法规带来的优势以及由原料地、生产地和市场之间的运输距离决定的运输成本优势。1993 年邓宁对区位优势进行了补充，归纳如下：（1）自然条件。包括自然、人造资源及市场的空间分布。（2）经济条件。包括投入品（如劳动力、能源、原材料、零部件和半成品）的价格、质量及生产率，国际运输和通信成本，研究和开发、生产和营销集中所带来的经济性。（3）社会与制度因素。包括投资优惠或歧视，产品和劳务贸易的人为障碍（如进口控制），跨国间意识形态、语言、文化、商业惯例及政治差异，经济体制和政府战略，资源分配的制度框架。

### （四）OIL 三优势综合效果

国际生产折衷理论回答了国际直接投资理论中的三个问题：国际直接投资的动因、国际直接投资的区位选择、国际直接投资的决策。邓宁认为，如果企业具备所有权优势，而不具备内部化优势和区位优势，则企业会通过许可证贸易等形式将技术转让给他人；如果企业具备所有权优势和内部化优势，而不具备区位优势，则企业会采取在国内生产并出口的方式服务国际市场；只有当企业具备所有权优势、内部化优势及区位优势时，企业才会进行对外直接投资。

## 二、投资诱发要素组合理论

投资诱发要素组合理论是由原中国外经贸部国际经济合作研究

所何其三研究员提出的。① 该理论认为，任何类型的对外直接投资都是由直接诱发要素和间接诱发要素的共同作用产生的。直接诱发要素是指劳动力、资源、资本、技术、管理及信息知识等生产要素，它们是对外直接投资的主要诱发因素，因为对外直接投资本身就是上述生产要素的移动。直接诱发要素既可以来自投资国，也可以来自东道国。如果投资国在某种直接诱发要素上具有优势，可以推动投资国利用这种要素进行对外直接投资；如果东道国在某种直接诱发要素上具有优势，可以吸引投资国利用东道国的这种要素开展直接投资。

对外直接投资也需要间接诱发要素的推动。间接诱发要素可以同时来自投资国和东道国，也与世界的政治、经济环境有关。投资国的间接诱发要素主要有政治的稳定性、鼓励性投资政策和法规，以及投资国政府与东道国的协议和合作关系。东道国的间接诱发要素包括投资硬环境，体现在交通设施、通信条件、水电及原料供应、市场规模及前景、劳动力成本方面，以及投资软环境，由政治气候、贸易障碍、外资政策、融资条件、外汇管制、法律和教育状况组成。

投资诱发要素组合理论在宏观层面上为国际直接投资的动因和行为构建了框架，该理论的涵义可以表述为：从因素性质出发，生产要素禀赋与人为创造的投资环境都是影响国际直接投资的重要因素；从因素来源来看，世界环境影响全球直接投资整体形势，投资国因素的推力与东道国因素的拉力共同阐释了国际直接投资的决定。

---

① 张涵冰、周健：《简评跨国公司直接投资诱发要素组合理论》，载《社会科学论坛》2005 年第 8 期。

## 第三节  国际发展援助对 FDI 影响的分析框架

### 一、邓宁的国际生产折衷理论的简化

#### （一）OIL 三优势的关系

国际生产折衷理论提出后，一些经济学家对折衷理论进行评述，结论之一是决定 FDI 的三维变量—所有权优势、区位优势和内部化优势之间存在重叠或冲突。[1][2] 本书认为 OIL 三优势的重叠或冲突重点表现在两个方面：首先，内部化优势具有特殊性。（1）内部化优势与所有权优势、区位优势性质不同。所有权优势和区位优势呈现的是客观存在的状态，表现相对静态的特征，而内部化优势代表着一个动态的过程。（2）内部化优势可以自成一体。内部化优势表现为因避免外部市场不完全所获得的收益与内部化成本的综合效应，它与企业的组织管理能力、企业所属行业的规模经济性与市场结构等所有权优势有关，也可能与目标国的地理位置、文化特征以及政治、经济、法制状况等区位优势有关。邓宁（1993）也曾指出："内部化理论也可以认为是一个一般性的理论，它能够预测企业内部化外国市场的抉择。"[3] 其次，所有权优势与内部化优势关联度高。（1）区位优势是东道国所有的优势，不是企业自身拥有并

① Itaki Massahiko, A Critical Assessment of the Eclectic Theory of the Multinational Enterprises. Journal of International Business Studies, Vol. 22, No 3, 1991, pp. 445 – 460.

② Buckley, Peter J., Mark O. Casson, The Economic Theory of the Multinational Enterprise. New York: St. Martin's Press, 1985, pp. 178.

③ Dunning, John H., Multinational Enterprises and the Global Economy. Addison Wesley Publishing company, 1993, pp. 85.

能够控制的优势，企业只能适应和利用这一优势。而所有权优势和内部化优势与企业、企业所属的投资国的优势相关，并且他们有能力去改变。比如投资国出台优惠财政政策（优惠的税收政策、给予转移支付等）支持企业的研发，促进企业核心技术水平的提升。投资国增加与东道国在外交、经贸、文化的联系，也能够减少投资国企业对东道国进行直接投资的信息交流障碍和内部化成本。（2）许多所有权优势与内部化优势难以分割。比如，凝结在人力资本之中的研发技术、管理和营销技能、市场信息、客户资源等，只能适用于某一专门用途、无法通过交易移作他用的专用性资产，这些所有权优势需要通过内部化才能得以发挥。再如，企业的组织管理机制与能力通过内部化以后，这一所有权优势能够更加凸显。（3）内部化优势可视为动态的所有权优势。内部化的动因是避免外部市场的不完全对企业所有权优势的不利影响，使企业的所有权优势得以发挥。若企业具备内部化优势，则将强化企业的所有权优势，所以有时候并非拥有技术本身赋予那些到国外投资的企业以优势超过其竞争对手，而是由企业将技术内部化使用比技术直接出售更为有利的这一优势所决定，这也就意味着内部化过程本身带给了企业特有的优势，可视为企业所有权优势的一部分。内部化是由企业内部的管理监督机制取代市场的价格机制，本身就是一种能动的制度创新过程，它的结果是企业通过内部的组织体系和信息传递网络将不同地区的资源进行优化配置，从而实现价值的增值，促进企业所有权优势的进一步提升。

## （二）OIL 范式简化为 OL 范式

国际直接投资行为主要涉及三个主体，即跨国公司、投资国和东道国。根据投资诱发要素组合理论的启示，跨国公司拥有的如资本、技术及管理知识等直接诱发要素和投资国创造的如鼓励性投资政策和法规、投资国政府与东道国的协议和合作关系等间接诱发要素可以给予国际直接投资驱动力；东道国的劳动力、原材料等直接诱发要素和良好的投资软、硬件等间接诱发要素可以创造国际直接投资的吸引力。同时，根据前文的分析，所有权优势和区位优势是属于同层次并列的、性质相同的变量，而所有权优势和内部化优势相互融合。因此，本书认为国际生产折衷理论的 OIL 范式（所有权优势、内部化优势、区位优势）可以演化为 OL（综合所有权优势、区位优势）范式，综合所有权优势意味着投资国企业对 FDI 的驱动力，区位优势意味着东道国对 FDI 的吸引力。

为了更清晰地界定这两种优势，首先引入邓宁在国际生产折衷理论对两种资产的概念区分。第一种资产是指不分企业规模与国籍，对所有企业都适用的资产。这一资产产生于某一特定区位，必须在这些区位当中利用。本书将第一种资产形成的优势界定为 OL 范式中的区位优势，它既包括自然资源和各种投入品以及靠近市场的便利，也包括这些要素禀赋使用的社会、法律与商业环境，市场结构和政府政策环境。这一界定有利于将 OIL 范式中的所有权优势与区位优势区分开，比如投资国企业具有获得东道国某种自然资源的优先权，在本书的界定中，它不属于区位优势而属于综合所有权优势。第二种资产指企业自身所拥有的或是从其他机构中购买所得的资产，由第二种资产形成的优势界定为 OL 范式中的综合所有权优势。它不仅包括企业的资金、技术、品牌、商誉、组织管理能力、创新能力等所带来的静态优势，也包括企业内部化能力或者跨国经营本身所带来的动态优势。此外，这一优势可以源于某个企业内部的优势，比如，可口可乐公司的饮料秘方、日本丰田公司的持续改善（Kaizen）经营理念，也可以是投资国带来的整个国家的企业优势，这一优势还可能与某一东道国相联系。比如，中国与东盟国家建立了战略伙伴关系，中国与东盟签署了全面经济合作框架协议和自由贸易区投资协议等。

## 二、国际发展援助对受援国 FDI 影响的分析框架——OL 范式

国际直接投资的 OL 范式表明，跨国公司对外直接投资的决策同时受到企业综合所有权优势和东道国区位优势的影响，企业综合所有权优势为跨国公司对外直接投资提供了驱动力，东道国区位优势为跨国公司向其进行直接投资提供了吸引力。对国际发展援助效果的分析表明，国际发展援助为受援国提供了物质资本、经济基础设施及人力资本等生产所需要素，推动了受援国"市场化、私有化、民主、人权、善治"的政治、经济体制改革，也滋生了援助依赖、腐败等受援国政府治理问题。此外，国际发展援助还能改善双边政治关系，缩小双方在发展模式、文化理念等方面的"软环境"差距。本书认为，国际发展援助产生的以上效果将影响受援国对跨国公司的吸引力，即区位优势，以及援助国企业跨国投资的驱动力，即综合所有权优势，两者共同影响流入受援国的 FDI。

下面将国际发展援助对受援国 FDI 的影响利用函数进行分解。跨国公司对外直接投资 OL 范式用函数可表示为：

$$FDI_{ij} = f(O_i, L_j) \qquad (2-1)$$

$FDI_{ij}$ 表示 $i$ 国企业流入 $j$ 国的直接投资。$O_i$ 表示投资国 $i$ 国企业的综合所有权优势，$L_j$ 表示东道国 $j$ 国的区位优势。跨国公司对外直接投资是综合所有权优势和区位优势的函数 $f$。那么，流入东道国 $j$ 国的外商直接投资可表示为：

$$FDI_j = \sum_i FDI_{ij} = \sum_i f(O_i, L_j) \qquad (2-2)$$

将流入东道国 $j$ 国的外商直接投资的来源划分为两类，一类是 $j$ 国的援助国，另一类是没有向 $j$ 国提供过援助的投资国。前者用 $d$ 表示，后者用 $n$ 表示，则流入东道国 $j$ 国的外商直接投资重新表示为：

$$FDI_j = \sum_d FDI_{dj} + \sum_n FDI_{nj} = \sum_d f(O_d, L_j) + \sum_n f(O_n, L_j)$$

$$(2-3)$$

国际发展援助产生的效果将影响受援国吸引外商直接投资的区位优势及援助国跨国公司的综合所有权优势，表达如下：

$$L_j = L(AID_j) \qquad\qquad (2-4)$$

$$O_d = O(AID_{dj}) \qquad\qquad (2-5)$$

其中，$AID_j$ 代表流入 $j$ 国的国际发展援助，也可以用 $AID_{dj}$ 表示，$d$ 代表 $j$ 国的援助国。式（2-4）表示流入 $j$ 国的国际发展援助影响 $j$ 国的区位优势，式（2-5）表示流入 $j$ 国的国际发展援助影响 $j$ 国的援助国 $d$ 国企业的综合所有权优势。

由式（2-3）、式（2-4）、式（2-5）可得流入 $j$ 国的国际发展援助对流入 $j$ 国的外商直接投资的影响，如下：

$$\partial FDI_j / \partial AID_j = \partial(\sum_d FDI_{dj} + \sum_n FDI_{nj}) / \partial AID_j$$

$$= (f'_d(L_j) \times L'(AID_j) + f'_d(O_d) \times O'(AID_{dj}))$$

$$+ f'_n(L_j) \times L'(AID_j)$$

$$= f'(L_j) \times L'(AID_j) + f'_d(O_d) \times O'(AID_{dj}) \quad (2-6)$$

其中，$f'_d(L_j)$、$f'_n(L_j)$ 表示 FDI 函数对区位优势 $L$ 的导数，分别针对流入 $j$ 国 FDI 的第一类来源国和第二类来源国，即 $j$ 国的援助国和 $j$ 国的非援助国；$f'_d(O_d)$ 表示 FDI 函数对综合所有权优势 $O$ 的导数，当然此时仅针对流入 $j$ 国 FDI 的第一类来源国，即 $j$ 国的援助国而言，因为国际发展援助只能为援助国的跨国公司进入受援国创造综合所有权优势。式（2-6）意味着，流入 $j$ 国的国际发展援助对流入 $j$ 国的外商直接投资的影响途径包括两个方面：一是通过影响受援国 $j$ 国的区位优势，从而影响流入 $j$ 国的外商直接投资；二是通过影响援助国 $d$ 国企业的综合所有权优势，从而影响援助国 $d$ 流向 $j$ 国的直接投资。

### （一）国际发展援助、区位优势与受援国 FDI

在国际直接投资 OL 范式中，区位优势是由东道国的特定资产形成的优势，它不分企业规模与国籍，只要在这一特定区域利用就能获得的优势。影响东道国区位优势的因素可以分为两个大类：一是非制度因素，包括市场规模、市场增长率、生产要素及其成本和质量等经济因素，经济基础设施及服务水平、其他第三产业发展水平等基础因素；二是制度因素，又分为政治制度（政策连续性、政局稳定性）、经济制度（包括贸易壁垒、外资政策、金融管制程度及市场发育程度）、法律制度（法律完善程度，尤其是对私有财产的保护）和企业运行的便利性（信息的可获得性、社会设施、政府清廉程度等）。

国际发展援助为受援国提供了物质资本、经济基础设施及人力资本等生产所需要素；推动了受援国"市场化、私有化"的经济体制改革，也滋生了援助依赖、腐败等受援国政府治理问题的可能，从而对受援国制度与制度水平产生了影响。上述这些效果将影响受援国的区位优势，从而影响流入受援国的 FDI。

"哈罗德－多马"模型和"双缺口"模型认为，资本积累是经济增长的决定性要素，发展中国家缺乏进行投资的国内储蓄和进口的外汇资金，国际发展援助能够弥补资金的"双缺口"，为生产提供物质资本要素。大推进理论认为，国际发展援助资金应该首先用以解决基础设施瓶颈问题。在国际发展援助的早期，大量的电力、交通、能源等经济基础部门援助投入到发展中国家。"基本需要论"认为，发展不仅意味着经济增长，同时必须满足家庭生存的最低需要以及获得必要的公共服务。理论提出后，教育、健康、住房等社会服务部门援助逐渐增多。联合国"千年发展目标"的提出，进一步提升了基础教育、医疗卫生等社会基础设施和服务部门援助的重要性。电力、交通、能源等经济基础部门援助和教育、健康等社会服务部门援助直接提升了受援国的基础设施水平与人力资本水平。基础设施水平与人力资本水平的提升增加了受援国的区位优势，从而增加了受援国对外商直接投资的吸引力。

20 世纪 80 年代至 90 年代，发展中国家接受了以建立市场经济体制为附加条件的"结构调整计划"援助，其核心内容为：（1）私有化。使国有企业私有化以及实施巩固私有产权的一系列措施。（2）自由化。实行贸易自由化、投资自由化和金融自由化，放松对外汇和进口的管制，对外国投资者给予更大的优惠。（3）市场化。取消各种形式的价格控制，推动自由市场经济的发展。（4）稳定化。上述内容的经济体制改革为外商直接投资流入受援国创造了经济制度环境。从实践结果来看，"结构调整计划"并没有达到预期效果。根据《2004 年世界银行结构调整评估项目报告》的结论，结构调整计划整体上是失败的。[1] 实施"结构调整计划"后，受援国反而出现了一些社会问题如社会服务水平下降、教育与培训质量下降、营养不良与缺医少药问题，[2] 这严重影响了受援国的生活条件与劳动力质量，不利于人力资本的积累，降低了受援国的区位优势，从而降低了对外商直接投资的吸收力。

布罗蒂加姆（2000）、古利特（2003）、潘忠（2008）和孙同全（2008）认为，受援国在既没有国家发展规划，又没有完整经济体系的情形下，长期接受高强度的国际发展援助，容易形成援助依赖。[3][4][5] 在依赖援助的国家，国际发展援助占政府收入比重较高，

---

① 李小云、唐丽霞、武晋：《国际发展援助概论》，社会科学文献出版社 2009 年版，第 37 页。

② 黄检良：《八十年代撒哈拉以南非洲的经济结构调整刍议》，载《西亚非洲》1990 年第 3 期。

③ Brutigam, Deborah, Aid Dependence and Governance, Almqvist & Wiksell, 2000.

④ 潘忠：《国际多边发展援助与中国的发展——以联合国开发计划署援助为例》，经济科学出版社 2008 年版，第 43～49 页。

⑤ 孙同全：《国际发展援助中"援助依赖"的成因》，载《国际经济合作》2008 年第 6 期。

所以政府比较在意如何满足援助国的要求，而不是关心公众和私人部门的需求。在依赖援助的国家，政府的正常运转需要外部资金和技术的支持，其治理能力快速退化，这意味着在援助依赖的国家不具备企业运营的良好制度环境。对于受援国政府来说，国际发展援助尤其是无偿援助，成本—收益比例太低。所以类似政府"额外收入"的国际援助容易助长腐败。在政府腐败的国家，政策法规执行力度弱而政府管理部门权力大，这些都将成为企业运行的障碍。整个社会非生产性活动增加，私人部门花费更多的资源与政府官员建立关系并进行游说和寻租，劳动力将更多的时间投入在如何获取援助上，[①] 那么，用于生产性活动的资源和时间自然减少，资本的投入产出率降低，受援国的区位优势也因此下降。

## （二）国际发展援助、综合所有权优势与援助国流向受援国直接投资

在本书建立的国际直接投资 OL 范式中，综合所有权优势是一国企业拥有的或能够得到的而其他国家企业没有的或者无法得到的资产及其所有权，它包括企业客观存在的静态所有权优势和企业内部化过程中获得的动态优势。综合所有权优势具体可以表现在以下几个方面：（1）因拥有专利技术、专有技术、管理和组织才能、商标、信息、诀窍等专有知识或能力而形成的核心技术优势。（2）因具有优先获取资金、原材料和人力资本而形成的垄断优势。（3）通过一体化形成规模经济而带来的价格竞争优势。（4）内部化带来的收益或收益的增加，包括在外部交易市场不完全的环境下，保证中间产品的稳定供应、减少多阶段生产的交易成本以及防止技术优势的丧失；在外部结构市场不完全的环境下，避免因贸易壁垒带来的损失；通过将市场内部化，在全球范围内配置资源，实现产品生命

---

① Stephen Knack. Aid Dependence and the Quality of Governance: Cross – Country Empirical Tests. Southern Economic Journal, Vol. 68. No. 2（Oct. 2001），pp. 310 – 329.

周期内的价值增值。（5）内部化成本的降低。内部化成本主要是企业内部的管理成本、总部与子公司及子公司与子公司之间的信息交流成本和跨国经营的国家风险成本。

在国际发展援助的效果中，援助对于双边政治关系的改善，缩小双方在发展模式、文化理念等"软环境"距离的作用将增加援助国企业的综合所有权优势。从援助的动机来看，国际发展援助既是出于理想主义学者所指的"满足受援国需求"的利他动机，也有现实主义学者所说的"实现国家利益"的利己动机。从利己动机出发，国际发展援助是援助国实施的一种经济外交手段，借此与受援国建立及维系稳定、良好的外交关系，以实现自身的国家利益。援助国与受援助间稳定、良好的政治关系，将降低援助国企业在受援国遭遇歧视性政策和法规的可能性，即使遭遇受援国的国家风险，也较容易通过外交途径解决，降低内部化的国家风险成本。国家内部因素的外化理论认为，援助国的历史经验和社会文化能够通过国际发展援助渠道向外部释放。国际发展援助创造了援助国和受援国交流与合作的契机，并通过类似技术援助、文化援助等特定援助向援助国输入价值观与行为观，从宏观层面的发展模式、文化理念到微观层面的企业文化、管理模式和技术标准，引导援助国逐渐缩小与援助国的"软环境"距离，不断减少双方的沟通与合作障碍，降低内部化的信息交流成本。内部化成本的下降有利于援助国企业综合所有权优势的提升，从而推动援助国企业对受援国实施跨国经营。

# 第三章

# 国际发展援助的规模对受援国 FDI 的影响

受援国对援助的吸收是有限的，援助规模在吸收能力以内和吸收能力以外将产生不同的效果。在吸收能力以内，受援国的生产者享受援助提供生产性公共产品带来的所有好处；在吸收能力以外，援助用于非生产性活动比例增加，受援国政府治理恶化。不同的援助效果为受援国带来了不同的区位优势，对生产活动产生了不同影响，最终影响了受援国的 FDI。本章安排如下：首先，对不同援助规模条件下，援助的效果及其带来的区位优势进行分析。在此基础上，建立国际发展援助的规模与 FDI 关系的理论模型。其次，从时间趋势及次区域分布两个方面，对亚非国家接受的国际发展援助以及 FDI 的规模进行分析。最后，以 OECD DAC 成员国对亚非国家的援助为样本，就不同援助规模对 FDI 的影响进行实证分析。

## 第一节　援助的规模、援助的效果与区位优势

### 一、援助吸收能力

#### （一）援助吸收能力的定义

"吸收能力"的概念来源于资本吸收能力。资本吸收能力是指

在资本的最低预期收益给定的前提下，一国能够达到这一预期收益的最大资本数量。资本的吸收能力既可以用来衡量一国的资本需求，又能够反映一国使用资本的效益。[①] 资本吸收能力是基于边际报酬率递减规律而存在的，[②] 当资本的边际报酬率恰好等于最低的预期收益时，这一资本数量即代表资本吸收能力，任何大于这一数量的资本边际报酬率均小于最低的预期收益。

　　国际发展援助作为发展中国家从发达国家或多边援助机构获得的官方资本来源，对其吸收能力的定义可以借鉴资本吸收能力的概念。然而将资本吸收能力的概念应用到国际发展援助上需要考虑其特殊性，主要表现在两个方面：第一，国际发展援助不仅包括无偿赠款援助和有偿贷款援助这种资金形式的财政援助，还包括以咨询服务、培训、合作研究、能力建设为主要内容的技术援助，以及粮食援助、债务减免。第二，经济收益不是国际发展援助的唯一目标。兰信克和怀特（1999）在回顾援助国政策时，总结了援助的五大主题：（1）自我持续增长；（2）减贫；（3）环境可持续性；（4）改善妇女地位；（5）善治。[③] 基于以上考虑，在资本吸收能力概念的基础上，给出国际发展援助吸收能力的一般性定义：国际发展援助吸收能力为某一援助规模，在这一援助规模上，增加任一单位的援助获得的边际收益为最低可接受水平。若超过这一援助规模，援助获得的边际收益均小于最低可接受水平。[④] 定义中，国际

---

①　Rosenstein – Rodan P. N. , International Aid for Underdeveloped Countries. Review of Economics and Statistics, No. 4, 1961, pp. 107 – 132.

②　Bourguignon F. , M. Sundberg, Absorptive Capacity and Achieving the MDGs, in G. Mavrotas and A. Shorrocks, (Eds). Advancing Development. Core Themes in Global Economics, Palgrave, in association with UNU WIDER, 2007, pp. 640 – 663.

③　Lensink, Robert, Howard White, b, Is There an Aid Laffer Curve? Working Paper 99/6, Centre for Research in Economic Development and International Trade, Univ. of Nottingham. , 1999.

④　Michael Clements, Steven Radelet, The Millennium Challenge Account：How Much is Too Much, How Long is Long Enough? Working Paper No. 23, February 2003, pp. 1 – 31.

发展援助的边际收益由各种具体的预期目标表示，如贫困人口数量、成年人识字率、婴儿死亡率等。

### （二）援助吸收能力存在的原因

存在援助吸收能力这一规模意味着受援国对援助的吸收是有限的。1949 年，在国际复兴开发银行第四次年度报告中第一次对国际发展援助吸收能力进行了分析，此后一系列研究表明受援国对援助有限吸收的原因在于受援国的宏观经济条件限制、制度水平因素及援助实践中存在的问题等（Reyes，1990；Guilllaumont and Jean-neney，2007；Kang，2010）。本书从以下四个方面进行分析：

1. 受援国对援助需求的有限性

从需求方面来看，即使受援国的宏观经济环境好、制度水平高，受援国都不可能无限制地吸收援助，原因是受援国对援助的需求原则上是有上限的。受援国存在接受援助的需求是援助行为发生的前提条件。受援国的需求既包括因贫困、粮食安全、自然灾害、疾病、饮水、基础教育等问题而引发的对减贫的需求，也包括因经济发展缓慢、基础设施落后、资金和投资缺乏、政府治理和政策制定水平低、人力资源水平和技术水平低等问题而引发的对发展的需求。一旦受援国的某些需求被满足，之后重复投入的援助将会是无法吸收的。

更何况，在长期的国际发展援助实践中，偏离受援国实际需求的援助时有发生。20 世纪 80 年代，以"私有化、自由化和市场化"为核心的"结构性调整方案"援助严重脱离了发展中国家的实际条件，使援助在受援国无法达到预期收益。世界银行《2004 年结构调整评估项目报告》指出：急躁和不加选择的贸易自由化、金融自由化，以及国家对公共品和社会服务的弱化毁坏了民族工业；私有化政策和政府公共服务系统的改革，以及劳动密集型产业的萎缩造成了大量的失业；公共设施的私有化、卫生保健和教育的收费，以及政府社会事业经费的削减减少了穷人获得这些服务的机会。

2. 受援国接受援助存在成本

从供给角度看，受援国不可能无限制地吸收援助，重要的原因是受援国接受援助是需要付出行政成本的。部分援助附加了经济与政治改革条件，大部分援助程序繁杂且过度强调有形成果。以世界银行发展项目为例，它的整个周期包括选项、准备、评价、谈判、提交董事会、实施和后评价七个步骤。在项目实施前阶段，受援国政府需要提交项目建议书和项目方案，包括项目的可行性研究报告、环境评价报告、移民拆迁安置计划、财务和经济分析报告，还需要接待项目准备团并配合完成实地考察工作。项目启动后，受援国政府要按规定日程提交项目进展报告以及项目竣工后的竣工报告，还需要配合援助国完成中期实地检查工作和竣工实地验收工作。可见，在整个援助项目周期内，受援国政府需要花费大量时间、人力、财力去完成以上各项任务。援助项目越多，援助规模越大，受援国政府支付的行政成本就越大。在加纳，政府官员每年需要花费 44 个星期去完成援助国的报告和检查工作；[①] 在坦桑尼亚，政府官员每年需要抽出 4 个月时间去接待所有的援助国代表。[②]

3. 援助的有效实施对受援国人力资本和基础设施水平的要求

首先，援助的实施对受援国的人力资本、基础设施水平有基本要求。援助的投入会创造对包括技术工人、管理者、研究人员和公务员在内的人才以及基础设施服务等资源的需求。如一项向受援国提供药品和医疗器械的医疗援助，如果受援国没有足够的药库妥善存放药品，或者道路太少而没办法运送援助物质，又或者没有医疗人员能够使用援助的医疗器械，这些都将使这项医疗项目援助无法

① Deborah A. Brautigam, Stephen Knack, Foreign Aid, Institutions and Governance in Sub - Saharan Africa. Economic Development and Cultural Change, Vol. 52, No. 2, 2004, pp. 261.

② Moss, T., Pettersson, G., Vander Walle N. An Aid-institutions Paradox? A Review Essay on Aid Dependency and State Building in Sub - Saharan Africa. Center for Global Development, Working Paper No. 74, January, 2006, pp. 8.

在受援国实施。其次，高水平的人力资本及基础设施水平能够保证援助在受援国的良好效果。以人力资本要素为例，援助国向受援国提供援助，不仅投入了资金，还向受援国提供设备或咨询服务、培训支持，受援国高水平的人力资本将有益于受援国对援助国科学技术的吸收和改造，对援助国先进理念与管理模式的模仿和学习，并进一步产生较强的技术溢出效应与示范效应。

4. 援助的有效实施对受援国政府治理能力的要求

受援国政府高水平的治理能力能够保证项目援助的效果。治理水平高的受援国会制定长远发展规划，并根据其长远发展需要来确定受援项目。在项目执行中，高水平治理能力的受援国体现出对政府各部门管理责任的有效划分、相关利益方的更高参与度及竞争性程序的普遍采用，因而通过高水平、高效率的管理使援助项目达到最佳效果。

方案援助和预算援助的有效使用也突出对受援国治理水平的要求。方案援助是援助国政府或多边机构根据一定的计划向受援国提供的援助。20 世纪 90 年代以来，此类援助重点帮助受援国解决中长期规划问题。这一内容的方案援助取得成功的必要条件是受援国政府具有较好的财政预算和管理能力、部门内和部门间协调能力、平衡相关利益主体的能力。预算援助是援助方直接将资金导入受援国国家财政计划，依据受援国的财政预算和公共支出程序进行管理的一种援助方式。预算援助作为一种总体性的框架援助，很难监测评估。若将资源投入较弱的政府职能部门，将面临腐败风险，因而它的成功实施对受援国的治理水平有较高的要求。

## 二、不同的援助规模、援助的效果与区位优势差异

学术界对援助规模的度量通常采用人均援助额或者援助额与经济总量、与政府支出、与进口量的相对比例，其中以援助额与经济总量比值代表援助规模最为常见。多数援助规模与援助依赖关系的

研究认为，援助占受援国 GDP 的比重过高是造成援助依赖的主要原因；一些学者认为受援国形成对援助的依赖，这一比重需达到 10% 以上（Brautigam，2000；Brautigam and Knack，2004；Loots，2006）。当受援国对援助产生了依赖，则可以认定援助过量了。然而，受援国能够吸收的最大援助规模因各国情况而存在差异，单纯以一个固定的比例来评判不具有一般性。本书以援助吸收能力为界，来区分援助是否过量。当援助规模在吸收能力以内，援助是适量的；若超过吸收能力，则认为援助过量。

## （一）适量援助、援助的正效果与区位优势

当援助规模适量时，援助弥补受援国财政资金、为受援国提供公共基础设施与服务的功效得以充分发挥。从国际发展援助提供的内容来看，它包括为满足受援国经济和社会发展的需要或缓解受援国财政困难而提供的财政援助，以转让技术专利、培养技术人才、传授管理知识、提供咨询服务为主要形式的技术援助，通过降低贷款利息、免除贷款利息或免除所有债务而实施的债务援助及粮食援助，其中财政援助占据最重要的份额。财政援助主要投入四个部门：包括交通运输、通信、能源基础设施及服务，以及金融和商业服务在内的经济基础设施及服务领域，包括教育、医疗卫生、政府治理、民主建设、安全管理在内的社会基础设施及服务领域，农业、林业、渔业、工业、采矿业、建筑业等生产部门，以综合环境治理、城乡发展与管理为主的跨部门领域。这些部门提供的产品，尤其是基础设施及服务部门，以及环境保护、城乡建设领域，多属于公共产品范畴，具有非排他性或非竞争性。自由竞争市场在提供这些公共设施及服务方面存在着天然缺陷，因而多由政府投资，也即为政府财政支出的主要项目。然而，处于经济起飞阶段前的发展中国家经济基础薄弱，缺少税收基础，在提供公共基础设施及服务方面面临着严重的资金约束。以财政援助为主要内容的国际发展援

助成为了受援国公共基础设施及服务投资的重要外部来源。根据 OECD 数据统计，1967 年以来，发展中国家共接受国际发展援助 25837.47 亿美元，其中经济基础设施及服务援助 5249.21 亿美元，社会基础设施及服务援助 9120.19 亿美元，以环境保护为主的跨部门援助 1798.43 亿美元。当国际发展援助处于受援国的吸收能力范围内时，流向各领域的援助能较好地实现预期收益，因而国际发展援助通过弥补受援国的财政资金来帮助改善受援国的基础设施水平、完善教育和医疗体系、提高政府的机构能力。

以中国为例，改革开放初期，中国的工农业基础设施薄弱，而当时中国国内资金匮乏，又缺少吸引外商投资的环境，国际发展援助成为当时基础设施建设投资的重要来源。根据 OECD 数据统计，1979~1995 年，中国共接受国际发展援助 180.29 亿美元，其中用于经济基础设施项目的援助 84.02 亿美元，占对华总援助的 46.6%，包括交通运输和通信项目援助 56.61 亿美元，能源项目的援助 26.86 亿美元。结合《中国固定资产投资统计年鉴》基本建设数据，1979~1995 年经济基础设施项目的援助相当于包括能源生产和供应业、交通运输及邮电通信业、批发零售与餐饮业、金融保险业在内的基本建设投资的 31.27%，其中交通运输和通信项目援助占相应行业基本建设投资的 32.58%，能源项目援助占 31.06%。改革开放初期的一些铁路、港口、民航、能源、通信和城市建设等大型基础设施都由国际发展援助提供资金承建，如北京地铁、首都机场、京秦铁路、南昆铁路、上海浦东机场、武汉长江第二大桥、国家经济信息系统、内陆地区光缆建设。在中国经济的起飞过程中，国际发展援助为中国的基础设施建设做出了重大贡献。

经济基础设施水平的改善有利于提升受援国的区位优势。首先，基础设施为生产资本的运作提供了必要的支持，外商在投资地进行生产活动需要使用交通、能源、邮电通信设施。此外，企业的经营活动还需要配套的商业服务以及金融服务。其次，东道国完善的基础设施及服务能减少外商的经营成本，如良好的交通基础网络可以降低区域间商品流动的成本，完善的通信基础设施可以免去外商在投资地自行建立通信系统的"先行成本"，促进母公司与子公司信息的快速收集与通畅交流。教育和医疗体系的改善也有利于提升受援国的区位优势。根据舒尔茨对人力资本①概念的界定，教育和医疗部门投入能帮助改善受援国的人力资本水平。东道国充足的、高水平的人力资本为 FDI 提供了优良的投资软环境，尤其是随着跨国公司中服务业和高技术制造业技术密集程度的逐步提高，跨国公司更倾向于在拥有一定技术、知识和组织管理技能的劳动力的地区进行投资。在具备高水平人力资本的东道国，FDI 的技术外溢效应、市场开发效应及市场竞争等利好效应发挥得更佳，最终形成巨大的人力资本外溢效应，使受援国人力资本水平显著提高，进一步吸引 FDI 流入。此外，人力资本的提高还有助于解决一些社会基本问题，如降低腐败和犯罪、改善健康水平、增强政治稳定等，② 也有利于改善投资环境，形成受援国的区位优势。乔尔等（2003）、杨晓明等（2005）、曾国军（2005）的研究均表明，东道国的基础设施水平和劳动力素质或人力资本对 FDI 的选择具有正向影响。③④

### （二）过量援助、援助的负效果与区位优势

#### 1. 用于非生产性活动的援助增加

当援助规模超过了可以投资获益的数量时，援助不能被受援

---

① 根据舒尔茨对于人力资本概念的界定：人力资本指凝结在人身上的知识、能力和健康，这些内生于人的能力和素质是通过后天正规教育支出、职业培训支出、保健支出、劳动力迁移支出等人力资本投资而获得的。

② 石卫星：《人力资本与外商直接投资》，经济科学出版社 2012 年版，第 60 页。

③ Joel Deichmann, Socrates Karidis, Selin Sayek, Foreign Direct Investment in Turkey: Regional Determinants. March 2003, pp. 1 – 37. http：//sayek. bilkent. edu. tr/FDITR. pdf.

④ 杨晓明、田澎、高园：《FDI 区位选择因素研究——对我国三大经济圈及中西部地区的实证研究》，载《财经研究》2005 年第 11 期；曾国军：《外商直接投资在华区位选择的影响因素研究》，载《学术研究》2005 年第 11 期。

国完全吸收，受援国政府因此将这些视为赞助的过量资金用于服务自身的政治目标和经济利益。万（2001）通过对 20 世纪 80 年代和 90 年代非洲经济发展与政策的研究表明，西方国家过量的援助投入导致多数非洲国家的在位者为了保持自己的地位而将援助资金用于非发展性用途，在经济危机的 20 年里，非洲国家的防御支出以及政府机构数量、规模明显增加。[①] 朵拉和普里切特（1998）、拉维和谢费尔（1991）分别对非洲国家坦桑尼亚和亚洲国家埃及、叙利亚、约旦进行案例研究，结果显示 20 世纪 70 年代和 80 年代，大规模的援助流入这些国家最终导致部分资金以补贴形式给予政府部门的雇员或者政府提供的服务，同时国有企业也得到了好处。[②③]

过量的援助导致受援国庞大的政府机构以及过度的非生产性政府支出（Lavy and Sheffer，1991；Dollar and Pritchett，1998；Van de Walle，2001），这为政府官员的腐败创造了机会，援助因此成为了潜在的租金来源。伴随着国际援助投入的增加，劳动者将更多的时间从提高生产的知识和技能转移到获得援助收入上来，生产者花费更多的人力和物力来经营与政府官员的关系并进行游说活动（Knack，2001；Economides，2008）。斯文松（2000）的研究表明，援助能够助长腐败行为，尤其是在拥有众多竞"租"者的受援国，这种效果表现地更加明显。[④] 在达尔高和奥尔森（2006）的研究中，将援助看作类似自然资源的"租"，理论与实证结果均显示受援国的寻租活动与腐败行为随着援助规模的增

① van de Walle，Nicolas，African Economies and the Politics of Permanent Crisis，1979 – 1999. Cambridge University Press：Cambridge，2001.

② Dollar David，Lant Pritchett. Assessing aid：What works，what doesn't，and why. New York：Oxford University Press，1998.

③ Lavy Victor，Sheffer，Foreign Aid and Economic Development in the Middle East：Egypt，Syria and Jordan. New York and London：Praeger，1991.

④ Jakob Svensson，Foreign Aid and Rent – Seeking. Journal of International Economics，Vol. 51，2000，pp. 437 – 461.

长而增加。① 寻租团体之间的相互竞争，最终使得用于寻租活动的资源大于作为寻租的援助，那么整个社会用于生产性活动的资源不增反降（Tornell and Lane，1998；Svensson，2000）。

用于政府消费、寻租非生产性活动的援助增加，相应地，援助中用于提供公共基础设施与服务的资源下降，援助在改善基础设施水平、积累人力资本方面的功效下降，由此降低了受援国的区位优势。腐败程度的加深也将降低受援国的区位优势。联合国和许多西方政府将腐败视为某种"不正直"，包含非法和某种不合适的经济安排两种含义。② 一方面，腐败导致生产要素分配偏离市场价格机制作用下的最优状态，不利于全要素生产率的提升。另一方面，腐败的产生意味着经济活动处于非完全信息环境下，增加了交易成本的同时为企业运行设置了障碍。在联合国贸易与发展会议设计的一套决定国际直接投资的区位因素中，将腐败作为影响企业运行便利性的重要因素而纳入。魏（1997，2000）、达比克和佩恩（1999）、歌斯坦歌等（1998）、鲁明鸿（1999）、哈比卜和祖瑞威奇（2002）的研究基本支持东道国高腐败程度对 FDI 存在负面影响。③④

---

①　Dalgaard and Olsson，Windfall Gains，Political Economy and Economic Development. Paper prepared for the 2006 AERC conference in Nairobi，2006.

②　韩冰洁、薛求知：《东道国腐败对 FDI 及其来源的影响》，载《当代财经》2008年第 2 期。

③　Wei，Shang – Jin，1997，How Taxing is Corruption on International Investors? The William Davidson Institute Working Paper No. 1 – 35，February 1997；Wei，Shang – Jin，2000，How Taxing is Corruption on International Investors? Review of Economics and Statistics. Vol. 82，No. 1，pp. 1 – 11；Gastanga Victor M.，Jeffrey B. Nugent，Bistra Pashamova，Host Country Reforms and FDI Inflows：How Much Difference Do They Make? World Development，Vol. 26（July，1998），pp. 299 – 314；Drabek，Zdenek，Warren Payne，The impact of transparency on foreign direct investment，Staff Working Paper，EAR No. 99 – 02，1999；Habib，Mohsin，Zurawicki，Leon. Corruption and foreign direct investment［J］. Journal of international business studies，2002，33（2）：291 – 307.

④　鲁明鸿：《制度因素与国际直接投资区位分布一项实证研究》，载《经济研究》1999年第 7 期。

## 2. 恶化政府治理能力

大量的援助投入没有给受援国带来预期的经济发展效果，反而给受援国政府带来了治理问题，影响了受援国的政府治理水平（Knack，2004；Bräutigam and Knack，2004；Moss et al.，2006）。[①]过量援助对政府治理能力的不利影响可以表现在以下三个方面：

（1）政府的优质资源被大量占用。

国际发展援助机构众多，受援国需同多个援助方打交道，不同的援助方对援助的报告、监测和评估都有不同的要求。为获得援助资金，受援国政府每年需要花费较多的时间和人力去完成援助国的任务。鲁德曼（2006）对受援助需执行的任务进行了简单估计，以600个援助项目为例，受援国政府每个季度必须完成的报告平均为2400份，每年平均需要配合1000个援助国代表团对项目进行监测。[②] 大量的项目援助占用了受援国过多的政府资源，而这些资源原本可以用于支持国内经济发展。

由于项目的执行需要，援助国提供的援助项目从受援国国内的政府部门甚至是私人部门吸走了大量的稀缺人才。以项目形式投入的援助通常由援助国或其在受援国的合作伙伴设立独立的项目管理单位，因此，他们需要雇佣受援国本地的人才。然而，在大部分发展中国家，训练有素的人力资本是稀缺的，所以以援助项目用高出国内政府官员许多倍的待遇将这些人才挖走（Brautigam and Botchwey，1998；Dollar and Pritchett，1998；Brautigam，2000）。以肯尼亚的一个农业援助项目为例，项目以每月3000美元～6000美元的收入聘请了七名肯尼亚的经济学家，而肯尼亚政府给他们的月收入

---

① Moss, T., Pettersson, G., Vander Walle N. An Aid-institutions Paradox? A Review Essay on Aid Dependency and State Building in Sub – Saharan Africa. Center for Global Development, Working Paper No. 74, January, 2006.

② Roodman D., Aid Project Proliferation and Absorptive Capacity. Center for Global Development, Working Paper No. 75, January. 2006.

仅有 250 美元。① 优秀的人才是政府机构能力的核心组件，人才的大量流失将有碍于高效率政府部门的建设。

（2）政府的核心功能退化。

大规模的援助会毁损受援国政府的财政预算能力（Moss et al.，2006；Loots，2005；Brautigam and Knack，2004）。一国的财政预算平衡原则对政府支出产生约束，从而限制财政赤字的规模，而且财政赤字或盈余均会转入下一期预算。若该国接受了大量的国际发展援助，那么财政预算平衡原则将形同虚设。原因是除预算援助外，国际发展援助的大部分资金都是游离于受援国财政预算和公共支出程序之外的。布罗蒂加姆和纳克（2004）、基利克（2004）将这种现象形象地称为"软预算约束"或"账面预算"。由于大量援助可以作为政府支出的替代资金来源，受援国政府将失去动力与能力去对政府投资进行合理估算，最终政府支出表现出与税收收入的微弱关联性。对加纳的案例研究表明，当援助国提供的国际援助增加时，加纳的财政预算支出与政府实际支出的差距扩大。② 因此，持续大规模的国际援助削弱了受援国的合理财政预算能力及长期规划能力，最终可能导致受援国陷入政府消费过度及债务缠身的困境。

税收收入作为政府收入的重要来源，以可持续的方式支持一国政府开展各项活动，税收收入的规模和持续性反映一国政府能力的真实水平。对于受援国政府而言，国际发展援助是可替代国内税收的额外收入来源。若受援国能获得大量的援助，比如像撒哈拉以南非洲国家，1982~1997 年 42.8% 的政府支出来自外部援助，那么政府向国民征税及改善税收机构能力的动力将下降。援助的税收反

---

① Brautigam, Stephen Knack, Foreign Aid, Istitutions, and Governance in Sub – Saharan Africa. Southern Economic Development and Cultural Change, Vol 68, No. 2（January.，2004），pp. 262.

② Killick, Tony. What Drives Change in Ghana? A Political – Economy View of Economic Prospects, draft mimeo, 2004.

应文献多数的结论是外部援助增加导致国内税收收入减少（Stotsky and Wolde Mariam，1997；Ghura，1998；Remmer，2004；Brautigam and Knack，2004），尤其是高援助规模的非洲国家。司托茨基和沃德玛瑞（1997）的研究发现，1995 年 71% 的非洲国家接受的国际发展援助超过了 GDP 的 10%，这些国家的税收收入均低于 IMF 的预期水平。[①] 夫拉（1998）对 1985～1996 年 39 个撒哈拉以南非洲国家税收影响因素进行了实证分析，结果发现国际发展援助对税收收入有着显著的负向影响。[②] 持续、大规模的国际援助将导致受援国税收制度匮乏、机构能力孱弱，最终政府支出可能长期、大比例依靠国际发展援助，若没有外国资金和技术的援助，其政府的很多核心功能（比如机构的运转和维持、提供基本的公共服务等）无法正常发挥，即产生了援助依赖现象。布罗蒂加姆（2000）通过对世界银行 1975～1997 年的数据分析发现，在人口 100 万以上、援助超过其 GDP 10% 或以上的 30 个国家中，有 27 个国家接受这种高强度援助状态维持至少 10 年，这说明持续大规模的援助容易形成受援国对援助的依赖。[③]

（3）政府的责任心锐减。

税收收入是一国政府收入的重要来源。西方发达国家的发展历程证明政府对税收收入的需求成就了负责任的政府（Tilly，1985；Brautigam，1992）。然而，国际发展援助却减少了发展中国家政府对税收收入的需求（Karl，1997；Moore，1998）。在一些低收入的国家，国际发展援助甚至成为政府收入的最主要来源。莫斯和苏夫拉曼联（2005）的研究显示，16 个位于撒哈拉以南非洲的低收入国家，政府支出总额的一半以上来自官方发展援助，10 个同地区

---

① J. G. Stotsky, A Wolde Mariam, Tax Effort in Sub – Saharan Africa. International Monetary Fund Working Paper WP/97/107（IMF, Washington, D. C. , September 1997）.

② Ghura, Dhaneshwar. Tax Revenue in sub – Saharan Africa: Effects of Economic Policies and Corruption. IMF Working Paper 98/135, 1998.

③ Brautigam, Deborah, Aid Dependence and Governance, Almqvist & Wiksell, 2000.

的贫困国家，这一比例高达 75% 甚至更多。[1] 在这些国家，政府更多地是根据援助国的要求支出及实施改革，以保证援助国能够持续地提供资金；而不是根据纳税人的需求支出，依据国情实施良政、改善政府效率，更好地为纳税人服务（Morss，1984；Brautigam，1992；Moss et al.，2006）。受援国政府若有大规模国际发展援助可作为税收的替代，降低了政府不努力的成本（Bauer，1984），延长了其在位时间。莫斯等（2006）的研究发现，在高援助强度的非洲国家，领导人的平均执政时间为 12 年，相当于西方选举制国家的 3 倍。[2] 政府对公民的低责任心使他们失去了改善执政效率的内在动力，有碍于政府治理能力的提升。

无论是从客观条件还是从主观能动性方面来说，大规模援助都不利于政府治理水平的提升。布罗蒂加姆和纳克（2004）对 1982～1997 年 32 个撒哈拉以南非洲国家的援助与政府治理水平的关系进行了研究，发现大规模援助与政府治理恶化之间存在着稳定的统计关系。[3] 莫斯等（2006）的研究表明援助与制度水平存在负向关系，大量的援助不利于受援国制度水平的发展。政府治理能力及相应的制度水平的下降降低了受援国的区位优势。一方面，过量的援助占用了受援国政府部门大量的时间与优秀人才，弱化了政府的核心功能，这将导致政府为公众、企业服务水平和服务效率的下降。另一方面，在政府的支出大比例地依赖国外援助而不是公众与企业的税收收入的环境下，政府对于自身在为经济运行提供基础制度供给、宏微观激励机制、公共设施和服务等方面不重视，企

---

① Moss, Todd and Arvind Subramanian, After the Big Push? Fiscal and institutional implications of large aid increases, CGD Working Paper, October 2005.

② Moss, T., Pettersson, G., Vander Walle, N. An Aid-institutions Paradox? A Review Essay on Aid Dependency and State Building in Sub – Saharan Africa. Center for Global Development, Working Paper No. 74, January, 2006.

③ Brautigam, Stephen Knack, Foreign Aid, Istitutions, and Governance in Sub – Saharan Africa. Southern Economic Development and Cultural Change, Vol 68, No. 2 (January., 2004), pp. 255 – 285.

业生产运营制度环境差。在这一制度环境下，一不利于企业便利的运行，二不利于全要素生产率的提升。鲁明鸿（1999）对全世界110 多个国家或地区的研究发现，国际直接投资趋向于流入企业运行便利程度高的国家或地区。[①] 达比克和佩恩（1999）对包含不稳定的经济政策、不完备的产权制度，以及缺乏行政效率的政府机构在内的"非透明性"政策或制度变量对外商直接投资的影响进行研究，实证结果显示，一国的"非透明性"程度越高，流入该国的外商直接投资越少。[②]

## 三、援助的规模与受援国的寻租活动

本节以腐败与寻租活动为代表，建立理论模型分析大量的援助带来的负效果，这些负效果相应地对受援国区位优势产生不利影响。根据本书的研究重点，本节在伊科诺米季斯（2008）模型的基础上排除税收变量进行分析，该模型在巴罗（1990）模型中引入国际援助变量，构建包含企业、家庭和政府三方行为主体的分散性竞争均衡框架，分析经济体家庭之间对国际援助的寻租竞争。

### （一）企业的行为

模型中的经济体有 $I$ 个同质的企业。考虑到公共产品对私人企业具有外部经济性，而且国际援助多用于公共产品的融资，企业的生产函数借鉴雷尼卡和斯文松（2002）使用的生产函数，将公共产品作为生产要素，见式（3 – 1）：

$$y^i = A(k^i)^\alpha (l^i)^{1-\alpha} \left( \frac{G}{I} \right)^{1-\alpha} \qquad (3-1)$$

---

① 鲁明鸿：《制度因素与国际直接投资区位分布一项实证研究》，载《经济研究》1999 年第 7 期。

② Drabek, Zdenek, Warren Payne, The impact of transparency on foreign direct investment. Staff Working Paper, EAR No. 99 – 02, 1999.

$G$ 是整个经济体的公共产品，$I$ 为经济体中企业的数量，$y^i$，$k^i$，$l^i$ 分别为企业 $i$ 的产出、物质资本投入和劳动力投入，$A$ 为全要素生产率，$A>0$，$0<\alpha<1$。

以 $r$ 和 $w$ 分别表示利率和工资率，则企业的利润函数如式（3-2）：

$$\pi^i = y^i - rk^i - wl^i \qquad (3-2)$$

企业的目标是在既定的要素价格水平下，选择要素投入量与产量来实现利润的最大化。在完全竞争市场条件下，企业的均衡状态为最大化零利润，得出等式（3-3）和等式（3-4）：

$$r = \alpha \frac{y^i}{k^i} \qquad (3-3)$$

$$w = (1-\alpha) \frac{y^i}{l^i} \qquad (3-4)$$

### （二）家庭的行为

模型中的经济体有 $I$ 个同质的家庭。家庭的跨期效用函数如式（3-5）：

$$\int_0^\infty \log(c^i) e^{-\rho t} \mathrm{d}t \qquad (3-5)$$

$c^i$ 为家庭 $i$ 的消费，$\rho$ 为贴现率，$\rho>0$。

在家庭行为中引入国际援助，家庭可以通过获得国际援助来增加个人财富，但是必须付出时间成本，因此家庭选择将拥有的时间在从事生产性活动和获取国际援助的寻租活动之间进行分配。假设每个家庭有一单位可支配的时间，以 $\eta^i$ 表示家庭 $i$ 用于生产工作的时间，$0<\eta^i\leqslant 1$；$1-\eta^i$ 则表示家庭 $i$ 用于寻租活动的时间，$0\leqslant 1-\eta^i<1$。每个家庭都要与其他家庭竞争来获取用于寻租的国际援助，寻租收益的分配原则是家庭获取的国际援助与他们花费在寻租活动上的时间成正比。若用 $I-H$ 代表经济体所有家庭花费在寻租活动上的时间，那么家庭 $i$ 所获得的用于寻租的援助占比为 $(1-\eta^i)/(I-H)$。以 $a^i$ 表示家庭 $i$ 的储蓄，$T$ 表示国际援助总量，$\Delta$ 表示可用于寻租活

动的援助比例，$0 \leqslant \Delta < 1$，则家庭 $i$ 的预算约束表示如式（3-6）：

$$\dot{a}^i + c^i = ra^i + w\eta^i + \frac{(1-\eta^i)}{I-H}\Delta T \qquad (3-6)$$

家庭的目标是在既定的产品、要素价格水平下，选择消费、储蓄和寻租以实现效用的最大化。那么，在均衡状态下，家庭将时间用于工作和进行寻租活动所获得的边际收益相等。

$$w = \frac{\Delta T}{I-H} \qquad (3-7)$$

### （三）政府的预算约束

在不考虑国内税收及国外其他借款的情况下，受援国政府的收入仅来源于国际援助，则其平衡预算约束表示为：

$$G = (1-\Delta)T \qquad (3-8)$$

式（3-8）意味着政府的公共产品供应完全由国际援助（除去寻租者拿走的部分）提供。

### （四）分散性竞争均衡

每个企业和家庭都在知道其他企业和家庭的选择的情况下做出自己的选择，企业实现利润最大化，家庭之间相互竞争用于寻租的国际援助并实现效用最大化，最终达到均衡状态。均衡状态还需要满足：所有的市场都出清，即劳动力市场满足 $\sum_i l^i = \sum_i \eta^i$，资本市场满足 $\sum_i k^i = \sum_i a^i$；所有的约束都满足；个人决定与总体决定达成一致，即 $\Delta = \frac{I-H}{I} = \frac{\sum_i (1-\eta^i)}{I}$。

为克服由人口、经济总量对国际援助造成的规模效应，因此以援助产出比例来衡量相对援助规模，$\tau = \frac{T}{Y}$。

由式（3-4）、式（3-7）及市场出清条件，当达到均衡状态时，家庭的时间分配如式（3 - 9）：

$$\eta = \frac{(1 - \alpha)}{\tau} \qquad\qquad (3 - 9)$$

由式（3 - 9）可知，当 $\tau = 1 - \alpha$ 时，$\eta = 1$，家庭所有的时间用于工作，经济体并未有寻租活动出现；当 $\tau > 1 - \alpha$ 时，$0 < \eta < 1$，家庭花费 $1 - \eta$ 进行寻租活动，且国际援助规模 $\tau$ 越大，$\eta$ 越小，家庭花费在寻租活动的时间就越长。所以国际援助规模一旦突破门槛，寻租活动开始产生，就会随着援助规模的增加变得更加频繁。寻租活动不仅减少了投资公共产品的援助资源，而且减少了生产活动的有效劳动力，将降低全要素生产率，降低资本的产出率。当然其他研究还表明寻租活动恶化了政府的治理水平，有损于全要素生产率（Svensson，2000；Dalgaard and Olsson，2006）。

## 第二节　援助的规模对受援国 FDI 影响的理论模型

前文的分析表明，援助适量条件下，援助为受援国提供公共基础设施及服务的功效得以充分发挥，公共品的增加提升了受援国的区位优势。援助过量条件下，用于政府消费、寻租非生产性活动的援助增加挤出用于公共品的投入，政府治理水平及相应的制度水平下降，降低了受援国的区位优势。本节选用包含公共品（非贸易品）投入的生产函数，从提供非贸易品和影响全要素生产率两个角度，就援助在适量与过量状态下对 FDI 的影响进行了理论分析。

### 一、适量援助对 FDI 的影响分析

本节的贸易品和非贸易品生产模型中，涉及家庭、企业和政府。模型做如下假设：家庭单位时间内提供一单位的有效劳动；企业处于完全竞争市场，生产同质的贸易品，贸易品的价格由世

界市场决定，并标准化为 1。贸易品的生产函数是借鉴雷尼卡和
斯文松（2002）分析公共基础设施投入与私人投资关系时所采用
的生产函数，将公共基础设施作为生产的投入要素。[①] 生产函数
如式（3-10）：

$$Y^T = \Omega \ (K^T)^\alpha \ (L^T)^\beta \ (X)^{1-\alpha-\beta} \qquad (3-10)$$

$\Omega$ 为全要素生产率，$K^T$ 和 $L^T$ 分别表示生产贸易品 $Y^T$ 所使用的
物质资本和劳动力要素数量，$X$ 表示生产贸易品 $Y^T$ 所投入的非贸
易品。假设贸易品的全部物质资本由国外企业投入，且每一期物质
资本全部折旧，这就意味着物质资本存量 $K^T$ 即是国外直接投资流
量。非贸易品投入界定为公共基础设施投入，这里的基础设施具有
广泛的含义，既包括交通、通信、电力，也包括教育、医疗、运转
良好的政府机构。非贸易品投入优先由政府免费提供，政府提供数
量为 $G$，与国际援助的数量成比例，$G = \Phi A$，其中 $A$ 为国际援助流
量，$\Phi$ 为受援国政府提供的非贸易品数量与国际援助的固定比例，
$0 < \Phi \leq 1$。

如果企业想要使用比政府提供的更多的非贸易品，他们需要雇
用劳动力去生产。假设政府提供的非贸易品数量 $G$ 是小于没有政府
提供的情况下企业提供的最优数量 $X^*$。这就意味着企业需要生产
部分非贸易品。非贸易品投入的生产总量如式（3-11）：

$$X = L^X + G \qquad (3-11)$$

$L^X$ 表示企业生产非贸易品所投入的劳动力。

劳动力要素在生产贸易品与非贸易品的分配达到均衡状态时，
需要满足的条件是两种产品的劳动力的边际生产率相等。根据生产
函数（3-10）可得式（3-12）：

$$\beta \frac{Y^T}{L^T} = (1-\alpha-\beta)\frac{Y^T}{X} \qquad (3-12)$$

① Reinikka R., J. Svensson, Coping with poor public capital. Journal of Development Economics, Vol. 59, 2002, pp. 51-69.

　　将经济体雇用的劳动力总量标准化为 1，即 $L^T + L^X = 1$。根据式（3-11）和式（3-12），则投入到贸易品生产的劳动力数量为：

$$L^T = \frac{\beta}{1-\alpha}(1+G) = \frac{\beta}{1-\alpha}(1+\Phi A) \qquad (3-13)$$

　　式（3-13）表明，若接受大量的国际援助，则受援国政府需要相应地提供大量的非贸易品，企业由此可以减少非贸易品生产，从而部分劳动力从非贸易品生产中得到释放，更多的劳动力投入到贸易品生产中来。

　　确定了劳动力要素在贸易品和非贸易品生产中的分配后，可以计算出达到均衡时的物质资本存量。开放经济条件下，资本完全自由流动，资本的实际回报率——边际资本产出扣除资本折旧率后与世界市场的实际利率水平相等，即公式表示为（3-14）：

$$\alpha \frac{Y^T}{K^T}\Omega(L^T)^\beta(X)^{1-\alpha-\beta} - 1 = r \qquad (3-14)$$

　　根据模型假设，每一期物质资本全部折旧，资本折旧率为 1。$r$ 表示世界市场的实际利率水平。将式（3-10）、式（3-11）和式（3-13）代入式（3-14），可得物质资本存量式（3-15）：

$$K^T = \left(\frac{\Psi}{1+r}\right)^{\frac{1}{1-\alpha}}(1+G) = \left(\frac{\Psi}{1+r}\right)^{\frac{1}{1-\alpha}}(1+\Phi A) \qquad (3-15)$$

　　其中 $\Psi = \alpha\Omega\left(\frac{\beta}{1-\alpha}\right)^\beta\left(\frac{1-\alpha-\beta}{1-\alpha}\right)^{1-\alpha-\beta}$。根据模型假设，每一期物质资本全部折旧且贸易品的全部物质资本由国外企业投入，所以物质资本存量 $K^T$ 即是国外直接投资流量。对式（3-15）的 $A$ 取一阶导数得式（3-16）：

$$\frac{\mathrm{d}K^T}{\mathrm{d}A} = \Phi\left(\frac{\Psi}{1+r}\right)^{\frac{1}{1-\alpha}} \qquad (3-16)$$

　　因 $\Omega > 0$，$0 < \alpha < 1$，$0 < \beta < 1$，$0 < 1-\alpha < 1$，$0 < 1-\alpha-\beta < 1$，所以 $\Psi > 0$，且 $0 < \Phi \leqslant 1$，$1+r > 0$，$1/1-\alpha > 1$，因而 $\mathrm{d}K^T/\mathrm{d}A > 0$。这意味着国际援助对受援国的国外直接投资产生促进效应，国际援助为受援国政府的非贸易品提供了融资，非贸易品投入的增加吸引

了国外直接投资的进入。原因是政府非贸易品投入增加，减少了企业对非贸易品的自主生产，劳动力要素投入由非贸易品转移到贸易品；贸易品劳动力要素的增加，使其资本的边际生产率提高，因而更多的国外私人资本投入贸易品生产。

## 二、过量援助对 FDI 的影响分析

当国际援助规模增加到一定程度时，即超过了受援国的吸收能力时，负向效应产生且不断增加，区位优势不断下降。负向效应的表现可归纳为以下两个方面：

一是受援国政府治理的恶化及制度的损害。根据 20 世纪 70 年代中期以诺思为代表的制度经济学派的研究结论，一国政府治理与制度水平能影响经济增长要素的配置与效率，因此大规模的国际援助不利于全要素生产率的提高。将 $\Omega = \Omega(A)$ 引入模型，其中 $\Omega' < 0$。

二是国际援助投入非生产性活动（如贿赂与寻租活动、政府过度消费）挤出了国际援助用于贸易品生产的非贸易品投入。若将受援国获得的国际援助在生产性活动（非贸易品投入）和非生产性活动（寻租活动）进行分配，在模型中给 A 设定系数 $\theta$，$0 < \theta \leqslant 1$，$\theta$ 表示国际援助中用于生产性活动的比例，$1 - \theta$ 即为用于非生产性活动的国际援助比例。当国际援助作为受援国政府一项资金流入而成为寻租活动的来源时，受援国经济体中的家庭成员在比较了工作所获得的收入和寻租活动所获得的收益，即工资和国际援助之后，将时间在工作和寻租之间进行合理分配。若国际援助中能够提供的租寻活动的资金比例大，则经济体中的家庭成员将用更多的时间用于寻租活动。因此，国际援助中用于非生产性活动的比例与经济体中家庭成员将时间分配给寻租活动的比例呈正比。结合前文对国际援助规模与寻租活动关系的研究结论，

当国际援助规模 $A$ 小于等于 $1-\alpha$ 时，经济体家庭成员的时间全部用于生产性活动，非生产性寻租活动不发生，那么国际援助均用于生产性活动，$\theta=1$；当国际援助规模大于 $1-\alpha$ 时，经济体中的家庭成员将部分时间用于非生产性寻租活动，国际援助中也只有一部分比例用于生产性活动，$\theta<1$。因此，将 $\theta=\theta(A)$ 引入模型，且当 $A\leq 1-\alpha$ 时，$\theta=1$；当 $A>1-\alpha$，$\theta'<0$。增加上述两个负向效应后，式（3 – 15）式转变为式（3 – 17）：

$$K^T=\left(\frac{\Psi(A)}{1+r}\right)^{\frac{1}{1-\alpha}}(1+\theta(A)G)=\left(\frac{\Psi(A)}{1+r}\right)^{\frac{1}{1-\alpha}}(1+\Phi\theta(A)A)$$

$$(3-17)$$

其中 $\Psi(A)=\alpha\Omega(A)\left(\frac{\beta}{1-\alpha}\right)^{\beta}\left(\frac{1-\alpha-\beta}{1-\alpha}\right)^{1-\alpha-\beta}$。同样，根据模型假设，每一期物质资本全部折旧且贸易品的全部物质资本由国外企业投入，所以物质资本存量 $K^T$ 即是国外直接投资流量。对式（3 – 17）的 $A$ 取一阶导数可得式（3 – 18）：

$$\frac{\mathrm{d}K^T}{\mathrm{d}A}=\frac{1+\theta\Phi A}{(1-\alpha)\Omega}\left(\frac{\Psi}{1+r}\right)^{\frac{1}{1-\alpha}}\Omega'+\theta\Phi\left(\frac{\Psi}{1+r}\right)^{\frac{1}{1-\alpha}}+\Phi A\left(\frac{\Psi}{1+r}\right)^{\frac{1}{1-\alpha}}\theta'$$

$$(3-18)$$

式（3 – 18）右边第一项表示援助规模通过影响受援国的政府治理水平及制度水平对国外直接投资产生的效应。因 $\Omega>0$，$0<\alpha<1$，$0<\beta<1$，$0<1-\alpha<1$，$0<1-\alpha-\beta<1$，所以 $\Psi>0$，且 $0<\Phi\leq 1$，$0<\theta\leq 1$，$1+r>0$，$1/1-\alpha>1$，$\Omega'<0$，$A>0$，所以式（3 – 18）右边第一项小于零。这意味着由于大规模援助恶化了受援国政府治理的水平并损害了受援国的制度水平，降低了贸易品生产的全要素生产率及国外直接投资的边际资本产出，阻碍了国外直接投资的流入。

式（3 – 18）右边第二项、第三项表示援助规模通过影响受援国政府的非贸易品投入，对国外直接投资产生的效应。这一效应不同于式（3 – 16），式（3 – 16）为当国际援助全部用于生产性活动

时，援助规模对国外直接投资的正效应。此时，国际援助规模大于
$1-\alpha$，国际援助既用于生产性活动也作为寻租活动的资金来源。因
$\Psi>0$，且 $0<\Phi\leqslant1$，$0<\theta\leqslant1$，$1+r>0$，$1/1-\alpha>1$，$A>0$，$\theta'<$
$0$，所以式（3-18）右边第二项大于零、第三项小于零。所以援助
规模对国外直接投资的效应是国际援助用于生产性活动带来的正效
应与用于非生产性寻租活动导致的负效应的综合效果。

援助规模以 $1-\alpha$ 为界，当 $A<1-\alpha$ 时，认定援助适量；当
$A>1-\alpha$ 时，认定援助过量。通过前文分析可知，当援助规模处
于适量阶段时，贸易品生产者可以得到援助通过增加受援国政府的
非贸易品投入带来的所有好处，因而援助对 FDI 表现出极强的正效
果。当援助规模处于过量阶段时，一方面，受援国经济体家庭成员
开始进行寻租活动后，援助规模的增加势必增加国际援助中非生产
性活动的比例，由此不断地挤出受援国政府投入非贸易品的援助，
援助通过增加受援国政府的非贸易品投入带来的正效果越来越小。
另一方面，因为 $\Omega'<0$，当援助规模 $A$ 不断增加时，贸易品的全要
素生产率 $\Omega$ 持续下降（包括腐败和寻租活动的影响），阻碍了国外直
接投资的流入。综合表现为援助对 FDI 的负效果显现并不断加强，最
终超过援助通过增加受援国政府的非贸易品投入带来的正效果。因
此，从理论上讲，国际发展援助对 FDI 的影响存在最优援助规模。

## 第三节　亚非国家的国际发展援助和 FDI 的规模

### 一、亚非国家国际发展援助的规模

目前，对国际发展援助数据统计时间最早、统计最全面的机构
是经合组织下属的发展援助委员会。DAC 从 1961 年就正式开始对

其成员国所提供的援助进行系统的数据收集和统计。本节利用 OECD 数据库资源，就 OECD DAC 成员国对亚非国家的援助进行介绍，确切地说上述援助是来自双边发展渠道的双边发展援助。以 OECD DAC 成员国为亚非国家提供的双边发展援助代表亚非国家接受的双边发展援助十分合理，因为 OECD DAC 成员国所提供的双边发展援助占全球双边发展援助总额的90%以上。[①]

### （一）时间趋势

#### 1. 绝对规模

1980～2012 年，亚非国家国际发展援助的规模总体呈上升趋势，由 1980 年的 114.39 亿美元增加至 2012 年的 464.65 亿美元，增长了 3 倍。图 3-1 显示出亚非国家接受的国际发展援助具有明显的阶段性特征，表现为 20 世纪 80 年代的持续上升阶段、20 世纪 90 年代的下降阶段以及 21 世纪的调整上升阶段。

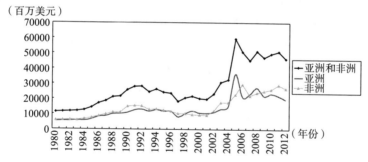

**图 3-1　1980～2012 年亚非国家的国际发展援助金额**

资料来源：OECD 数据库 http://www.oecd.org/statistics/。

20 世纪 80 年代，第三世界国家陷入严重的债务危机困境，他们既无法获得国际金融机构的商业贷款，也无力承受贷款的高额利

---

① 李小云、唐丽霞、武晋：《国际发展援助概论》，社会科学文献出版社 2009 年版，第 9 页。

息，对资金缺口的填补转向求助于国际援助。这一时期仍处于冷战期间，美苏积极运用对外援助来争夺亚、非、拉第三世界国家。以美国为首的西方发达国家利用这一契机，以当时国内推行的新自由主义经济发展模式为摹本，为第三世界国家的经济发展开出了"华盛顿共识"的改革方案。整个 20 世纪 80 年代，亚、非、拉第三世界国家接受了来自西方发达国家、世界银行和国际金融组织的大量"结构调整计划"贷款项目，推动了这一时期国际发展援助的增长。根据 OECD DAC 统计，亚非国家接受的来自该组织成员国的双边发展援助由 1980 年的 114.39 亿美元增加至 1989 年的 213.56 亿美元。20 世纪 80 年代，亚非国家的国际发展援助呈持续上升趋势。

20 世纪 90 年代，国际发展援助出现了"疲劳"现象，1996 年国际发展援助规模相比 1990 年下降了 20%。主要原因有两个方面：一是冷战的结束使西方援助国，尤其是美国，失去了提供援助的政治动力；二是多数西方援助国的国内出现了预算赤字问题，再加上之前 30 多年的援助并没有使绝大多数的发展中国家实现预期的经济和社会目标，国内民众对外援支出施加了巨大的压力。1991 年苏联解体后，苏联加盟共和国和原东欧社会主义国家的"结构性调整"贷款成为了这一时期援助的重点。20 世纪 90 年代 OECD DAC 成员国对亚非国家的援助表现出下降趋势，由 1990 年的 259.9 亿美元减少至 1997 年的 183.37 亿美元。

国际贫困问题背景下"千年发展目标"的提出以及《蒙特雷共识》对增加官方发展援助额度的承诺共同推动了 21 世纪初期国际发展援助的增加。2005 年之后的反恐战争及 2008 年的国际金融危机使全球经济受到了严重打击，导致了国际发展援助总额的持续下降。受国际环境的影响，OECD DAC 成员国对亚非国家的援助也经历了调整阶段，由 2000 年的 201.98 亿美元增加至 2005 年的 594.25 亿美元，而后下降至 2009 年的 471.52 亿美元。图 3-1 显示，21 世纪亚非国家的国际发展援助总体呈上升趋势，且位于较高水平。分析其原因，主要有三个方面：第一，撒哈拉以南非洲地区和南亚地区的贫困、医疗卫生和教育等民生问题严重，使两个地区成为"千年发展目标"的重点援助区域。第二，21 世纪初发生了伊拉克战争和阿富汗战争，援助国加强了对这些地区的战后重建和人道主义援助。第三，21 世纪，随着世界能源和初级产品价格持续上涨，通过援助获取非洲的石油与矿产资源、中亚的能源以确保能源安全的动机在加强。

2. 相对规模

研究援助经济增长效果的大多学者认为，真实地衡量一国接受援助的多少，需要消除经济规模的影响（Collier Paul et al., 2002；Dalgaard CarlJohan et al., 2002；Hadjimichael Michael T. et al., 1995；Hansen Henrik et al., 2001；Lensink Robert et al., 1999；Durbarry Ramesh et al., 1998；Hansen H. et al., 2000）。借鉴他们的做法，以援助金额与 GDP 的比值来表示一国接受援助的相对规模。图 3 - 2 显示，1980～2012 年亚非国家接受的国际发展援助的相对规模总体上没有明显的上升或下降趋势，但期间经历了不同的阶段。将这一鲜明的阶段性变化特征概括为：20 世纪 80 年代的上升阶段、20 世纪 90 年代的下降阶段、21 世纪的先上升后下降阶段。

20 世纪 80 年代早期，OECD DAC 成员国对亚非国家的援助相对规模变化不大，约为 4.5%。20 世纪 80 年代中期，OECD DAC 成员国对亚非国家的援助相对规模开始上升，由 1985 年的 5.07% 增加至 1989 年的 6.5%。20 世纪 90 年代，除 1994 年和 1996 年外，OECD DAC 成员国对亚非国家的援助相对规模表现为逐渐下降趋势，由 1990 年的 6.93% 下降至 1999 年的 4.17%。21 世纪初，OECD DAC 成员国对亚非国家的援助相对规模在徘徊中上升，由 2000 年的 5.09% 上升至 2003 年的 6.59%，2003 年后 OECD DAC 成员国对亚非国家的援助相对规模又在徘徊中下降，2012 年下降至 4%。

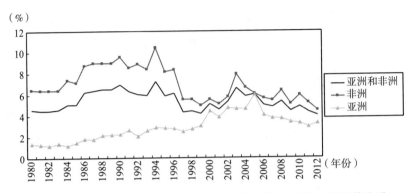

**图 3-2　1980～2012 年亚非国家的国际发展援助金额占 GDP 的比重**

资料来源：国际发展援助金额数据来自 OECD 数据库 http：//www. oecd. org/statistics/，GDP 数据来自世界银行 WDI 数据库 http：//data. worldbank. org/indicator。

对比图 3-1 发现，1980～2012 年这二十年间亚非国家接受的国际发展援助的绝对规模与相对规模变化具有相似的阶段性特征。不过，在 2006 年两者表现出差异性，亚非国家的国际发展援助金额保持在较稳定的水平，而国际援助额占 GDP 的比重略微呈下降态势，尤其是 2010～2012 年这三年。差异性的原因部分可以用 GDP 的增长来解释，还有一部分是由于 OECD DAC 成员国对亚非地区受援国进行调整所致，明显表现在中东地区，OECD DAC 成员国对伊拉克援助的大幅增加及对约旦援助的大幅减少。

### （二）亚洲和非洲次区域分布

#### 1. 绝对规模

根据 OECD DAC 对援助区域的划分，亚洲分为远东地区、中亚和南亚地区、中东地区三个次区域，非洲分为撒哈拉以南地区和撒哈拉以北地区两个次区域。鉴于南亚国家接受西方援助时间较长，而中亚国家是在 1991 年苏联解体之后才开始接受西方援助，所以将中亚和南亚地区视作两个次区域。图 3-3 展示了 1980～2012 年亚洲四个次区域和非洲两个次区域接受的国际发展援助年均规模。

撒哈拉以南非洲地区的国际发展援助规模最大，1980～2012 年该区域接受的国际发展援助年均额为 123.01 亿美元，占亚非国家国际发展援助年均总额的 44%。远东地区、南亚地区和中东地区次之，1980～2012 年接受的国际发展援助年均额分别为 45.32 亿美元、44.30 亿美元和 38.72 亿美元，分别占亚非国家国际发展援助年均总额的 16.21%、15.84% 和 13.85%。排在最后的是撒哈拉以北非洲地区和中亚地区，1980～2012 年接受的国际发展援助年均额分别为 22.03 亿美元、9.3 亿美元，分别占亚非国家国际发展援助年均总额的 7.88% 和 3.33%。

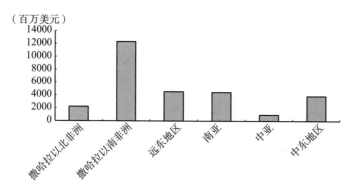

（百万美元）

**图 3 - 3　1980～2012 年亚洲和非洲次区域的国际发展援助年均额**

资料来源：OECD 数据库 http://www.oecd.org/statistics/。

从表 3 -1 也发现了相同的分布规律。1980～2012 年国际发展援助年均额超过 5 亿美元的亚非国家有 20 个，其中属于撒哈拉以南非洲地区的国家最多，占据 8 个；其次是远东地区、南亚地区和中东地区，前两者分别各占 4 个，中东地区占 3 个；最后是撒哈拉以北非洲地区和中亚地区，属于撒哈拉以北非洲地区的国家 1 个，而属于中亚地区的国家没有。

表 3 - 1    1980 ~ 2012 年国际发展援助年均额大于 5 亿美元的亚非国家

| 排名 | 国家名称 | 援助金额（百万美元） | 所属区域 |
|------|----------|-----------------------|----------|
| 1 | 伊拉克 | 1987.321 | 中东地区 |
| 2 | 埃及 | 1401.139 | 撒哈拉以北非洲 |
| 3 | 以色列 | 1346.533 | 中东地区 |
| 4 | 阿富汗 | 1196.426 | 南亚 |
| 5 | 中国 | 1187.112 | 远东地区 |
| 6 | 印度尼西亚 | 1046.365 | 远东地区 |
| 7 | 印度 | 947.093 | 南亚 |
| 8 | 坦桑尼亚 | 860.856 | 撒哈拉以南非洲 |
| 9 | 越南 | 767.360 | 远东地区 |
| 10 | 刚果 | 763.789 | 撒哈拉以南非洲 |
| 11 | 莫桑比克 | 751.038 | 撒哈拉以南非洲 |
| 12 | 尼日利亚 | 741.616 | 撒哈拉以南非洲 |
| 13 | 孟加拉国 | 731.955 | 南亚 |
| 14 | 埃塞俄比亚 | 704.133 | 撒哈拉以南非洲 |
| 15 | 巴基斯坦 | 688.136 | 南亚 |
| 16 | 巴勒斯坦 | 641.601 | 中东地区 |
| 17 | 苏丹 | 571.241 | 撒哈拉以南非洲 |
| 18 | 菲律宾 | 568.900 | 远东地区 |
| 19 | 肯尼亚 | 565.927 | 撒哈拉以南非洲 |
| 20 | 南非 | 506.855 | 撒哈拉以南非洲 |

数据来源：OECD 数据库 http：//www.oecd.org/statistics/。

撒哈拉以南非洲地区国家众多，该地区 59 个国家全部列入 OECD DAC 的受援国名单。1980 ~ 2012 年接受国际发展援助年均额超过 5 亿美元的 20 个亚非国家中，该地区占据 8 个。该地区获得大量国际发展援助的原因主要有三个方面：第一，撒哈拉以南非洲地区是世界贫困发生率最高的地区。按照联合国发展计划委员会的标准，全球最不发达的 50 个国家中，其中有 33 个在撒哈拉以南的非洲地区。贫困伴随着饥饿、疾病及堪忧的医疗卫生状况等。20 世纪 90 年代以来，撒哈拉以南非洲 40% 以上的居民喝不到清洁的饮用水，艾滋病感染与死亡人数分别超过全球的 63% 和 71%，而这一地区的人口仅占全球人口总数的 1/10。① 第二，非洲拥有丰富的战略资源。非洲的铂金储量占世界 75% 以上，铬储量占世界的 95%，钴储量约占世界的 68%，钻石储量占世界的 40%，金储量占世界的 34%，锰、铀、钽、铯、铝矾土等约占世界的 30% 以上。② 2005 年发布的世界油气储量年终统计表明，非洲已探明的油、气总储量约占世界油、气总储量的 8%，被称为"第二个海湾地区"。发达国家可以利用国际发展援助争夺非洲战略资源或其开采权。第三，法国、英国、德国、西班牙、葡萄牙等都曾是非洲的殖民宗主国，原宗主国希望通过援助来维系联系，以巩固在该区域的经济乃至政治利益。法国对外援助的这一动机表现得最为明显。2012 年法国对外援助的 37.16% 流向了法国在非洲的前殖民地。

OECD DAC 在远东地区的受援国包括东盟国家以及位于东北亚的中国、朝鲜、蒙古国，还有东南亚的岛国东帝汶，其中中国、印度尼西亚、越南和菲律宾接受的援助较多。1980~2012 年 OECD DAC 成员国向中国和印度尼西亚提供的国际发展援助年均规模超过 10 亿美元，向越南和菲律宾提供的国际发展援助年均规模超过 5 亿美元。因同属远东地区，该区域对日本在获取政治、经济以及安全利益方面居于重要地位。1980~2011 年日本对外援助的 26% 投向了远东地区，远东地区接受的来自 OECD DAC 成员国的援助中 47% 来自日本。此外，印度尼西亚和中国也是德国、法国和英国的重要受援国。

OECD DAC 在南亚地区的主要受援国包括阿富汗、印度、孟加

---

① UNAIDS, AIDS epidemic update: special report on HIV/AIDS. UNAIDS, December 2006.

② Statement of Hon. Robert L. Mallett, Deputy Secretary of Commerce, Department of Commerce, Hearing before the Subcommittee on African Affairs of the Committee on Foreign Relations United States Senate, one hundred tenth congress sixth session, July 27, 1999 (Washington: U. S. Government Printing Office, 2000), pp. 4.

拉国和巴基斯坦，这些国家均是美国、日本、英国、德国的重点援助对象。1980～2012 年 OECD DAC 成员国向阿富汗提供的国际发展援助年均规模超过 10 亿美元，向印度、孟加拉国和巴基斯坦提供的国际发展援助年均规模超过 5 亿美元。援助国主要出于以下两个动机向南亚国家提供对外援助：第一，南亚地区的贫困、教育及医疗卫生等民生问题严重且改善缓慢。据世界孟加拉国人力车夫银行统计，孟加拉国尚有约 50% 的人口生活在贫困线。印度占有世界贫困人口的 1/3 及世界 40% 的营养不良儿童。由于社会偏见、战乱、贫困等原因，阿富汗大约 450 万儿童不能接受教育。2011 年，阿富汗新生儿的死亡率为 149.2/1000，平均每半小时就有一名妇女死于生育。[①] 第二，南亚冲突不断，为政府脆弱、政治不安全地区。

中东地区接受 OECD DAC 援助的国家包括欧佩克组织成员国伊朗、伊拉克、科威特、沙特阿拉伯、阿拉伯联合酋长国、卡塔尔以及巴林、以色列、约旦、黎巴嫩、阿曼、叙利亚、巴勒斯坦和也门 14 个国家。美国、日本和德国是这些国家的主要援助国。1980～2012 年，美国对中东地区的援助占 OECD DAC 所有成员国对中东地区援助总额的 54%、日本占 10%、德国占 11%。中东地区占有已知世界原油埋藏量的 70% 和世界石油出口量的 50%，[②] 以经济援助为手段确保中东石油的稳定进口，是发达国家对中东政策的一大支柱。伴随着非洲地区和中亚地区作为中东能源替代的出现，这一援助动机弱化了。1996 年，阿拉伯酋长国、卡塔尔、科威特从 OECD DAC 受援国行列"毕业"。因而，中东地区属于欧佩克组织成员的产油国接受的援助并不多。此外，基于中东和平稳定与全球安全因素的考虑是以美国为首的西方援助国对中东地区提供援助的另一重要动机。1980～

---

① 杨思灵、陈利君：《2011～2012 年度南亚国家总报告》，http://topic. yngbzx. cn/qtb2public/659. htm。

② 金熙德：《日本政府开发援助》，社会科学文献出版社 2000 年版，第 223 页。

2012 年中东地区接受 OECD DAC 援助最多的国家伊拉克、以色列和巴勒斯坦均是被美国列入具有全球安全战略地位的国家，这些国家的国际发展援助年均规模均超过了 5 亿美元。

撒哈拉以北非洲地区国家极少，接受 OECD DAC 援助的有 5 个，其中埃及是这一地区接受援助最多的国家，1980～2012 年年均国际援助规模位列亚非国家的第二位。美国是埃及最大的援助国，1980～2012 年美国提供的援助占埃及接受 OECD DAC 成员国总援助的58%。美国对埃及的援助主要基于其战略性地理区位和中东地缘政治。20 世纪 80 年代，美国对埃及的援助开始规定附加条件，要求进行市场化、私有化、自由化的经济改革。20 世纪 90 年代，美国对埃及的援助被赋予了更多的"政治条件"—民主、人权、法治和"良治"。然而，这些附条件援助在促进埃及国内经济和政治改革方面的成效并不大，伴随着冷战后埃及战略重要性的下降，美国政府逐步削减了对埃及的援助。

中亚地区受援国包括中亚 5 国（哈萨克斯坦、乌兹别克斯坦、塔吉克斯坦、吉尔吉斯斯坦、土库曼斯坦）和高加索 3 国（阿塞拜疆、亚美尼亚、格鲁吉亚）。1991 年从苏联独立后，西方援助国不断增加对中亚地区的援助，要求该地区受援国进行政治民主化改革、经济市场化改革。该地区丰富的石油、天然气资源是西方援助国提供援助的重要动因。据能源专家估计，里海和中亚是仅次于中东和西伯利亚的世界第三大石油储积区，被称为"下个世纪的战略能源基地"。[①]中亚 5 国于 1993 年 1 月被 OECD DAC 列入发展中国家名单，高加索 3 国于 1994 年 1 月起被 OECD DAC 列入发展中国家名单，而后成为 OECD DAC 新的受援国，并开始全面接受西方援助。由于该地区接受援助的时间短，因此在亚非各次区域中，获得的国际发展援助的规模最少。

---

① 马斌：《冷战后美国对中亚援助政策研究》，复旦大学博士论文，2011 年，第 79 页。

2. 相对规模

从相对规模来看，亚非各区域接受的援助规模存在着明显差距。图 3 - 4 展示了 1980～2012 年亚洲 4 个次区域和非洲 2 个次区域接受的国际援助占 GDP 的比重平均值。撒哈拉以南非洲地区接受的国际发展援助相对规模最高，1980～2012 年该地区国际发展援助额占 GDP 的比重平均为 6.57%。其次是南亚地区和远东地区，1980～2012 年这两个地区国际发展援助额占 GDP 的比重平均值分别为 4.67% 和 3.40%。中东地区和撒哈拉以北非洲地区接受的国际发展援助相对规模最小，1980～2012 年这两个地区接受的国际发展援助额占 GDP 的比重平均值仅为 1.63%、1.22%。

结合图 3 - 3 可知，无论是绝对量还是相对量，撒哈拉以南非洲地区是接受西方国家援助规模最多的区域。中亚地区和南亚地区在相对量中的排名前于绝对量的排名，说明这两个区域也是世界贫困较集中的地区。进入 21 世纪，撒哈拉以南非洲地区、中亚地区和南亚地区均是"千年发展目标"的重点援助区域。2012 年 OECD DAC 成员国 27.70% 的官方发展援助流向撒哈拉以南的非洲，14.06% 的官方发展援助流向南亚和中亚地区。

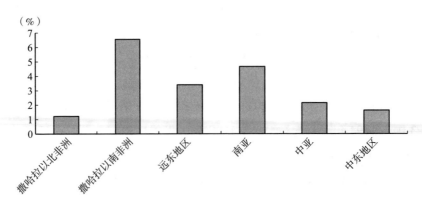

**图 3 - 4　1980～2012 年亚洲和非洲次区域的国际发展援助金额占 GDP 的比重**

数据来源：国际发展援助金额数据来自 OECD 数据库 http：//www. oecd. org/statistics/，GDP 数据来自世界银行 WDI 数据库 http：//data. worldbank. org/indicator。

表 3 - 2 显示了 1980～2012 年国际发展援助相对规模超过 10% 的国家。从表中可知，除了具有全球安全战略意义的阿富汗和巴勒斯坦外，其余 13 个国家都属于撒哈拉以南非洲地区。多数研究援助规模与援助依赖关系的文献得出结论，援助占受援国 GDP 的比重过高是导致援助依赖产生的主要原因（Brautigam，2000；Brautigam and Knack，2004；Loots，2006）。1975～1997 年，在人口 100 万以上，援助超过其 GDP 10% 或以上的 30 个国家中，有 27 个国家接受这种高强度援助状态维持了至少 10 年，这说明持续大规模的援助容易形成受援国对援助的依赖。① 根据这一标准判断，在亚非各次区域中，撒哈拉以南非洲国家存在援助依赖的可能性最高。

表 3 - 2　　　　　　1980～2012 年国际发展援助金额占 GDP 的
比重超过 10% 的亚非国家

| 排名 | 国家名称 | 援助金额占 GDP 比重（%） | 所属区域 |
|---|---|---|---|
| 1 | 东帝汶 | 33.714 | 远东地区 |
| 2 | 阿富汗 | 26.571 | 南亚 |
| 3 | 索马里 | 26.037 | 撒哈拉以南非洲 |
| 4 | 利比里亚 | 20.471 | 撒哈拉以南非洲 |
| 5 | 几内亚比绍 | 19.919 | 撒哈拉以南非洲 |
| 6 | 圣多美及普林西比 | 18.362 | 撒哈拉以南非洲 |
| 7 | 莫桑比克 | 18.048 | 撒哈拉以南非洲 |
| 8 | 佛得角 | 17.510 | 撒哈拉以南非洲 |
| 9 | 吉布提 | 12.873 | 撒哈拉以南非洲 |
| 10 | 厄立特里亚 | 11.427 | 撒哈拉以南非洲 |
| 11 | 卢旺达 | 11.248 | 撒哈拉以南非洲 |
| 12 | 马拉维 | 10.472 | 撒哈拉以南非洲 |

① Deborah Bräutigam, Aid dependence and Governance. Almqvist & Wiksell International. 2000, pp. 12 - 13.

| 排名 | 国家名称 | 援助金额占 GDP 比重（%） | 所属区域 |
|------|----------|---------------------------|----------|
| 13 | 布隆迪 | 10.312 | 撒哈拉以南非洲 |
| 14 | 坦桑尼亚 | 10.142 | 撒哈拉以南非洲 |
| 15 | 巴勒斯坦 | 10.118 | 中东地区 |
| 16 | 赞比亚 | 10.073 | 撒哈拉以南非洲 |

数据来源：国际发展援助金额数据来自 OECD 数据库 http：//www. oecd. org/statistics/，GDP 数据来自世界银行 WDI 数据库 http：//data. worldbank. org/indicator。

## 二、亚非国家 FDI 的规模

### （一）时间趋势

20 世纪 80 年代以来，流入亚非发展中国家的 FDI 呈现出快速上升趋势，1981 年为 152.48 亿美元，2012 年达到 4568.11 亿美元，30 年的时间增长了将近 30 倍。图 3 - 5 显示，20 世纪 80 年代、20 世纪 90 年代和 21 世纪流入亚非国家的 FDI 表现出明显的特征：20 世纪 80 年代稳中略升、20 世纪 90 年代持续上升、21 世纪曲折中上升。

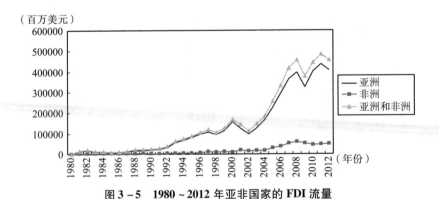

**图 3 - 5　1980 ~ 2012 年亚非国家的 FDI 流量**

数据来源：UNCTAD 数据库 http：//unctad. org/en/Pages/Statistics. aspx。

1. 20 世纪 80 年代：稳中略升阶段

经过 20 世纪 70 年代的两次石油危机后，20 世纪 80 年代早期西方发达国家经济增长速度放缓，受其影响，整个 20 世纪 80 年代的全球 FDI 规模增长缓慢。这一时期仍处于冷战期间，发展中国家对外资保持较为保守的态度。另外，欧美、日美贸易摩擦频发，为避开贸易障碍导致发达国家之间的 FDI 增加，所以 20 世纪 80 年代全球 FDI 主要流向了发达国家，流入发展中国家的 FDI 规模很小，平均规模约为每年 206.27 亿美元。20 世纪 80 年代中后期，国际商业银行缩减了对发展中国家的商业贷款，对资金的需求迫使一些发展中国家取消了对外资的限制政策，流入发展中国家的 FDI 增加，由 1985 年的 206 亿美元增加至 1989 年的 311 亿美元。受发展中国家整体 FDI 的影响，20 世纪 80 年代流入亚非发展中国家的 FDI 水平很低，平均规模为每年的 139 亿美元。20 世纪 80 年代中后期，流入亚非发展中国家的 FDI 逐年增长，年均增长额为 36.58 亿美元。

2. 20 世纪 90 年代：持续上升阶段

20 世纪 90 年代，冷战结束，发展中国家对利用外资的政策做了积极调整，减少或消除了对跨国公司实施的限制，废除了导致市场扭曲的贸易歧视，实施了激励性的优惠财税政策。另外，经过多年的发展，主要发达国家美国、欧洲和日本的内部市场已经基本饱和，正积极开拓外部市场，两个方面的因素共同推动了 FDI 流向发展中国家。东亚、南亚和东南亚地区因其廉价的自然资源和劳动力以及国内经济的高速增长成为外商关注的重点区域。1996 年，东亚、南亚和东南亚地区吸引的 FDI 在发展中国家吸引的 FDI 总额中所占比重达63.1%，其中中国、印度尼西亚、菲律宾和泰国均位居发展中国家吸引 FDI 的前列。[①] 20 世纪 90 年代中后期，非洲一些领先国家如博茨瓦纳、赤道几内亚、加纳、莫桑比克、纳米比亚、突尼斯和乌干达由

---

① 武海峰、陆晓阳：《国际直接投资发展研究》，中国财政经济出版社 2002 年版，第369 页。

于国家政局比较稳定，政府努力稳定国家宏观经济形势，同时实施国有资产私有化政策、建立投资促进机构，以及积极参与国际性投资保护协定，因此吸引的 FDI 得以增长。

图 3 - 5 显示，20 世纪 90 年代（除 1998 年外），流入亚非发展中国家的 FDI 表现出持续高速增长的特征，由 1990 年的 255 亿美元增加至 1999 年的 1260 亿美元，增长了 5 倍。1997 年爆发的亚洲金融危机导致 1998 年流入印度尼西亚（出现撤资）、中国台湾、中国香港和中国大陆的外资大幅下降，亚非发展中国家 FDI 在 20 世纪 90 年代第一次出现下降。随后，中国、东南亚各国政府均采取了一系列促进投资的政策，1999 年亚非发展中国家的 FDI 规模得以回升并超过了 1997 年。

3. 21 世纪：曲折中上升阶段

世界经济在 21 世纪初进入一个调整期，2001 年、2002 年、2003 年连续 3 年全球 FDI 流量下滑。随着世界经济的恢复和发展，2003 ~ 2007 年全球 FDI 又开始呈现上升的趋势。2008 年全球金融危机与债务危机蔓延，欧美国家众多跨国公司出现资金困难，导致全球 FDI 规模下降。受全球大环境的影响，亚非发展中国家 FDI 在 21 世纪初经历了短暂的下降后快速上升阶段，受 2009 年金融危机的影响 FDI 规模又有所下降，随着危机的逐步化解，亚非发展中国家 FDI 逐步开始回升。

总体来看，21 世纪亚非发展中国家的外商直接投资呈现快速上升趋势，由 2000 年的 1662 亿美元上升至 2012 年的 4568 亿美元。原因可分别从投资方和引资方来看：首先，从投资方来看，20 世纪 90 年代中后期以来，美、日、欧提升了亚太地区在其对外直接投资中的战略地位，发达国家对亚非国家的直接投资增加；发展中国家对外投资自 20 世纪 90 年代后期开始快速扩张，受文化、资本规模、技术水平和经营能力等因素的影响，发展中国家跨国公司较多投资于技术水平较低的邻近区域，区域内部的南南投资增长较快，而亚洲内部的南南投资约占世界南南投资总量的4/5。① 其次,从引资方来看,21世纪,发展中国家引资比例相比较发达国家,呈现上升趋势,流入发展中国家的 FDI 占比由1999～2001年的22%上升至2008～2010年的31%;② 得益于世界能源和初级产品价格持续上涨,非洲因其丰富的资源储备成为吸引外资的热土,非洲的投资环境得到了极大改善。从20世纪90年代中后期开始,非洲各国努力改善宏观经济基础,效果显著。《2011年全球营商环境报告》显示,2005～2010年,全球174个经济体中,营商环境改革进步最快的30个经济体有10个都是来自撒哈拉以南非洲。非洲的 FDI 流量由2000年的96亿美元增加至2012年的500亿美元。

## (二) 亚洲和非洲次区域分布

图3-6显示,在亚洲4个次区域和非洲2个次区域中,流入远东地区的 FDI 最多,且遥遥领先于其他地区,1980～2012年远东地区的 FDI 年均流量为1020.29亿美元,占亚非发展中国家 FDI 年均总流量的47%;其次是中东地区,1980～2012年该地区 FDI 年均流量186.65亿美元,占亚非发展中国家 FDI 年均总流量的8.6%。1980～2012年撒哈拉以南非洲地区、撒哈拉以北非洲地区、南亚地区、中亚地区的 FDI 年均流量仅为106.46亿美元、57.47亿美元、106.01亿美元、80.60亿美元。

表3-3列出了1980～2012年 FDI 流量年均值大于10亿美元的亚非国家。15个国家中,远东地区占据了6个,且其中的5个排名在前十位以内;位于中东地区的国家4个,其中的3个位列十位之内;南亚地区、撒哈拉以北非洲地区和撒哈拉以南非洲地区各占据1个;中亚地区没有国家位列其中。

① 刘源超:《发展中国家对外直接投资的理论与模式研究》,北京大学博士论文,2008年,第26页。
② 石卫星:《人力资本与外商直接投资》,经济科学出版社2012年版,第16页。

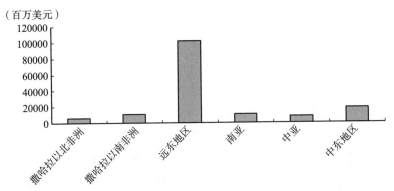

**图 3 – 6 1980～2012 年亚洲和非洲次区域的 FDI 流量年均值**

数据来源：UNCTAD 数据库 http：//unctad. org/en/Pages/Statistics. aspx。

表 3 – 3 　　1980～2012 年 FDI 流量年均值大于 10 亿美元的亚非国家

| 排名 | 国家名称 | FDI 流量（百万美元） | 所属区域 |
|---|---|---|---|
| 1 | 中国 | 40995. 04 | 远东地区 |
| 2 | 印度 | 7877. 62 | 南亚 |
| 3 | 沙特阿拉伯 | 6613. 55 | 中东地区 |
| 4 | 哈萨克斯坦 | 5115. 15 | 中亚 |
| 5 | 土耳其 | 4166. 39 | 中东地区 |
| 6 | 马来西亚 | 3973. 48 | 远东地区 |
| 7 | 泰国 | 3869. 13 | 远东地区 |
| 8 | 印度尼西亚 | 3222. 17 | 远东地区 |
| 9 | 阿拉伯联合酋长国 | 2869. 57 | 中东地区 |
| 10 | 越南 | 2197. 66 | 远东地区 |
| 11 | 埃及 | 2222. 18 | 撒哈拉以北非洲 |
| 12 | 南非 | 1739. 69 | 撒哈拉以南非洲 |
| 13 | 黎巴嫩 | 1321. 37 | 中东地区 |
| 14 | 菲律宾 | 1132. 76 | 远东地区 |
| 15 | 伊朗 | 1043. 34 | 中东地区 |

数据来源：UNCTAD 数据库 http：//unctad. org/en/Pages/Statistics. aspx。

　　远东地区是发展中国家中吸引外资最多的地区，它包括两个 FDI

流入最多的发展中国家或区域—中国和东盟国家。20 世纪 80 年代中期，FDI 加速进入发展中国家。中国和东盟国家因其廉价的自然资源和劳动力，以及国内经济的高速增长成为发达国家 FDI 关注的重点区域，尤其是日本，自广场协议日元升值后，日本将远东地区作为了生产和出口基地。20 世纪 90 年代后期，发展中国家对外投资开始快速扩张，这一区域成为了南南投资的重点。1980 ~ 2012 年，在吸引 FDI 年均额大于 10 亿美元的亚非发展中国家中，远东地区占据了 6 位，且中国在吸收 FDI 方面表现特别突出，2002 年中国成为了全球吸引外资最多的国家。

中东地区占有世界探明原油储量的 70% 以及世界石油出口量的 50%，[①] 石油资源是该地区吸引外资的重要因素。沙特阿拉伯、阿拉伯联合酋长国、伊朗、卡塔尔等产油国是这一区域 FDI 流入的重点国家，黎巴嫩的房地产业、银行业、旅游业也吸引了大量的本地区内的投资。然而，中东地区的 FDI 规模易受国际油价的影响，20 世纪 70 年代两次石油危机导致 20 世纪 80 年代初期该地区 FDI 规模的大幅增加，21 世纪油价持续上涨也是这一时期中东地区 FDI 增加的重要原因。

撒哈拉以南非洲地区国家众多，虽然 21 世纪这一区域投资环境有所改善，但相比其他区域，投资仍然存在着较多障碍。根据 2014 年世界银行发布的《全球营商环境报告》，营商便利性排名位于最后 50 位的国家中，35 个国家来自这一区域。因而，这一区域的 FDI 表现出高度的集中性。1980 ~ 2012 年，流入尼日利亚、南非、苏丹、刚果布的 FDI 年均规模占整个地区年均总规模的 53.14%，这些国家有着鲜明的特征：石油、矿产资源丰富或者经济发展较快。

在南亚地区，印度和巴基斯坦是最重要的 FDI 流入区域。20 世

---

① 金熙德：《日本政府开发援助》，社会科学文献出版社 2000 年版，第 223 页。

纪 90 年代以来，在激励性外资政策的驱动下，印度依靠良好的经济发展前景、巨大的市场规模以及高素质的科技人才优势吸引了美、英、德等发达国家的 FDI。巴基斯坦的投资政策较为宽松，吸引了来自阿拉伯联合酋长国、美国、英国等国家的 FDI，然而政治和安全因素依然是影响外国投资者信心的最大障碍。

撒哈拉以北非洲地区包括国家较少，即阿尔及利亚、利比亚、埃及、摩洛哥和突尼斯。这一区域 FDI 的分布相对平均，除利比亚外，其余 4 个国家吸引的 FDI 年平均规模均在 7 亿美元以上。埃及是这一地区吸收 FDI 最多的国家，良好的引资政策、丰富的自然资源及独特的地理位置是埃及吸引外资的优势，但该国的投资环境有待改善。根据 2014 年世界银行发布的《全球营商环境报告》，在全球 189 个经济体中埃及的营商便利性排名第 128 位。

中亚地区受援国包括中亚 5 国和高加索 3 国。这些国家利用外资时间较短，1991 年从苏联独立后，1992 年发达国家的直接投资才开始进入这一区域。里海和中亚地区被称为"下个世纪的战略能源基地"，能源资源是这一区域吸引外资的优势。由此中亚地区国家 FDI 分布呈现出不平衡的特征，FDI 主要流向了石油和天然气储量丰富的哈萨克斯坦和土库曼斯坦，1980 ~ 2012 年流入两国的 FDI 平均规模占这一区域 FDI 平均总规模的 75.28%。

## 第四节　援助的规模对受援国 FDI 影响的实证分析

不同援助规模条件下，国际发展援助与 FDI 关系的理论模型表明国际发展援助对 FDI 的影响存在最优援助规模。本节我们将利用 1980 ~ 2012 年 OECD DAC 成员国对亚非国家的援助样本数据，运用动态面板模型就援助规模对 FDI 的非线性影响进行实证分析。

## 一、模型设定和数据说明

### （一）模型设定

邓宁的国际生产折衷理论认为所有权优势、内部化优势以及区位（东道国）优势是导致跨国公司进行对外直接投资的三大动因。本节设定的计量模型从东道国优势角度考察国际直接投资的决定，其中将东道国接受的国际发展援助作为影响因素之一。由于本节的研究目标是检验亚非国家的双边发展援助与 FDI 是否存在非线性关系，即是亚非国家的双边发展援助对 FDI 的影响是否存在最优援助规模，所以在模型中同时设置援助和援助平方项，这一方法是自 1995 年哈吉米歇尔等（1995）[①] 用以衡量援助对经济增长的非线性效果以来，学者检验援助最优规模存在性的普遍方法（Burnside and Dollar，2000；Collier and Dollar，2002；Hansen and Tarp，2001；Lensink and White，2001）。根据以上思路，本节设定如下模型：

$$FDI_{it} = \beta_0 + \beta_1 AID_{it} + \beta_2 AID_{it}^2 + \beta_3 FDI_{it-1}$$
$$+ \sum \beta_j X_{it} + \eta_i + \gamma_t + \varepsilon_{it} \qquad (3-19)$$

其中，$FDI$ 表示外商直接投资的相对规模，用外商直接投资流量与 GDP 的比值表示。$AID$ 表示双边发展援助的相对规模，用双边发展援助净流量与 GDP 的比值表示。$X$ 表示控制变量，为影响外商直接投资的其他东道国因素。下标 $i$ 表示援助的受援国，也是 FDI 的东道国，$t$ 表示年份。$\eta_i$ 表示不随时间变化的个体效应，$\gamma_t$ 表示不随个体变化的时间效应，$\varepsilon_{it}$ 是残差项。

---

① Hadjimichael, M. T, D. Ghura, M. Muhleisen, R. Nord, E. M. Ucer., Sub – Saharan Africa：Growth, Savings and Investment, 86 – 93. Washington, DC：International Monetary Fund Occasional Paper, No. 118, 1995.

控制变量选取东道国的市场规模、贸易开放度、宏观经济稳定性及基础设施水平四个吸引国际直接投资流入的重要因素。（1）东道国巨大的市场规模以及发展潜力不仅为投资者的产品与服务提供了具有吸引力的消费市场，而且有利于投资者实现生产的规模经济。鲁特和艾哈迈德（1977）、奈（1986）、宁和列得（1995）、凯拉科普兰和萨耶克（2005）、班德亚帕德耶和尤纳斯（2011）的研究均证明人口多、经济规模大、经济增长快的东道国对市场寻求型国外投资者具有极大的吸引力。在本节模型中，用人均国民生产总值（GDPp）与经济增长率（GDPg）来代表东道国的市场规模。（2）从贸易角度，东道国贸易壁垒的高低及由此影响的贸易水平代表着其市场的开放程度。东道国贸易壁垒过高将导致母国以贸易方式进入东道国的市场成本过高甚至是限制进入，那么外商对东道国进行直接投资的驱动力增强，因而东道国的高贸易壁垒能够吸引市场寻求型直接投资。然而，外商直接投资若以出口为动机，东道国低贸易壁垒可以增强外商的出口产品竞争力（Busse and Hefeker，2007），反而更有利于吸引外商直接投资。在本节模型中以进出口总额占 GDP 的比值（OPEN）表示贸易开放度。（3）东道国的宏观经济状况不稳定会影响企业的正常经营活动，导致企业很难达到预期的经营效果和利润水平。与此同时，伴随宏观经济不稳定状况的是东道国宏观经济政策调整，政策的不稳定加剧了企业的投资风险。在本节模型中，用通货膨胀率（INF）来衡量东道国的宏观经济稳定性。（4）经济基础设施是吸引外商直接投资的硬件因素，外商在投资地进行生产活动随时需要利用交通、能源、邮电通讯设施（郭鹏辉，2009），同时完善的经济基础设施服务能够减少经营活动成本，如东道国高水平的通信基础设施及其服务不仅促进了母公司与子公司信息的快速收集与通畅交流，而且免去了外商在投资地自行建立通信设施的"先行成本"，外商也可以享受优质低成本的通信服务。在本节模型中，以每千人拥有电话线的长度（TEL）表示东道国的通信基础设施水平。

此外，外商直接投资的前期水平也是影响当期水平的重要因素。从时间维度来看，直接投资是连续性活动，因为前期投资可能作为沉没成本，而后期追加的投资将有利于降低平均成本，提高生产获利水平。从空间维度来看，外商直接投资越多的地方能进一步吸引更多的投资，因为集聚带来专业化的劳动力市场供应、中间产品的供应网络和知识外溢效应，从而产生正外部经济效益。大量研究（贺灿飞和魏后凯，2001；许罗丹和谭卫红，2003；张俊妮和陈玉宁，2006；Wheeler and Mody，1992；Head and Swenson，1995；Barry et al.，2001；Paulo Guimaracs et al.，2000；Maskusen and Markus，2002；Asiedu and Lien，2010）表明外商直接投资具有较强的集聚效应。这里用 FDI 的滞后一期 $FDI_{t-1}$ 表示聚集效应。

### (二) 数据说明

亚非国家接受国际发展援助时间较长，而亚洲地区和非洲地区是国际发展援助的主要流向区域，也是近年来 FDI 增长较快的区域。[①] 基于数据的可得性，本节选取 27 个亚洲国家[②]和 49 个非洲国家[③]1980～2012 年的相关数据为样本数据。为消除经济周期对数据

---

[①]　部分亚非国家从 20 世纪 50 年代、60 年代独立初期就开始接受西方援助。1995～2011 年 OECD DAC 成员国近 70%、中国 80% 以上的援助投向亚非国家；1995～2011 年全球 FDI 增长率为 240%，亚洲国家的 FDI 增加了 290%，非洲国家的 FDI 增长了 480%。

[②]　27 个亚洲国家是柬埔寨、中国、印度尼西亚、老挝、蒙古、菲律宾、泰国、越南、阿塞拜疆、不丹、印度、哈萨克斯坦、吉尔吉斯斯坦、尼泊尔、巴基斯坦、斯里兰卡、塔吉克斯坦、乌兹别克斯坦、约旦、黎巴嫩、也门、叙利亚、伊朗、阿曼、土库曼斯坦等。

[③]　49 个非洲国家是阿尔及利亚、埃及、利比亚、摩洛哥、突尼斯、安哥拉、贝宁、博茨瓦纳、布基纳法索、布隆迪、喀麦隆、佛得角、中非共和国、乍得、科特迪瓦、刚果金、刚果布、吉布提、赤道几内亚、厄立特里亚、埃塞俄比亚、加蓬、加纳、冈比亚、几内亚、肯尼亚、莱索托、几内亚比绍、马达加斯加、马里、毛里塔尼亚、莫桑比克、南非、苏丹、多哥、坦桑尼亚、乌干达、赞比亚、津巴布韦、埃塞俄比亚、马拉维、尼日利亚、尼日尔、纳米比亚、卢旺达、塞内加尔、塞舌尔、塞拉利昂、毛里塔尼亚。

的影响，借鉴大多数援助类文献的做法（如 Harms and Lutz，2003；Asiedu and Jin，2009；Donaubauer and Herzer，2012），将样本划分为 11 个三年期间，所有经济变量取期间的平均值，同时这一处理也构造出所需要的短面板数据。样本国家的外商直接投资的相对规模 $FDI$ 用外商直接投资流量与 $GDP$ 的比值表示，双边发展援助的相对规模 $AID$ 用双边发展援助净流量与 $GDP$ 的比值表示。外商直接投资流量数据来源于 UNCTAD 的网站 Foreign Direct Investment（FDI）子数据库，以现价现汇计，单位是百万美元；OECD DAC 成员国的双边发展援助净流量数据来源于 OECD 的 Creditor Reporting System（CRS）数据库，以现价现汇计，单位是百万美元。样本国家的国民生产总值 $GDP$（美元，现价）、人均国民生产总值 $GDPp$（美元，现价）、经济增长率 $GDPg$、贸易额占 GDP 的百分比 $OPEN$、通货膨胀率 $INF$ 以及每千人拥有电话线的长度 $TEL$ 这些数据来源于世界银行的 World Development Indicators（WDI）数据库。

## 二、动态面板模型、内生性问题与 GMM 估计方法

在本节的面板模型中，解释变量中包含了被解释变量的滞后值，属于"动态面板数据"。对于动态面板数据，即使组内估计量也是不一致的，将导致"动态面板偏差"。如本节模型（3-19），采用一阶差分方式消去个体效应后变为：

$$\Delta FDI_{it} = \beta_1 \Delta AID_{it} + \beta_2 \Delta(AID_{it}^2) + \beta_3 \Delta FDI_{it-1}$$
$$+ \sum \beta_j \Delta X_{it} + \Delta \gamma_t + \Delta \varepsilon_{it} \qquad (3-20)$$

由于 $FDI_{it-1}$ 与 $\varepsilon_{it-1}$ 相关，因而，式（3-20）中的 $\Delta FDI_{it} = FDI_{it} - FDI_{it-1}$ 与 $\Delta \varepsilon_{it} = \varepsilon_{it} - \varepsilon_{it-1}$ 相关。此外，在本节模型（3-19）中，还需要考虑解释变量援助、经济增长率及贸易比例具有内生性的可能。一方面，如埃格（2002，2005）指出，在 FDI 方程中，扰动项包含的未观测个体效应可能会影响解释变量经济增长率及贸易

水平。另外，FDI 也将影响到国际援助与经济增长率。以国际援助为例，譬如在经济金融危机时或者自然灾害过后受援国外商直接投资减少，援助国在这种情况下可能会赠予更多的援助。瑞特（2001）证明了当私人投资很少时，官方发展援助呈现上升的趋势。同时，当援助国私人向受援国进行直接投资需要利用受援国的经济基础设施及当地高技术人才时，可能会积极地向本国政府游说，对东道国投入更多的援助（Donaubauer and Nunnenkamp, 2012）。回归方程中解释变量内生性的存在将导致解释变量与扰动项相关。若回归方程中解释变量与扰动项相关，无论样本容量多大，OLS 估计量也不会收敛到真实的总体参数，这时需要使用适当的工具变量（既与内生性解释变量相关，又与扰动项不相关）进行替代才能得到一致估计。

目前估计动态面板模型参数，解决解释变量内生性问题的方法主要是 GMM 方法，包括阿雷拉诺和邦德（1991）的差分 GMM 估计、布伦德尔和邦德（1998）的系统 GMM 估计。阿雷拉诺和邦德（1991）将动态面板水平方程转化为一阶差分方程，用内生变量的一阶及高阶滞后水平变量作为差分变量的工具变量进行 GMM 估计。布伦德尔和邦德（1998）估计方法则在阿雷拉诺和邦德（1991）的基础上增加水平方程进行 GMM 估计，内生变量的水平变量用同期及滞后期差分变量作为工具变量。相比较差分 GMM 估计，系统 GMM 估计能增加工具变量的有效性，提高估计的效率，此外还能估计不随时间变化的解释变量的系数。然而使用系统 GMM 估计方法时，更需要注意工具变量的数量。哈恩和豪斯曼（2002）、鲁德曼（2009）指出，随着样本时间维度的增加，工具变量的数量也相应增加，当它超过一定界限时，系统 GMM 估计量不再一致。基本准则是工具变量的数量不能超过样本个体数量。本节采用的样本个体多达 72 个、时间只有 11 段，是典型的短面板数据，因而适合采用系统 GMM 方法估计参数。

## 三、模型估计及结果分析

表 3 – 4 解释变量间的相关系数显示，人均国内生产总值（GDPp）与每千人拥有电话线的长度（TEL）相关系数较高，为缓解由多重共线性带来的参数估计及显著性偏差，剔除变量 GDPp，仅用经济增长率（GDPg）来代表东道国的市场规模。事实上，本书选取的样本国家多数是小国，小国没有庞大的市场规模禀赋，因而经济增长表现出来的市场潜力更可能吸引外商，以经济增长率（GDPg）代表影响外商直接投资的市场规模因素更为合适。

表 3 – 4 解释变量间的相关系数

| | AID | AID² | lnGDPp | GDPg | OPEN | lnTEL | INF |
|---|---|---|---|---|---|---|---|
| AID | 1 | | | | | | |
| AID² | 0.8915 | 1 | | | | | |
| lnGDPp | – 0.3119 | – 0.2233 | 1 | | | | |
| GDPg | – 0.0753 | – 0.0638 | 0.1595 | 1 | | | |
| OPEN | – 0.0630 | – 0.0357 | 0.3231 | 0.1715 | 1 | | |
| lnTEL | – 0.2282 | – 0.1467 | 0.7622 | 0.0718 | 0.2799 | 1 | |
| INF | – 0.0353 | – 0.0184 | – 0.0660 | – 0.2177 | 0.0030 | – 0.0184 | 1 |

表 3 –5 显示，流入亚洲国家和非洲国家的 FDI 相对规模水平相当，并且都表现出国家之间和年份之间的较大差异，尤其是年份之间，[①] 这与 20 世纪 90 年代冷战结束后，跨国公司的迅速发展与经济全球化的环境密切相关，多数发展中国家逐渐开放国内市场，90 年代中后期流入发展中国家的国际直接投资快速增加。流入亚洲国家和非洲国家的援助相对规模水平差距很大，以 GDP 为衡量

① 1996～2012 年的 FDI 数据，所有样本组间标准差为 2.754732，组内标准差为 3.944713；亚洲国家样本组间标准差为 2.671738，组内标准差为 3.530392；非洲国家样本组间标准差为 2.821685，组内标准差为 4.136357。

标准，亚洲国家接受的国际援助远远少于非洲国家。与 FDI 的情形相同，亚洲国家和非洲国家接受的国际援助规模在国家之间和年份之间存在较大差异，不过更多地体现在国家之间，① 根据援助的分配理论，这与受援国对援助的需求差异有关，也和援助国的国别援助策略相关。其他指标的基本情况如表 3－5 所示。

表 3－5　　　　　　　　　数据基本统计描述

| 变量 | 单位 | 样本 | 中值 | 标准差 | 最小值 | 最大值 |
|---|---|---|---|---|---|---|
| FDI | % | 亚非国家 | 2.901981 | 4.765696 | －8.397725 | 48.31834 |
| | | 亚洲国家 | 2.907549 | 4.326031 | －4.423862 | 40.5451 |
| | | 非洲国家 | 2.899244 | 4.971489 | －8.397725 | 48.31834 |
| AID | % | 亚非国家 | 5.090257 | 5.711131 | －0.1913316 | 41.71122 |
| | | 亚洲国家 | 2.236949 | 2.907728 | －0.1913316 | 17.80631 |
| | | 非洲国家 | 6.527843 | 6.216903 | －0.0206345 | 41.71122 |
| lnGDPp | 美元 | 亚非国家 | 6.603551 | 1.058222 | 4.671637 | 10.00145 |
| | | 亚洲国家 | 6.888458 | 1.041467 | 4.724894 | 10.00145 |
| | | 非洲国家 | 6.458124 | 1.037876 | 4.671637 | 9.930281 |
| GDPg | % | 亚非国家 | 4.144375 | 4.669545 | －22.23333 | 38.19747 |
| | | 亚洲国家 | 5.013034 | 5.117741 | －22.23333 | 23.7 |
| | | 非洲国家 | 3.694206 | 4.356893 | －17.49468 | 38.19747 |
| OPEN | % | 亚非国家 | 73.47297 | 36.82387 | 11.34016 | 230.4142 |
| | | 亚洲国家 | 76.80404 | 38.68288 | 11.45425 | 215.8233 |
| | | 非洲国家 | 71.77214 | 35.75614 | 11.34016 | 230.4142 |
| lnTEL | | 亚非国家 | 1.09557 | 0.9148033 | 0.0128534 | 3.611189 |
| | | 亚洲国家 | 1.632515 | 0.9306486 | 0.0292348 | 3.611189 |
| | | 非洲国家 | 0.799498 | 0.7584443 | 0.0128534 | 3.409696 |
| INF | % | 亚非国家 | 46.53351 | 417.2523 | －14.7043 | 10834.3 |
| | | 亚洲国家 | 49.63525 | 211.407 | －5.076441 | 2022.424 |
| | | 非洲国家 | 44.89565 | 492.5886 | －14.7043 | 10834.3 |

① 1996～2012 年的 AID 数据，所有样本组间标准差为 4.43147，组内标准差为 3.609428；亚洲国家样本组间标准差为 2.296823，组内标准差为 1.81363；非洲国家样本组间标准差为 4.607923，组内标准差为 4.236788。

根据前文的分析，本节模型将被解释变量 *FDI* 的滞后一期作为解释变量，将 *AID*、*AID*$^2$、*GDPg*、*OPEN* 设定为内生变量，其他解释变量设定为外生变量，运用系统 GMM 方法估计参数，为使参数更加精确，采用两步估计量。

系统 GMM 方程包括差分 GMM 方程和水平 GMM 方程，差分 GMM 能够成立的前提条件是扰动项不存在二阶或更高阶自相关；系统 GMM 使用工具变量来代替内生变量，该方法的效果很大程度上取决于工具变量的有效性。所以运用系统 GMM 方法估计参数需要进行扰动项差分的一阶与二阶（或更高阶）自相关检验与工具变量有效性的过度识别检验。利用 Stata12.0 对模型（3 - 19）进行系统 GMM 估计及相应的检验得出以下结果（见表 3 - 6）：

表 3 - 6　　　　　　　模型（3 - 19）估计结果

| 解释变量 | 所有样本 | 亚洲 | 非洲 |
|---|---|---|---|
| *C* | - 2. 176648 *** <br> (0. 1322199) | - 2. 741838 *** <br> (0. 6019163) | - 3. 915587 *** <br> (0. 1967346) |
| *FDIt - 1* | 0. 3195309 *** <br> (0. 0034239) | 0. 6131879 *** <br> (0. 0090681) | 0. 2707481 *** <br> (0. 0075009) |
| *AID* | 0. 3643503 *** <br> (0. 0097342) | 0. 3955326 *** <br> (0. 016217) | 0. 3431041 *** <br> (0. 0142861) |
| *AID*$^2$ | - 0. 0284648 *** <br> (0. 0002164) | - 0. 0238272 *** <br> (0. 000299) | - 0. 0365004 *** <br> (0. 0003572) |
| *GDPg* | 0. 2490429 *** <br> (0. 0048441) | 0. 0743463 *** <br> (0. 0052119) | 0. 2054292 *** <br> (0. 0086146) |
| *OPEN* | 0. 0603466 *** <br> (0. 0056863) | 0. 0351776 <br> (0. 0072369) | 0. 0760155 *** <br> (0. 0019225) |
| ln*TEL* | 0. 3942236 *** <br> (0. 0504387) | 0. 140705 * <br> (0. 0247432) | 0. 725806 *** <br> (0. 0809875) |
| *INF* | 0. 000048 <br> (0. 00004272) | 0. 0094846 <br> (0. 0000677) | 0. 0001249 <br> (0. 0000135) |

| 过度识别检验 | | | |
|---|---|---|---|
| chi2 统计量 | 70. 09297 | 21. 54177 | 44. 31553 |
| $p$ 值 | 1. 0000 | 1. 0000 | 1. 0000 |
| 自相关检验 | | | |
| 一阶 | − 2. 5996<br>(0. 0093) | − 2. 4945<br>(0. 0124) | − 2. 3415<br>(0. 0192) |
| 二阶 | 0. 26152<br>(0. 7937) | − 1. 4686<br>(0. 1419) | 0. 41309<br>(0. 6795) |

注：系数下方的括号内为标准差。*** 表示在 1% 的临界值条件下显著，** 表示在 5% 临界值条件下显著，* 表示在 10% 临界值条件下显著。扰动项自相关检验包括一阶与二阶检验，上面一行是 $z$ 统计量，其下方括号内是 $P$ 值。

　　无论是 27 个亚洲国家样本、49 个非洲国家样本，还是 76 个亚非国家样本，扰动项差分的二阶自相关检验的 $p$ 值均大于 0.1，所以接受"扰动项差分的二阶自相关系数为零的原假设"。扰动项差分不存在二阶自相关，模型可以使用系统 GMM 方法进行参数估计。过度识别检验的 $p$ 值均为 1，说明可以接受"所有工具变量都有效"的原假设，那么系统 GMM 的参数估计结果是有效率的。

　　解释变量 $AID$、$AID^2$ 的系数 $t$ 检验的 $p$ 值均小于 0.01，表明它们对被解释变量 FDI 的影响在 1% 的临界值条件下是显著的。无论使用 27 个亚洲国家样本、49 个非洲国家样本，还是 76 个亚非国家样本进行估计，$AID$ 的系数均为正，$AID^2$ 的系数均为负。由于 $\partial FDI / \partial AID = \beta_1 + 2\beta_2 AID$，$\beta_1 > 0$，$\beta_2 < 0$，所以伴随着援助规模的增加，援助对 FDI 的促进效果最终将达到最大值，即存在最优援助规模。若以 79 个亚非样本国家进行估计，国际发展援助净流量占 GDP 的 6.4% 为最优援助规模，而 27 个亚洲国家样本的估计结果表明当国际发展援助净流量占 GDP 的 8.3% 时，援助对 FDI 的促进效果将达到最大，49 个非洲国家样本估计的最优援助规模为 4.7%。因而，以促进 FDI 为衡量标准，亚洲国家的最优援助规模要比非洲国家大，这不仅与亚洲国家、非洲国家的社会经济发展状

况有关，同时也因为一些非洲国家对援助产生依赖思想，而亚洲国家更多地能够借助援助实现自我发展，如中国接受的国际援助项目基本与中国的"国民经济与社会发展五年规划"目标保持一致。

$FDI_{t-1}$ 系数及 $t$ 检验结果表明，在这 76 个样本亚非国家，集聚效应对外商直接投资规模产生了较强的增加效果，前期外商直接投资占 GDP 的比例增加 1%，能够促进当期外商直接投资占 GDP 的比例增加 0.25% 以上，尤其是在亚洲，这一促进效应达到 0.61%。

其他控制变量估计结果如下：无论使用 27 个亚洲国家样本、49 个非洲国家样本，还是 76 个亚非国家样本，$GDPg$ 的系数均显著为正，说明对于这些样本亚非国家而言，经济增长越快，越能被外商视为具有潜力的市场，越能吸引外商直接投资。这一结论与鲁特和艾哈迈德（1977）、奈（1986）、宁和列得（1995）、凯拉科普兰和萨耶克（2005）、班德亚帕耶和尤纳斯（2011）的结论一致。$OPEN$ 的系数也都为正，依据布斯和赫菲克（2007）的理论，这些样本亚非国家的外商直接投资者更多地是利用东道国的低成本自然资源或劳动力进行生产，然后出口。$\ln TEL$ 的系数显著为正且相对较大，说明这些样本亚非国家的基础设施完善与否对外商直接投资的流入具有较大的决定作用。$INF$ 的系数并不显著，说明这些样本亚非国家的通货膨胀率不是影响外商直接投资的重要因素。

## 四、区分受援国不同的制度水平

在国际发展援助效果的研究中，多数学者将受援国制度水平作为国际发展援助影响经济增长的重要因素。一些文献证实了受援国的制度水平越高，国际发展援助对经济增长的效果越好，相应地，最优援助规模越大（Burnside and Dollar，1997，2000，2004；Collier and Dehn，2001；Collier and Dollar，2002；Chauvet and Guillaumont，2002；Collier and Hoeffler，2004：1133）。本节沿袭前人的思路，检验亚非国家双边发展援助对 FDI 影响的最优援助规模是否因受援国制度水平的差异而不同。

## （一）制度变量选取及解析

目前，国际上比较权威的国家制度数据来自于世界银行。1996年，凯拉科普兰、马斯特鲁济等学者在世界银行的支持下，使用上百个具体指标构建了国家制度综合指标，使用 18 个不同机构的 25 个独立数据资源对全世界 199 个国家的制度水平进行评分，由此创建了世界银行 WGI 数据库。凯拉科普兰等（2005）、哈姆和卢茨（2003，2006）、基穆拉（2009）在研究国际援助、制度与 FDI 关系时，受援国制度数据均来自这一数据库或凯拉科普兰等（1999，2003）。

世界银行 WGI 数据库对国家制度水平的评价从六个维度进行：公众参与度、政治稳定性、政府效率、政策质量、法律环境和腐败程度。公众参与度（VAA）代表公众参与政府官员选举的程度，政治稳定性（PAV）衡量在位者政权不稳定性或以暴力、恐怖方式被推翻的可能性，两者反映当权者是如何产生及更新换代的。政府效率（GTE）是公共产品质量、政府机构质量、官员胜任度和政府公信力的综合测度，政策质量（RYQ）衡量政策是否支持自由市场、便利企业运行，两者反映政府制定、执行良好政策及提供公共产品的能力。法律环境（ROL）是犯罪率、司法效率和契约执行力的综合测度，它与腐败程度（COC）反映公民与政府机构对制度的遵守程度。

## （二）包含制度变量的模型

为了检验受援国制度水平是否影响援助对 FDI 的效果，在模型（3 - 19）的基础上增加援助与制度变量的交叉项，得出如下模型：

$$FDI_{it} = \beta_0 + \beta_1 AID_{it} + \beta_2 AID_{it}^2 + \beta_3 FDI_{it-1} + \beta_4 AID_{it} \times GOV_{it}$$
$$+ \sum \beta_j X_{it} + \eta_i + \gamma_t + \varepsilon_{it} \qquad (3 - 21)$$

其中，*GOV* 是受援国（东道国）制度水平的统一代表，具体包括公众参与度、政治稳定性、政府效率、政策质量、法律环境和腐败程度，分别用 *VAA*、*PAV*、*GTE*、*RYQ*、*ROL*、*COC* 表示。

制度变量数据来源于世界银行的 Worldwide Governance Indicators（WGI）数据库，数值范围是 $-2.5 \sim 2.5$ 分。为保证数据为正值，在原始数据基础上加 3，处理后数值范围是 $0 \sim 5.5$ 分，分数越高，表明制度水平越高。由于 WGI 数据库的制度变量数据始于 1996 年，所以选取 27 个亚洲国家和 49 个非洲国家 1996 ~ 2012 年的相关数据为样本数据。为消除经济周期对数据的影响，将样本平均划分为 7 个期间，所有经济变量取期间的平均值。

### （三）模型估计及结果分析

将表 3 - 7 与表 3 - 5 比较发现，1996 ~ 2012 年流入亚洲国家和非洲国家的 FDI 相对规模平均水平明显大于 1980 ~ 2012 年的平均水平，1980 ~ 2012 年期间的 FDI 相对规模数据的中值为 2.901981%，1996 ~ 2012 年期间上升至 4.224192%。流入亚洲国家和非洲国家的援助相对规模呈现与 FDI 相反的特征，其中值由 1980 ~ 2012 年期间的 5.090257% 下降至 1996 ~ 2012 年期间的 4.309297%，这是因为 20 世纪 90 年代 FDI 开始加速流入发展中国家，而国际援助在这一时期却处于"疲劳"期。从六个衡量国家制度水平的变量数据特征来看，亚非国家在这六个方面平均得分相当，在民主和公众参与度方面稍显逊色，在政府效率方面得分略微高一些。较大的标准差仍反映出在各个制度变量水平方面的差异性（在政治稳定性方面的差异表现突出），这一差异主要来自于组间，也即是国家之间。[①] 其他指标的基

----

① 1996 ~ 2012 年的各个制度变量（以 *VAA*、*PAV*、*GTE*、*RYQ*、*ROL*、*COC* 为顺序）数据，所有样本组间标准差依次为 0.6517812、0.7769608、0.648497、0.5823143、0.6061216、0.527237，组内标准差依次为 0.2120168、0.314573、0.1768432、0.1989821、0.1744415、0.2082397。

本情况如表 3 - 7 所示。

表 3 - 7　　　　　　　　　数据基本统计描述

| 变量 | 单位 | 中值 | 标准差 | 最小值 | 最大值 |
|---|---|---|---|---|---|
| *FDI* | % | 4. 2241920 | 5. 6825710 | - 7. 0403030 | 48. 3183400 |
| *AID* | % | 4. 3092970 | 4. 6928670 | - 0. 1900000 | 32. 7500000 |
| *VAA* | 分 | 2. 2880740 | 0. 6819835 | 0. 8438032 | 4. 0091620 |
| *PAV* | 分 | 2. 4587370 | 0. 8342605 | 0. 1700950 | 4. 0877490 |
| *GTE* | 分 | 2. 4676940 | 0. 6688254 | 1. 0326650 | 5. 0446700 |
| *RYQ* | 分 | 2. 4136520 | 0. 6123377 | 0. 7385225 | 3. 8683830 |
| *ROL* | 分 | 2. 3960070 | 0. 6275158 | 0. 9223609 | 4. 0328530 |
| *COC* | 分 | 2. 4346800 | 0. 5627195 | 0. 9425430 | 3. 9774770 |
| ln*GDPp* | 美元 | 6. 8022380 | 1. 1265280 | 4. 6716370 | 10. 0014500 |
| *GDPg* | % | 5. 0014630 | 4. 1559880 | - 9. 1333330 | 38. 1974700 |
| *OPEN* | % | 79. 9536400 | 37. 6245900 | 18. 6124000 | 230. 4142000 |
| ln*TEL* |  | 1. 3500560 | 0. 9665740 | 0. 0177467 | 3. 6111890 |
| *INF* | % | 20. 8400000 | 123. 3967000 | - 6. 6385570 | 2463. 0170000 |

　　我们将被解释变量 FDI 的滞后一期作为解释变量，将 *AID*、$AID^2$、$AID \times GOV$、*GDPg*、*OPEN* 设定为内生变量，其他解释变量设定为外生变量，运用系统 GMM 方法、采用两步估计量对参数进行估计，Stata12. 0 对模型（3 - 21）的估计结果以及自相关检验、过度识别检验结果如表 3 - 8 所示：

表 3 - 8　　　　　　　　　模型（3 - 21）估计结果

| 解释变量 |  | *VAA* | *PAV* | *GTE* | *RYQ* | *ROL* | *COC* |
|---|---|---|---|---|---|---|---|
| *C* | - 2. 2936<br>(0. 000) | - 2. 6675<br>(0. 000) | - 2. 7220<br>(0. 000) | - 3. 4933<br>(0. 000) | - 2. 7686<br>(0. 000) | - 3. 0975<br>(0. 000) | - 2. 5063<br>(0. 000) |
| *FDIt* - 1 | 0. 4071<br>(0. 000) | 0. 3897<br>(0. 000) | 0. 3729<br>(0. 000) | 0. 3173<br>(0. 000) | 0. 3789<br>(0. 000) | 0. 3878<br>(0. 000) | 0. 3764<br>(0. 000) |
| *AID* | 0. 3334<br>(0. 000) | 1. 2377<br>(0. 000) | 0. 2636<br>(0. 003) | 0. 2893<br>(0. 000) | 1. 3035<br>(0. 000) | 0. 2305<br>(0. 000) | 0. 2270<br>(0. 000) |

续表

| 解释变量 | VAA | PAV | GTE | RYQ | ROL | COC | |
|---|---|---|---|---|---|---|---|
| $AID^2$ | - 0.0267<br>(0.000) | - 0.0648<br>(0.019) | - 0.0504<br>(0.000) | - 0.0471<br>(0.045) | - 0.0651<br>(0.000) | - 0.0396<br>(0.000) | - 0.0453<br>(0.000) |
| $AID \times GOV$ | | - 0.1352<br>(0.1530) | 0.2509<br>(0.0000) | 0.2060<br>(0.0000) | - 0.1719<br>(0.0000) | 0.2395<br>(0.1930) | 0.2133<br>(0.0000) |
| GDPg | 0.0284<br>(0.1430) | 0.0416<br>(0.0000) | 0.1198<br>(0.0000) | 0.2222<br>(0.0000) | 0.0383<br>(0.0000) | 0.0652<br>(0.0000) | 0.0319<br>(0.0270) |
| OPEN | 0.0550<br>(0.0000) | 0.0659<br>(0.0000) | 0.0576<br>(0.0000) | 0.0621<br>(0.0000) | 0.0571<br>(0.0000) | 0.0629<br>(0.0000) | 0.0586<br>(0.0000) |
| lnTEL | 0.1299<br>(0.0000) | 0.1589<br>(0.0000) | 0.5006<br>(0.0000) | 0.6989<br>(0.0000) | 0.1393<br>(0.0000) | 0.1333<br>(0.0000) | 0.1711<br>(0.0000) |
| INF | 0.0185<br>(0.1510) | 0.0231<br>(0.1020) | 0.0219<br>(0.1060) | 0.0228<br>(0.1750) | 0.0232<br>(0.1930) | 0.0248<br>(0.1420) | 0.0227<br>(0.1100) |
| 过度识别检验 | | | | | | | |
| chi2<br>统计量 | 49.6284 | 62.6307 | 58.3483 | 58.5077 | 58.3184 | 60.1359 | 62.5533 |
| P 值 | 0.4882 | 0.3831 | 0.5363 | 0.5304 | 0.5374 | 0.4708 | 0.3857 |
| 自相关检验 | | | | | | | |
| 一阶 | - 2.8770<br>(0.0040) | - 2.7844<br>(0.0054) | - 2.8233<br>(0.0048) | - 2.7858<br>(0.0052) | - 2.8910<br>(0.0038) | - 2.8381<br>(0.0046) | - 2.866<br>(0.0042) |
| 二阶 | - 0.6746<br>(0.4999) | - 0.9355<br>(0.3495) | - 0.6146<br>(0.5388) | - 0.5763<br>(0.5644) | - 0.8592<br>(0.3902) | - 0.7641<br>(0.4448) | - 0.8063<br>(0.4201) |

注：VAA、PAV、GTE、RYQ、ROL、COC 所在列分别表示 $AID \times GOV$ 中 GOV 取 VAA、PAV、GTE、RYQ、ROL、COC 时所得方程的估计结果。系数下方的括号内为 $t$ 检验的 $p$ 值。扰动项自相关检验包括一阶与二阶检验，上面一行是 $z$ 统计量，其下方的括号内是 $P$ 值。

表 3-8 中扰动项的差分自相关检验结果显示，无论是不包括制度变量还是包括任一制度变量的样本，扰动项差分的二阶自相关检验的 $p$ 值均大于 0.1，所以接受"扰动项差分的二阶自相关系数为零的原假设"。扰动项差分不存在二阶自相关，模型可以使用系统 GMM 方法进行参数估计。过度识别检验的 $p$ 值均大于 0.1，说明可以接受"所有工具变量都有效"的原假设，那么系统 GMM 的

参数估计结果是有效率的。

根据表 3 - 8 中 $AID$、$AID^2$ 的系数计算可得，使用 1996 ~ 2012 年 79 个亚非样本国家估计，国际发展援助净流量占 GDP 的 7.6% 时，国际发展援助对 FDI 的促进效果达到最大。当分别引入援助与六个制度变量的交叉项后，$AID \times PAV$、$AID \times GTE$、$AID \times COC$ 的系数显著为正，根据 $\partial FDI/\partial AID = \beta_1 + 2\beta_2 AID + \beta_4 GOV$ 可得，$PAV$、$GTE$、$COC$ 三个制度变量平均每提高 1 分，以促进 FDI 为衡量标准，最优援助规模将分别提高 2.4%、2.1%、2.3%。说明若受援国政权稳定、政府工作高效、腐败控制得当，这些制度环境有助于提高援助的效率。一方面，使援助缓解受援国资金、技术、人才及基础设施瓶颈的功效得以更好地发挥；另一方面，这些制度环境有助于减少援助带来的非生产性活动，两者共同促使受援国在更大援助规模上形成对 FDI 的促进效果。$AID \times RYQ$ 的系数为 - 0.1719232 且在 1% 的水平下显著，$RYQ$ 制度变量平均每下降 1 分，最优援助规模上升 1.3%。这一结论与哈姆和卢茨（2003，2006）的研究结果一致，他们的解释是在政府干预过度、企业运行障碍重重的受援国，私人投资发育不良，公共产品作为资本的补充要素完全由政府提供，国际发展援助能够帮助受援国政府更好地承担这一责任，为私人资本提供数量更多质量更好的公共基础设施及服务，从而吸引外国私人资本的流入。当然，接受援助也意味着向外资打开了大门，所以在存在政府干预和企业运行障碍的受援国，国际发展援助对外国私人资本的促进作用更加明显。$AID \times VAA$、$AID \times ROL$ 的系数不显著，说明民主与法制从统计上并未显示对最优援助规模的影响。

# 本 章 小 结

本章研究了援助的规模对受援国 FDI 的影响。首先，对不同援助规模条件下，援助的效果及带来的区位优势进行分析。在此基础上，建立不同规模的国际发展援助与 FDI 关系的理论模型。其次，从时间趋势及次区域分布两个方面，对亚非国家接受的国际发展援助及 FDI 的规模进行分析。最后，以 OECD DAC 成员国对亚非国家的援助为样本，就援助的规模对 FDI 的非线性影响进行实证分析，并选用世界银行 WGI 数据库六个国家制度变量，区分不同制度变量下的效果差异，得到以下结论：

（1）将援助的吸收能力界定为边际收益为最低收益时的国际援助规模。由于受到受援国自身条件、援助需求的有限性及援助供给成本的影响，受援国存在对援助的有限吸收。选用包含非贸易品投入的生产函数，从提供非贸易品和影响全要素生产率两个角度进行的理论分析表明，当援助规模处于吸收能力范围内，贸易品生产者可以得到援助通过增加非贸易品投入带来的所有好处，援助对 FDI 表现出极强的正效果。当援助规模超过吸收能力后，一方面，国际援助中非生产性活动比例的增加不断地挤出投入非贸易品的援助；另一方面，贸易品的全要素生产率持续下降，援助对 FDI 的负效果显现并不断加强，最终超过援助通过增加非贸易品投入带来的正效果。

（2）亚非国家接受的国际发展援助表现为 20 世纪 80 年代的持续上升阶段、20 世纪 90 年代的下降阶段及 21 世纪的调整上升阶段。撒哈拉以南非洲地区接受的国际发展援助规模最大，其次是远东地区、南亚地区和中东地区，最后是撒哈拉以北非洲地区和中亚地区。从时间趋势看，亚非国家的 FDI 表现出 20 世纪 80 年代稳中略升、20 世纪 90 年代持续上升、21 世纪曲折中上升的阶段性特征；从区域分布看，远东地区吸引的 FDI 最多，其次是中东地区，最后是撒哈拉以南非洲地区、撒哈拉以北非洲地区、南亚地区和中亚地区。

（3）运用 OECD DAC 成员国对亚非国家的援助样本数据的实

证结果显示，国际发展援助对 FDI 的促进效果受援助规模的影响，当援助规模为国际发展援助净流量占 GDP 的 6.4% 时，援助对 FDI 的正向效果达到最大。单独以亚洲国家或非洲国家为样本，这一最优援助规模分别为 8.3% 和 4.7%。在模型中援助与各个制度变量交叉项的检验结果表明，受援国的政治稳定性、政府效率、腐败控制三个制度变量与最优援助规模存在正向关系，政策质量制度变量对最优援助规模产生负向影响，受援国的民主程度高低、法律环境好坏并不影响援助对 FDI 的非线性效果。

# 第四章

## 国际发展援助的结构对受援国 FDI 的影响

将援助结构界定为援助部门的组成，援助机构为不同部门的援助制订了不同的具体目标，意味着不同部门的援助将创造不同的产出、产生不同的效果。这一效果差异为受援国带来不同的区位优势，对受援国的生产活动产生不同影响，最终影响受援国的 FDI。本章安排如下：首先，对主要援助部门的产出或效果及对区位优势的影响进行分析。在此基础上，建立部门援助与 FDI 之间联系的理论模型。其次，对亚非国家接受的国际发展援助的结构及其变化进行分析。最后，以 OECD、DAC 成员国对亚非国家的援助为样本，就各部门援助对 FDI 的影响进行了实证分析。

### 第一节　援助的结构、援助的效果与区位优势

#### 一、援助结构的界定

援助结构通常是指援助根据特定的标准进行分类后的组成。在有关援助效果的研究中，一般划分如下：一是双边援助与多边援助，理由是双边援助更多地附带着援助国的利益，多边援助更加关

注受援国的需求。二是赠款与贷款，依此划分的原因表现在两个方面，从援助方来看，相比较贷款，赠款更难获得国内纳税人的通过，所以通常附加限制条件；从接受方来看，贷款有还贷压力，受援国更加重视它的使用效率。

在有关援助与 FDI 关系的文献中，研究者更多地关注援助的部门，尤其是基础设施及服务部门援助，他们认为，经济基础设施及服务部门和社会基础设施及服务部门援助为 FDI 提供了必要的软件和硬件（Kapfer et al.，2007；Hien，2008；Bhavan，2011；Donaubauer et al.，2012）。塞拉亚等（2008）和哈万（2011）分别对 1970～2001 年期间 84 个国家和 1982～1995 年期间南亚四国（巴基斯坦、印度、孟加拉国和斯里兰卡）的基础设施及服务部门援助和生产部门援助对 FDI 的影响进行了研究。[1][2] 卡普弗等（2007）和轩（2008）重点分析经济基础设施及服务部门对 FDI 的影响。[3][4] 多纳鲍尔等（2012）则对 1984～2008 年投入到 21 个拉丁美洲国家的教育部门援助对流入这些国家的 FDI 的影响进行了实证研究。[5]

本书依据援助的部门作为划分标准来界定援助的结构，采用经合组织发展援助委员会的部门分类。根据该组织的部门划分标准，官方发展援助分为经济基础设施及服务部门援助、社会基础设施及

---

① Selaya P.，Sunesen E. R.，Does Foreign Aid Increase Foreign Direct Investment? Discussion Papers，No. 08 - 04，2008.

② Bhavan T，Xu C，Zhong C，The Relationship between Foreign Aid and FDI in South Asian Economies，International Journal of Economics and Finance. Vol. 3，No. 2，2011，pp. 143 - 149.

③ Kapfer S，Nielsen R，Nielson D，If You Build It，Will They Come? Foreign Aid's Effects on Foreign Direct Investment. Paper prepared for the 65th MPSA National Conference，2007.

④ Hien P. T.，The Effects of ODA in Infrastructure on FDI Inflows in Provinces of Vietnam 2002 - 2004. VDF Working Paper，No. 089，2008.

⑤ Julian Donaubauer，Dierk Herzer，Peter Nunnenkamp，Does Aid for Education Attract Foreign Investors? An Empirical Analysis for Latin America，Kiel Working Paper，No. 1806，November 2012，pp. 1 - 31.

服务部门援助、生产部门援助、一般预算援助、债务援助、人道主义援助、援助机构管理成本、对在援助国内部的难民援助和其他未分类援助。其中，经济基础设施及服务部门援助、社会基础设施及服务部门援助、生产部门援助是官方发展援助的主体部分，除这三大部门外，则以一般预算援助和债务援助为主。1995～2012 年，在包括以 OECD DAC 成员国为主的双边援助机构和国际多边援助机构向发展中国家提供的官方发展援助中，社会基础设施及服务部门援助占 36.52%，经济基础设施及服务部门援助占 16.7%、生产部门援助占 8.31%、一般预算援助和债务援助占 13.5%，这五个部门的援助占所有部门援助总和的 75%。

## 二、主要部门援助、援助的产出或效果与区位优势

国际发展援助是以促进发展中国家经济发展和增进社会福利为最终目标的，围绕着最终目标，援助机构为不同部门的援助制订了不同的具体目标，如教育部门援助以普及中小学教育、扫除文盲，发展高等教育和职业教育、培养人力资源为目标；环境部门援助以确保环境的可持续能力和全球合作为目标；交通和通信部门援助以为生产经营活动提供便利的基础设施为目的；粮食援助以粮食为手段帮助受援国达到生产自救和粮食自给。这意味着不同部门的援助投入将创造不同的产出，产生不同的效果，相应地，对受援国区位优势也会产生不同的影响。下文将依次对经济基础设施及服务部门援助、社会基础设施及服务部门援助、一般预算援助和债务减免的目标、产出或效果、形成的区位优势进行分析。

### （一）经济基础设施及服务部门援助

根据 OECD DAC 的界定，经济基础设施及服务部门援助的目标是援助受援国建立用于经济生产的永久性的工程建筑、购买相应的

设备以及设施、获得相应的服务。该援助部门包括交通运输行业、通信行业、能源行业、银行及金融服务、商业及其他服务。

经济基础设施如道路、大坝、通信网络等的建设多数属于初始投资巨大、回收期长的资本密集型项目，而建成后由它们提供的服务又具有非排他性、非竞争性，从而导致市场失灵，所以经济基础设施的建设及服务基本上是由政府提供的。在经济"起飞"前阶段，由于发展中国家缺乏经济基础，导致税收收入有限，无法承担过多的经济基础设施及服务供应。国际发展援助作为国际组织或发达国家提供给发展中国家用以促进经济发展的优惠贷款和赠款，成为受援国基础设施投资良好的外部资金来源。发展中国家的经济基础设施及服务部门吸收了较多的援助，根据 OECD 数据统计，1967年以来，发展中国家共接受来自以 OECD DAC 成员国为主的双边援助机构和国际多边援助机构的经济基础设施及服务部门援助5249.21 亿美元。尤其是在 20 世纪 80 年代以前，"大推进""经济起飞"等理论指导下的国际援助实践，以经济基础设施及服务部门援助和生产部门援助为主。总体来看，经济基础设施部门援助能够较好地保证其产出效益、实现其预期目标（Selaya et al.，2008；Kapfer et al.，2007；Hien，2008）。一方面，基础设施援助通常是捆绑性项目援助，不易挪作他用，且基础设施产出有形易于监测评估；另一方面，基础设施援助既能使受援国少数精英团体受益，也能使广大民众受益，相比行政成本较高的结构调整贷款，受援国政府更乐意接受。

经济基础设施及服务水平的提升将增加受援国的区位优势。首先，经济基础设施及服务作为生产资本的补充要素，为生产资本的运作提供了必要的支持（Selaya et al.，2008；Serven，2010；Dethier et al.，2010）。企业进行生产活动随时需要利用交通、能源、邮电通信等基础设施及服务。早在 20 世纪 40 年代，罗丹、纳克斯和罗斯托等发展经济学家对包括交通在内的基础设施与经济增长的关系给予了肯定，他们认为交通等基础设施是一种社会先行资本，必须优先发展。康宁和内森（1999）通过比较电力行业和交通行业投入对总产出的效率与建设成本，测算了两个行业投入的社会回报率，发现两个经济基础设施行业投入均显著地补充了物质资本和人力资本。[1] 其次，完善的基础设施及高质量的服务能够减少投资者的生产经营成本，使资本的投入更加有效率。[2] 例如，产品的原材料或中间投入品可能来自区域外，又或者最终成品需要销往区域外甚至境外，那么完善的交通基础设施网络可以提高区域之间商品流动的效率、降低物流成本；先进的通信基础设施还可以促进信息的快速通畅交流、降低信息收集的成本。最后，经济基础设施行业都不同程度地存在着规模经济，存在着建造者与非建造者之间的利益溢出性。完备的基础设施还可能导致生产要素聚集，从而进一步强化正外部性溢出效应，在惠勒和莫迪（1992）、贺灿飞和魏后凯（2001）、金相郁和朴英姬（2006），以及曾国军（2005）的研究中直接将基础设施水平作为集聚经济的表现之一。[3][4] 据对全球最有影响的欧美173家电子公司的调查，选择境外投资地点的五个最重要的条件依次排列为：劳动力素质（77%）、电信设施（76%）、接近主要市场（70%）、总体经济环境（70%）、运输设施（68%），五项因素中与经济基础设施相关的因素占了两项。[5] 大量的实证研究也

[1] The Social Rate of Return on Infrastructure Investments. The World Bank Policy Research Working Papers RPO 68-89, November 1999.

[2] Agenor, Pierre-Richard, Joshua Aizenman, Public Capital and the Big Push. work in progress, University of Manchester, 2006, pp. 10.

[3] Wheeler, David, Mody, Ashoka, International investment location decisions: The case of U.S.. Journal of International Economics (Amsterdam), Vol. 33, No. 1-2, 1992. pp. 57-76.

[4] 贺灿飞、魏后凯：《信息成本、集聚经济与中国外商投资区位》，载《中国工业经济》2001年第9期；金相郁、朴英姬：《中国外商直接投资的区位决定因素分析：城市数据》，载《南开经济研究》2006年第2期；曾国军：《外商直接投资在华区位选择的影响因素研究》，载《学术研究》2005年第11期。

[5] 唐建新、杨军：《基础设施与经济发展》，武汉大学出版社2003年版，第78页。

表明，东道国高水平的经济基础设施及服务吸引了更多的外商直接投资（Chen，1996；Cheng，2000；Sun et al.，2002；Joel et al.，2003；Boudier Bensebaa，2005；杨晓明等，2005；曾国军，2005；金相郁和朴英姬，2006）。

### （二）社会基础设施及服务部门援助

社会基础设施及服务部门援助旨在帮助受援国发展人力资本、改善生活条件，该援助部门包括教育、医疗保健、人口项目、水供应、政府与公民社会，以及如社会福利服务、就业政策管理等其他社会基础设施及服务部门。

目前，在理论界对人力资本的内涵研究尚未形成一个统一的定义，不过舒尔茨关于人力资本概念的界定得到了大多数学者的认同。他将人力资本解释为"凝结在人身上的知识、能力和健康"，这些内生于人的能力和素质是通过后天正规教育支出、职业培训支出、保健支出、劳动力迁移支出等人力资本投资而获得的。教育是人力资本最主要的投资方式；职业培训是指为适应某种工作岗位而进行的岗前培训、工作经验积累或"干中学"；卫生保健是为保障和增进人的体能、精力和健康而进行的投资方式，主要有医疗、营养保健、体育锻炼、闲暇娱乐、休息及环境质量的改善等；劳动力迁移是指劳动力为获得工作机会或较高收入的岗位而进行的在行业或区域之间的流动，主要是通过工作和生活环境的改善和收入的提高进而间接地增进劳动力的人力资本。[①]

教育、医疗保健、人口项目、水供应这些社会基础设施及服务部门援助均能影响受援国的人力资本水平，教育部门和医疗保健部门援助表现尤其明显。第一，两部门援助涉及内容较广，教育部门援助包括以初级教育和成人基本生活能力培训为主的基本教育援

---

① 李福柱：《人力资本结构与区域经济发展研究》，东北师范大学博士学位论文，2006 年，第 19 页。

助、以中等教育和职业培训为主的中级教育援助、以高等教育和前
沿技术与管理培训为主的高级教育援助；医疗保健部门援助以营养
健康、传染病控制和个人健康发展等基础健康为主。此外，两部门
援助还涉及教育与医疗设施的提供、教师与医疗人员的培训、教育
与医疗保健研究等内容。第二，教育与医疗保健部门援助能够补充受
援国的政府财政预算资金，增加受援国的教育和医疗保健部门的总投
入（Devarajan et al.，1999；Gomanee et al.，2003；Gomanee et al.，
2005；Asiedu，2008）。德瓦拉贾等（1999）、阿斯顿（2008）对大
样本受援国数据的实证研究均表明教育部门或医疗保健部门援助不
是替代而是增加了受援国政府相关财政支出。[1][2] 歌曼尼等（2003，
2005）以教育、医疗、公共卫生和住房四个内容的公共支出代表减
贫性公共支出，基于 39 个国家 1980 ~ 1998 年面板数据的检验结果
显示，援助增加了受援国减贫性公共支出。[3][4] 另外，教育与医疗
援助有利于改善教育与医疗部门的质量，提高现有资源的产出效
率。如援助用于进口国外先进设备和产品、培训教师和医护工作人
员。当受援国更多的人口享有接受教育与医疗的机会，受援国居民
能够享有更好、更高级别的教育和医疗服务，受援国的人力资本水
平将得以提升。米歇劳瓦和韦伯（2006）、阿斯顿（2008）、德勒埃
（2008）、艾格勒皮耶和瓦格纳（2010）等大量的研究证实了教育

---

① Deverajan, S., A. N. Rajkumar, V. Swaroop, What Does Aid to Africa Finance?
World Bank Working Paper No. 2092, 1999.

② Elizabeth Asiedu, Aid and Human Capital Formation: Some Evidence 2008, http://
www. afdb. org/fileadmin/uploads/afdb/Documents/Knowledge/30754268 – EN – 1. 3. 4 – GY-
IMAH – AID – HUMANCAP4. PDF.

③ Gomanee, K. et al., Aid, Pro – Poor Government Spending and Welfare, CREDIT
Research Paper. No. 03/03, 2003.

④ Karuna Gomanee, Sourafel Girma, Oliver Morrissey, Aid, Public Spending And Hu-
man Welfare: Evidence From Quantile regressions, Journal of International Development. Dev. 17
2005, pp. 299 – 309.

和医疗保健部门援助在提升人力资本上的有效性。[①]

通过社会基础设施及服务援助受援国不断积累人力资本,人力资本的提升增加了受援国的区位优势。首先,人力资本的投入有利于全要素生产率的提升。(1)人力资本投入的增加预示着生产要素质量的提高,劳动生产率随之不断提高,生产技术得以相应提升。在人力资本外生增长模型中,斯密、索洛将人力资本视为技术进步的源泉之一。(2)由于知识具有外溢效应,人力资本自身能实现不断积累。一个行业或国家人力资本水平越高,对技术的吸引和学习能力越高,技术的扩散效应也越好,相应地人力资本积累速度越快。罗默的内生技术经济增长模型表明,人力资本的投入结合研发部门知识的溢出效应使该部门知识存量不断地增加,由此推动技术的持续进步,全要素生产率随之不断提高。其次,伴随着跨国公司中服务业和高技术制造业技术密集程度的逐步提高,外商直接投资对东道国劳动力的技术、知识和组织管理技能的门槛要求越来越高。努内坎普(2002)的研究表明,20 世纪 80 年代末期以来,随着全球化的深入,发展中国家的人力资本水平对外商直接投资的吸引作用愈发重要。[②] 若尔巴克斯等(2001)通过对发展中国家 1993 ~ 2004 年的大样本数据的研究也发现,随着时间的推移,人力资本因素对 FDI 的决定作用越加重要。[③] 赵江林(2004)通过对中国

① Michaelowa, K. and A. Weber, Aid Effectiveness Reconsidered: Panel Data Evidence from the Education Sector, Hamburg Institute of International Development Working Paper, No. 264. 2006; Elizabeth Asiedu, Aid and Human Capital Formation: Some Evidence 2008; Dreher, A., Nunnenkamp, P., Thiele, R. Does aid for education educate children? Evidence from panel data. World Bank Economic Review, Vol. 22, No. 2, 2008, pp. 291 – 314; D'Aiglepierre, R., Wagner, L., Aid and Universal Primary Education. CERDI Etudes et Documents, E 22, 2010.

② Peter Nunnenkamp. Determinants of FDI in Developing Countries: Has Globalization Changed the Rules of the Game? Kiel Working Paper, No. 1122, July 2002.

③ Noorbakhsh, F., A. Paloni, A. Youssef, Human Capital and FDI Inflows to Developing Countries: New Empirical Evidence. World Development, Vol. 29, No. 9, 2001, pp. 1593 – 1610.

1990 ~ 2000 年全国教育水平的变化与外商直接投资流量的变化进行了相关性研究发现，1995 年以前，小学文化程度的人口对 FDI 具有明显的吸引力；1995 年以后，高中及以上文化程度的人口对 FDI 的区位选择影响显著。因此，高水平的人力资本有助于东道国增加对外商直接投资的吸引力（Zhang and Markusen，1999；Noorbakhsh et al. ，2001；Nunnenkamp，2002；沈坤荣和田源，2002；赵江林，2004；沈亚芳，2007）。[1][2]

### （三）一般预算援助

根据 OECD DAC 的定义，一般预算援助或称一般预算支持（Budget Support），是指援助方资金被导入受援国国家财政计划，依据受援国的财政预算和公共支出程序进行管理的一种援助方式。然而一般预算援助并非简单意义的资金转移支付，而是需要通过一系列程序并要求最终达到战略意义上的特定预期结果的一套资金投入组合，主要包括：资金转移、实现预期目标的预算计划审核、涉及政策改革和资源配置的条件要求、能力建设支持以及对绩效和进程的监测等。以欧盟预算支持为例，在 2005 年 12 月达成的 2007 ~ 2013 年度财政预算一揽子协议中，欧盟给予马耳他 8.05 亿欧元的财政预算援助。为了使用欧盟预算援助资金，马耳他政府首先需要确定《国家战略参考框架》，而后提交欧盟委员会进行讨论，由欧

---

① Zhang, K. , Markusen, J. Vertical Multinationals and Host-country Characteristics. Journal of Development Economics, Vol. 59, 1999, pp. 233 – 252；Noorbakhsh, F. , A. Paloni, A. Youssef, Human Capital and FDI Inflows to Developing Countries：New Empirical Evidence. World Development, Vol. 29, No. 9, 2001, pp. 1593 – 1610；Peter Nunnenkamp. Determinants of FDI in Developing Countries：Has Globalization Changed the Rules of the Game? Kiel Working Paper, No. 1122, July 2002.

② 沈坤荣、田源：《人力资本与外商直接投资的区位选择》，载《管理世界》2002 年第 11 期；赵江林：《外资与人力资源开发：对中国经验的总结》，载《经济研究》2004 年第 2 期；沈亚芳：《人力资本对外商直接投资区位选择的影响》，载《国际贸易问题》2007 年第 7 期。

方根据不同的程序通过。《国家战略参考框架》批准后，马耳他政府需要建立国家执行机构，由该机构每年通过年度会晤机制与欧盟委员会交换信息与意见。此外，马耳他政府还需接受欧盟委员会的宏观监督，因为欧盟委员会要求获得预算援助的受援国必须保证宏观经济稳定、国家财政管理良好及实施连续的改革政策。

一般预算援助的目标是通过填补受援国的财政预算缺口，保证受援国更好地实现国家的社会经济发展目标，在实践中，一般预算援助通常被用于公共财政管理、政府治理、反腐败公民社会运作监控、综合减贫等领域。① 同时，一般预算援助相比普通的赠款援助和贷款援助具有更高的要求和附加条件，如对宏观经济政策要求、附加民主等政治改革条件。可见，发达国家向发展中国家提供预算援助的目标更倾向于引导受援国进行政治、经济体制改革，帮助受援国改善政府治理。

虽然一般预算援助这种直接、快速、全面的转移支持方式更加重视受援国的既有条件和所有权，但也存着特殊的风险。第一，财政预算援助作为一种总体性的框架援助，援助国较难评价预算计划的合理性，且在实施过程中面临众多变数，导致援助国监测的困难。因而，如果受援国职能部门管理能力不强或其监管机制不健全，比较容易出现腐败现象。此时，一般预算援助就好比受援国政府的可用资源，他们能随心决定援助的用途和去向，在机构孱弱的受援国，援助成为政府官员潜在的"租"，吸引企业去竞争。达尔高和奥尔森（2006）认为一般预算援助具有非捆绑性质、高度集中于宏观目标，且主要由受援国政府掌控，可以认定为较易挪用的援助。当援助较易挪用、受援国政府机构能力较弱时，将会有更多的

---

① 李小云、唐丽霞、武晋：《国际发展援助概论》，社会科学文献出版社 2009 年版，第 128 页。

援助被用于寻租活动。[①] 伊科诺米季斯（2008）的实证研究也表明，在政府权力较大的受援国，国际发展援助与高水平的腐败显著相关。[②] 第二，一般预算援助资金来自援助国，却通过这种直接、快速、全面的转移支付的方式拨付给受援国执行国家预算的部门，并按照受援国的预算程序执行，所以援助国必然附加更加严格的经济、政治改革条件，好以自身的发展轨迹去引导受援国。如果不满足援助国的条件，援助国可能抽回援助资金。为获得援助资金，受援国选择接受这些附加条件。由于发展中国家的国情不同，照搬发达国家的发展模式难免产生"水土不服"的情况。最有代表性的一个例证是，20 世纪 80 年代，西方援助国和国际机构试图通过附加条件来引起非洲政策变化的结构性贷款在改变非洲政策方面并不成功。到 20 世纪 90 年代中期，非洲国家的通货膨胀率没有得到控制，外债负担亦没有减轻。根据世界银行 WDI 数据统计，1981 ~ 1985 年非洲国家的通货膨胀率平均值为 15.41%，通货膨胀率最高的国家乌干达其年平均值为 63.85%；1991 ~ 1995 年非洲国家的通货膨胀率平均值为 1981 ~ 1985 年的 12 倍，刚果金的通货膨胀率最高，年平均值达 7034.32%。1981 ~ 1985 年非洲国家的外债占 GNI 的比例平均为 66.92%，而 1991 ~ 1995 年这一比例上升到 109.29%。此外，20 世纪 90 年代以来，西方援助所附加的大量政治条件及其所推行的民主化进程并没有使非洲国家的腐败率下降。相较 1996 ~ 1997 年，2010 ~ 2011 年在世界银行 WGI（Worldwide Governance Indicator）数据库中统计的 50 个非洲国家中，29 个国家的腐败程度加重。[③] 可见，援助国通过一般预算援助要求受援国实施的经济政

---

① Dalgaard and Olsson, Windfall Gains, Political Economy and Economic Development. Paper prepared for the 2006 AERC conference in Nairobi, 2006.

② George Economides, Sarantis Kalyvitis, Apostolis Philippopoulos, Does Foreign Aid Distort Incentives and Hurt Growth? Public Choice, Vol. 134, 2008, pp. 463 – 488.

③ 张海冰：《发展引导型援助——中国对非洲援助模型研究》，上海人民出版社 2012 年版，第 151 页。

策改革和政府治理改善措施总体上并没有取得预期成效。

一般预算援助附加的宏观经济改革要求以"私有化、自由化和市场化"的结构调整为主，这一经济改革的实施将直接影响受援国的区位优势。"私有化、自由化和市场化"具体改革举措①与联合国贸易和发展会议设计的一套决定国际直接投资的区位因素中的政策与制度因素契合，其中包括国际直接投资和贸易运行框架中的外国投资者的进入条件与限制、对外商的保护程度因素，还包括外资企业运行便利的政策与制度中的外汇管制程度、私有财产保护程度因素。孙等（2002）、乔尔等（2003）、贺灿飞和梁进社（1999）、金相郁和朴英姬（2006）的实证研究结果支持东道国经济越开放，对 FDI 的吸引力越强。②③ 胡再勇（2002）和 Rashmi（2003）利用中国 1983～1984 年和 2003～2004 年的数据，以及 1980～1981 年和 1999～2000 年南亚、东亚、东南亚的 15 个发展中国家数据实证研究了 FDI 的国内外政策对吸引外商直接投资的影响，发现外商直接投资限制性措施的废除，对 FDI 的影响显著为正。④⑤ 鲁明鸿（1999）运用全世界 110 多个国家或地区的数据，全面、系统地研

---

① 以"私有化、自由化和市场化"为核心的"华盛顿共识"结构调整方案的具体举措：（1）配合各种债权转股权的计划，对国有企业实行私有化，巩固私有产权；（2）实行贸易和金融自由化政策，取消或放松对外汇和进口的管制；（3）实行投资上的自由化，对外国投资者给予更大的优惠，从经济上对国际商业开放；（4）取消各种形式的价格控制，推动自由市场经济的发展；（5）执行由国际货币基金组织和世界银行为代表的多边国际经济组织所推行的包括使汇率贬值和紧缩性财政政策等在内的稳定化计划。

② Qian Sun, Wilson Tong, Qiao Yu, Determinants of foreign direct investment across China, Journal of International Money and Finance, Vol. 21, 2002, pp. 79 – 113; Joel Deichmann, Socrates Karidis, Selin Sayek, Foreign Direct Investment in Turkey: Regional Determinants. March 2003, pp. 1 – 37. http://sayek.bilkent.edu.tr/FDITR.pdf.

③ 贺灿飞、魏后凯：《信息成本、集聚经济与中国外商投资区位》，载《中国工业经济》2001 年第 9 期；金相郁、朴英姬：《中国外商直接投资的区位决定因素分析：城市数据》，载《南开经济研究》2006 年第 2 期。

④ 胡再勇：《影响 FDI 的决定性因素——关于中国的实证》，载《外交评论》2006 年第 6 期。

⑤ Rashmi Banga, Impact of Government Policies and Investment Agreements on FDI Inflows. Working Paper. Indian council for research on international economics relations, 2003.

究了制度对国际直接投资的影响，发现国际直接投资趋向于流入贸易壁垒低、对外资持欢迎态度、经济一体化发展水平高、市场发育程度高、金融管制宽松、经济自由程度高、私有财产保护程度高的国家或地区。[①] 然而，不合时宜的经济改革导致如通货膨胀率快速上升、外债负担加重等影响宏观经济稳定的因素。东道国宏观经济的不稳定增加了企业的经营风险，随之而来的宏观经济政策调整加剧了企业的投资风险，从而影响了受援国的区位优势。鲁明鸿（1999）运用全世界 110 多个国家或地区的数据实证研究的结果表明，从长期来看，国际直接投资趋向于流入通货膨胀率较低的国家或地区。凯拉科普兰等（2005）运用 1960 ~ 2004 年 97 个发展中国家的三年平均数据研究发现，通货膨胀率对 FDI 产生显著的负效果。[②]

以公共财政管理、政府治理、反腐败为内容或附加政治改革条件的一般预算援助影响了企业生产运营的制度环境，相应地，对受援国的区位优势产生了影响。制度变迁论认为，政治经济组织及其激励机制的变迁是资本积累、技术、人口等生产要素结构配置变迁的基础，因而这一制度环境能够影响全要素生产率；另外，这一制度环境能够为企业运行带去便利或障碍。过度的改革不仅达不到预期效果，反而加重了政府的改革负担。一般预算援助直接与财政资金相联系，其非捆绑性质易助长腐败，同样影响企业生产运营的制度环境。魏（1997，2000）的研究支持东道国高腐败程度对 FDI 有负面影响，这一效果对于欧美国家跨国公司的 FDI 区位选择尤其明显。[③] 鲁明鸿（1999）对全世界 110 多个国家或地区的研究发现，

---

① 鲁明鸿：《制度因素与国际直接投资区位分布一项实证研究》，载《经济研究》1999 年第 7 期。

② Karakaplan U. M. , Neyapti B. , Sayek S. , Aid and Foreign Direct Investment: International Evidence. Bilkent University Discussion Paper, No. 05 – 05, 2005.

③ Wei, Shang – Jin, 1997, How Taxing is Corruption on International Investors? The William Davidson Institute Working Paper No. 1 – 35, February 1997; Wei, Shang – Jin, 2000, How Taxing is Corruption on International Investors? Review of Economics and Statistics. Vol. 82, No. 1, pp. 1 – 11.

国际直接投资趋向于流入企业运行障碍少及政府清廉程度高的国家或地区。[1] 歌斯坦歌等（1998）运用 1970~1995 年 49 个最不发达国家数据的检验结果显示，腐败、官僚化、合同执行、公司税率对 FDI 有显著的负向影响。[2] 德拉贝克和佩恩（1999）对包含腐败、不稳定的经济政策、不完备的产权制度以及缺乏行政效率的政府机构在内的"非透明性"政策或制度变量对外商直接投资的影响进行了研究，实证结果显示，一国的"非透明性"程度越高，流入该国的外商直接投资越少。[3]

### （四）债务减免

债务减免是一种特殊的国际发展援助形式，它通常与财政援助中的贷款援助直接相关。债权国通过降低利息、免除利息、免除所有债务三种形式来减缓受援国清偿债务的压力，从而间接弥补其财政赤字和发展资金的不足。目前，部分地区面临着沉重的债务负担，债务成为发展的主要障碍性因素。《2007 年度世界发展报告》显示，2004 年撒哈拉以南非洲国家外债总额为 2350 亿美元，外债在该地区所占国民总收入和国内生产总值的比例分别达到 42.5% 和 38.1%；从单个国家来看，如安哥拉（69%）、中非（75%）、科特迪瓦（90%）、马拉维（60%）、尼日利亚（72%），外债占其国民总收入的比例均超过 60%，刚果布最高，比例达到 331%。因而，对于重债穷国来说，债务减免的目标是帮助他们将外债降低到能够承担的水平，让这些国家的政府得以正常工作。

---

[1] 鲁明鸿：《制度因素与国际直接投资区位分布一项实证研究》，载《经济研究》1999 年第 7 期。

[2] Gastanga Victor M., Jeffrey B. Nugent, Bistra Pashamova, Host Country Reforms and FDI Inflows: How Much Difference Do They Make? World Development, Vol. 26 (July, 1998), pp. 299 – 314.

[3] Drabek, Zdenek, Warren Payne, The impact of transparency on foreign direct investment. Staff Working Paper, EAR No. 99 – 02, 1999.

对重债穷国的债务援助最初是由美国牵头，并制定了一系列的紧急援助计划，通过提供贷款和重新安排现有债务来缓解发展中国家的资金困难。1985 年，美国在"贝克计划"下，为无力偿还贷款的南美洲国家提供 200 亿美元的新商业资本，用以恢复这些国家的还款能力；1989 年，美国提出"布雷迪计划"，减免选定的中等收入债务国 35% 的私人债务。1987 年在巴黎俱乐部成员国"七国峰会"上，非洲债务问题进入了西方七国的视野，会后巴黎俱乐部债权国减免了当时进行经济结构调整的非洲国家共计 16 亿美元的债务。随后在 1988 年、1991 年和 1994 年的七国首脑会议上通过了多伦多条款、伦敦条款和那不勒斯条款，在这些条款下，西方七国实施了一系列以非洲国家为重点的重债穷国债务减免活动。总体来看，从 20 世纪 80 年代初至 90 年代中期，由于受到各国的政治、经济利益诉求的影响，这些以双边债务减免为主要方式的债务减免活动并没有取得理想的效果，不仅没有减轻重债穷国的债务负担，甚至还引起了新一轮的国际债务。根据非洲发展报告的统计数据，1980 年非洲外债总额为 1233.39 亿美元，1990 年达 2887.73 亿美元，1996 年更上升至 3385.10 亿美元；外债还本付息额 1980 年为 189.77 亿美元，1990 年为 277.38 亿美元，1997 年上升为 325.30 亿美元；整个 20 世纪 80 年代，非洲外债总额平均年度上升 9.1 个百分点，债务本息支付额平均年度上升 14 个百分点。伊斯特里（1999）通过实证研究也发现，1979~1997 年重债穷国即使接受了大量的债务减免，但这些国家的债务占出口的比例仍呈强劲上升趋势；同时，在同等收入水平条件下，重债穷国的政策环境不如其他不发达国家。[1]

1996 年，世界银行和国际货币基金组织共同发起了"重债穷国计划"，向通过世界银行独立评估机构审查的重债穷国提供债务

---

[1] William Easterly, How did Indebted Poor Countries Become Highly Indebted? Reviewing Two Decades of Debt Relief. World Bank Policy Research Working Papers, November 1999.

减免援助。截至 2009 年 6 月，在已经确认的 41 个重债穷国中，有 35 个国家已经开始受益于"重债穷国计划"。在这 35 个重债穷国中，通过减债资格审查第二阶段（完成点）的有 26 个，这些国家享有债权人不可变更的减债额；还有 9 个国家也已达到减债资格审查第一阶段（决策点），诸如世界银行、国际货币基金组织、多边发展银行以及巴黎俱乐部双边债权国等许多债权人开始向其提供债务减免。目前，"重债穷国计划"已成为国际社会减债计划相对统一的标准和执行规范，99%的国际多边机构都参与了"重债穷国计划"，双边债权国也开始依据"重债穷国计划"实施减债援助。从开始实施计划至 2004 年，德国减免了重债穷国 20 亿美元债务包括 10 亿美元来自非洲国家的债务，日本免去了非洲国家所欠的近 30 亿美元债务，澳大利亚也免去了 1 个非洲重债贫穷国的债务。① 据经合组织的统计，1987～1996 年债务减免仅占国际官方发展援助总额的 3%，而到 1997～2005 年，这一比重已经上升至 10.6%。"重债穷国计划"实施后，减轻了重债穷国的债务负担。根据世界银行的数据统计，1999～2007 年 33 个重债穷国的债务占出口总额的比重从 440%下降至 328%，债务占 GDP 总额的比重由 102%下降至 31%，债务占财政收入的比重从 556%下降至 171%。

　　重债穷国要获得以"重债穷国计划"为代表的西方国家的债务减免援助，需要背负沉重的改革负担，因为债权国通过减免资格标准附加了大量的经济、政治、社会改革条件。首先，能在国际开发协会以及国际货币基金组织获得高度优惠贷款的不发达国家要成为"重债穷国计划"认可的重债穷国，条件之一是具有可追踪的改革记录。被认可为重债穷国并要求享有不可变更的减债额资格，需要经过两个阶段，无论是达到第一阶段（决策点阶段）还是达到第二阶段（完成点阶段），均需要进行三年的改革。其次，改革涉及政

---

　　① 毛小菁：《国际社会对非援助与非洲贫困问题》，载《国际经济与合作》2004 年第 5 期。

治、经济、社会各个层面，内容包括以民主化建设、改善政府治理、反腐败斗争为主的政治条件，以自由化、私有化、市场化为主的经济条件，以改革卫生、医疗、教育等民生领域的社会条件。要求不发达国家在国际货币基金组织和国际开发协会资助的改革项目下必须具备良好的绩效记录、完成所有的条件才能被认可为重债穷国并要求享有不可以变更的减债额，缺一不可。以赞比亚为例，赞比亚于 2005 年 4 月达到了"重债穷国计划"的完成点，在此之前，该国进行了大量的社会、经济改革。根据"重债穷国计划"的要求，赞比亚于 1999 年开始实施由国际货币基金组织制订的"减贫与发展措施计划"，并于当年开始对采矿、电信、电力和金融等国民经济关键部门进行私有化。与此同时，赞比亚还对其财政、货币政策进行改革，对其经济结构进行调整。2000 年 12 月，赞比亚达到"重债穷国计划"第一阶段的减债条件，大多数债权方对赞比亚进行了临时的债务减免。由于在财政支出方面未能达到"减贫与发展措施计划"的要求，2003 年 12 月，赞比亚未能如期达到"重债穷国计划"的完成点。2004 年 6 月国际货币基金组织为赞比亚制订了"职员监督方案"，要求每季度评审一次，赞比亚认真执行了"职员监督方案"。2004 年 12 月国际货币基金组织为赞比亚制订了新的"减贫与发展措施计划"，2005 年 4 月赞比亚完成了国际货币基金组织和世界银行为其设定的达到完成点的前提条件，[1] 其中包

---

① IMF 和世界银行为赞比亚设定的达到 HIPC 减债计划完成点的前提条件是：（1）政府必须制定减贫战略文件，进行为期至少一年的实施和管理；（2）填充国家艾滋病、性病、肺结核委员会的职位空缺，将防治艾滋病工作纳入至少 10 个主要部委的工作范畴；（3）增加对教育部门的投资，将农村地区教师待遇提高到贫困线以上，制定旨在增加北方省、卢阿普拉省、东方省、西方省和西北省学生入学率的行动计划；（4）实施防止霍乱的行动计划，增加政府采购药品的透明度，及时公布完整的年度医疗部门开支数据，向地方医疗机构发放的实际现金不低于预算额度的 80%；（5）执行"减贫与增长方案（PGRF）"，保持宏观经济稳定，由财政部在至少 3 个部委执行"财务管理整体系统"，由财政部执行经内阁批准的"中期开支框架方案"；（6）重组赞比亚电力供应公司，并就出售其大部分股权进行国际招标；（7）出售赞比亚国家商业银行的大部分股权，并进行国际招标。

括对教育机构和医疗部门的改革，还有对电力供应公司和国家商业银行的私有化，一共 7 个改革条件。

西方一些学者对"重债穷国计划"的减免资格标准进行了批判，威尔金森和休斯（2002）指出，世界银行的综合发展框架和减贫战略文件并不是为帮助低收入国家减缓债务负担和摆脱贫困而制定的，更多的是将"重债穷国"确定为试验区，进行经济和社会政策以及政府治理的干预。[①] 沃特金斯（2004）也认为，以实施如私有化、公共产品市场化的结构性调整政策作为重债穷国享受债务减免的前提条件是不合理、不公正的。[②] 而且，援助实践证明，以私有化、自由化、市场化为核心的结构性调整方案并不完全适合于发展中国家的国情。2004 年世界银行公布的《2004 年结构调整——评估项目报告：经济危机、贫困和不平等的政策根源》中指出以"华盛顿共识"为核心的经济改革于发展中国家的不适应性以及结构调整计划失败的原因至少突出表现在两个方面：第一，计划实施国（包括重债穷国）多数经济结构单一，以农业和矿业为主。而农产品和矿产品等大宗商品在世界市场上的价格波动较大，出口贸易条件不稳定。因而，这些国家容易受外部冲击的影响，表现出经济脆弱性（Hanson and Tarp，2004；Teunissen and Akkerman，2004；Likely Payne，2004）。贸易自由化以及农业和矿业等行业的市场化不容许对这些行业进行保护，它将进一步弱化计划实施国家的农业和矿业等行业的生存与竞争能力（Dent and Peters，1999）。第二，私有化政策和政府公共服务系统的改革导致国家对公共品和社会服务的弱化，从而大幅度提高公共品和社会服务的成本，毁坏了中小型劳动密集型民族工业。因而，一方面，债务的减免减轻了重债穷

---

[①] Wilkinson R., Hughes S., Global Governance: Critical Perspectives. Routledge, 2002, pp. 50

[②] Watkins K., Africa's Burden of Debt is Still Far Too Heavy. Financial Times, September 22, 2004.

国的经济发展负担；另一方面，债务减免所附加的经济、政治、社会改革条件很可能使重债国无法获得自我发展，不利于这些国家从根本上解决其经济发展问题，从而又造成了外债问题。2002 年 7 月布基纳法索、毛里塔尼亚、莫桑比克、坦桑尼亚、乌干达 5 个非洲国家达到"重债穷国计划"的完成点，享有债权人不可以变更的减债额。根据世界银行 WDI 数据统计，这 5 个国家的外债占 GNI 的比例由 2002 年的 93.94% 下降至 2008 年的 35.67%，然而 2009 年后，这 5 个国家的外债占 GNI 的比例又呈现逐渐回升趋势，2012 年达到了 44.02%。

在国际直接投资区位选择的研究中，大多数文献并未将债务水平作为影响东道国吸引外资的决定因素。在鲁明鸿（1999）的研究中，将全世界 110 多个国家或地区的样本以偿债率 20% 和债务率 100% 进行划分，结果显示，偿债率在 20% 以上、债务率在 100% 以上的国家，债务水平与 FDI 呈负相关，但不显著；偿债率在 20% 以内、债务率在 100% 以内的国家，债务水平与 FDI 呈正相关，后者在 5% 的水平下显著。他的解释为债务可能引发的债务风险和汇兑风险，这构成了不利于国际直接投资的一方面；债务越高的东道国越积极吸引外资，这构成了吸引国际直接投资的另一方面。所以，债务水平与东道国对外商直接投资的吸引力的关系是复杂的。[1]此外，根据前文的分析，"私有化、自由化和市场化"的经济改革直接影响受援国的区位优势，政府治理和反腐败等内容的政治改革通过影响企业生产运营的制度环境对受援国的区位优势产生影响，然而不适宜的改革方案和过度的改革条件可能产生适得其反的效果。

---

[1] 鲁明鸿：《制度因素与国际直接投资区位分布一项实证研究》，载《经济研究》1999 年第 7 期。

# 第二节 援助的结构对受援国 FDI 影响的理论模型

结合前文对主要援助部门的产出或效果及对区位优势的影响进行分析，建立了受援国为小型开放经济体的 Solow 模型，通过在模型中引入援助变量并区分不同部门援助来研究国际发展援助的结构对 FDI 的影响。

## 一、基础模型

假设生产函数为柯布—道格拉斯生产函数，即式（4-1）：

$$y = Ak^{\alpha} \qquad\qquad (4-1)$$

其中，$y$ 为人均 GDP，$k$ 为人均资本存量，$\alpha$ 为常数，$A$ 表示全要素生产率。

开放经济体资本积累由以下三个部分形成：国内储蓄、外商直接投资和国际援助。那么，人均资本增量可表示为式（4-2）：

$$\dot{k} = sy + fdi + aid - (n+\delta)k \qquad\qquad (4-2)$$

其中，$s$ 为储蓄率，$y$ 为人均 GDP，$fdi$ 为人均 FDI 流量，$aid$ 为人均援助流量，$n$ 为人口增长率，$\delta$ 为固定资产折旧，$\dot{k}$ 为人均资本存量。

在资本自由流动下，小型开放经济体的资本回报率与世界资本相同，即式（4-3）：

$$r^{w} = MPK - \delta \qquad\qquad (4-3)$$

其中，$r^{w}$ 表示世界资本的实际回报率，$MPK$ 表示资本的边际产品。

在稳态条件下，人均资本增量为零。由式（4-2）可得稳态条件下人均 FDI 流量，即式（4-4）：

$$fdi = -aid - sy^* + (n+\delta)k^* \qquad (4-4)$$

其中，$y^*$ 为稳态人均收入水平，$k^*$ 为稳态人均资本存量。

再综合式（4-1）、式（4-2）、式（4-3）、式（4-4），可变换为式（4-5）：

$$fdi = -aid - sA^{\frac{1}{1-\alpha}}\left[\frac{\alpha}{r^w+\delta}\right]^{\frac{\alpha}{1-\alpha}} + (n+\delta)\left[\frac{A\alpha}{r^w+\delta}\right]^{\frac{1}{1-\alpha}} \qquad (4-5)$$

由式（4-5）可知，若 $s$、$n$、$\delta$、$r^w$ 保持不变，援助可能通过直接增加资本积累 $aid$ 或者提升全要素生产率 $A$ 从而对 FDI 产生影响。

## 二、划分不同部门援助分析

根据本书对援助结构的界定，本节首先借鉴塞拉亚等（2008）和哈万（2011）选择经济基础设施部门援助、社会基础设施部门援助和生产部门援助三大主要部门援助，在此基础上增加一般预算援助和债务减免。因为除这三大部门援助外，官方发展援助以一般预算援助和债务援助为主，并且将两者合并代表其他部门援助。合并的理由有两点：第一，两者都是与受援国财政资金直接相关的非项目援助，又称为非捆绑性援助；第二，执行这两部门援助时，通常都伴随着进行市场经济、民主政治改革或改善政府治理等附加条件。

从各部门援助的内容来看，经济基础设施部门援助和社会基础设施部门援助多为资本密集型（如交通）或是非赢利性（如义务教育）行业，这些部门的投资一般由政府提供，属于公共产品，因此不直接增加资本积累。[①] 根据前文的分析，经济基础设施部门援

---

① 塞拉亚和内森（2008）认为，公共资本投入的目的是提供公共产品，公共产品是作为资本的补充要素（Clarida，1993；Reiikka，2002；Chatterjee，2003），所以公共资本投入不增加资本积累，而是提高全要素生产率。

助和社会基础设施部门援助有利于经济基础设施及人力资本区位优
势的形成。经济基础设施及服务不仅是生产资本的补充要素，同时
自身还存在规模经济和经济外部性，有利于资本产出率的提升，也
即有利于 Solow 模型中全要素生产率的提升。人力资本不仅能够提
高劳动生产率、促进技术进步，同时通过人力资本的自我积累实现
技术的不断进步，有利于 Solow 模型中柯布—道格拉斯生产函数中
的全要素生产率的提升。新增长理论的代表人物卢卡斯、罗默等人
也证明了劳动力教育、研发投入及基础设施资本的投资都能增加全
要素生产率，因此经济基础设施部门援助和社会基础设施部门援助
能够促进全要素生产率的提升。

　　一般预算援助、债务减免与政府财政和国民公共支出相关，所
以这类援助也不直接影响资本的积累。根据前文的分析，一般预算
援助和债务减免直接与受援国政府财政资金联系，尤其是一般预算
援助，直接以资金形式投入到受援国政府职能部门中，它们的非捆
绑性质使受援国政府更易滋生腐败。伊科诺米季斯（2008）、达尔
高和奥尔森（2006）证明在政府机构较弱的受援国，非捆绑性援助
能够成为"租"。有"租"可寻将导致生产者花费更多的资源去争
"租"而不是通过培训劳动力、进行研发投资来提高生产率。①② 另
外，受援国在获得一般预算援助和债务减免之前或同时需要接受大
量的附加条件，进行经济、政治和社会改革。成功的改革将为生产
创造良好的制度环境，当然不具适应性的改革或附加过度的改革要
求不仅达不到预期效果，反而加重了受援国政府的改革负担。由一
般预算援助和债务减免构成的其他部门援助会对制度环境区位优势
产生影响。以诺斯为代表的制度经济学充分肯定了制度能影响经济

---

　　① George Economides, Sarantis Kalyvitis, Apostolis Philippopoulos, Does Foreign Aid
Distort Incentives and Hurt Growth? Public Choice, Vol. 134, 2008, pp. 463 – 488.

　　② Dalgaard and Olsson, Windfall Gains, Political Economy and Economic Develop-
ment. Paper prepared for the 2006 AERC conference in Nairobi, 2006.

增长要素的配置和效率，因而这一制度环境区位因素将影响全要素生产率。

生产部门援助并非投入公共产品，因而不将其视为资本的补充要素，而将其视为具有单一的增加资本投入的目的，不影响全要素生产率（Selaya and Sunesen，2008）。

分别用 $aid_{se}$[①]，$aid_p$，$aid_o$ 代表人均基础设施及服务部门援助流量（包括经济基础设施及服务部门援助和社会基础设施及服务部门援助）、人均生产部门援助流量和人均其他部门援助流量。由以上分析，$aid_p$ 直接影响资本的积累，但不改变全要素生产率，因此也不改变稳态人均资本存量和稳态人均收入水平。那么，由式（4 - 5）可得式（4 - 6）：

$$\frac{\partial fdi}{\partial aid_p} = -1 \qquad (4-6)$$

式（4 - 6）表示在 $s$、$n$、$\delta$、$r^w$ 保持不变的条件下，生产部门援助以 1 : 1 挤出 FDI。

由上述分析，$aid_{se}$、$aid_o$ 不影响资本积累，但影响全要素生产率，所以 $aid_{se}$、$aid_o$ 间接影响稳态人均资本存量和稳态人均收入水平。由式（4 - 5）得：

$$\frac{\partial fdi}{\partial aid_{se}} = -s\left[\frac{A\alpha}{r^w+\delta}\right]^{\frac{\alpha}{1-\alpha}}\frac{\partial A}{\partial aid_{se}} + (n+\delta)\left[\frac{A\alpha}{r^w+\delta}\right]^{\frac{\alpha}{1-\alpha}}\left[\frac{\alpha}{r^w+\delta}\right]\frac{\partial A}{\partial aid_{se}}$$

$$(4-7)$$

其中，
$$\frac{\partial k^*}{\partial aid_{se}} = \left[\frac{A\alpha}{r^w+\delta}\right]^{\frac{\alpha}{1-\alpha}}\left[\frac{\alpha}{r^w+\delta}\right]\frac{\partial A}{\partial aid_{se}} > 0 \qquad (4-8)$$

$$\frac{\partial y^*}{\partial aid_{se}} = \left[\frac{A\alpha}{r^w+\delta}\right]^{\frac{\alpha}{1-\alpha}}\frac{\partial A}{\partial aid_{se}} > 0 \qquad (4-9)$$

---

① 鉴于经济基础设施部门援助、社会基础设施部门援助不直接影响资本积累，能提高全要素生产率，此处可将其合并起来分析。

$$\frac{\partial fdi}{\partial aid_o} = -s\left[\frac{A\alpha}{r^w+\delta}\right]^{\frac{\alpha}{1-\alpha}}\frac{\partial A}{\partial aid_o} + (n+\delta)\left[\frac{A\alpha}{r^w+\delta}\right]^{\frac{\alpha}{1-\alpha}}\left[\frac{\alpha}{r^w+\delta}\right]\frac{\partial A}{\partial aid_o}$$

$$(4-10)$$

其中，
$$\frac{\partial k^*}{\partial aid_o} = \left[\frac{A\alpha}{r^w+\delta}\right]^{\frac{\alpha}{1-\alpha}}\left[\frac{\alpha}{r^w+\delta}\right]\frac{\partial A}{\partial aid_o} \qquad (4-11)$$

$$\frac{\partial y^*}{\partial aid_o} = \left[\frac{A\alpha}{r^w+\delta}\right]^{\frac{\alpha}{1-\alpha}}\frac{\partial A}{\partial aid_o} \qquad (4-12)$$

由于 $aid_{se}$ 提高了全要素生产率，根据式（4-7）、式（4-8），$aid_{se}$ 对资本边际产品 MPK 和稳态条件下的人均资本水平 $k^*$ 产生了正效应，促进了 FDI 的增加；根据式（4-7）、式（4-9）可知，$aid_{se}$ 提高了稳态条件下的人均收入水平 $y^*$，由此增加了国内储蓄和国内投资，减少了对 FDI 的需求。因此，$aid_{se}$ 对 FDI 的影响效果不确定，其对 FDI 的影响取决于通过改变全要素生产率带来的稳态人均资本水平和稳态人均收入水平变化而引致的综合效果。根据式（4-10）、式（4-11）、式（4-12）可知，由于 $aid_o$ 影响全要素生产率，$aid_o$ 同样也通过稳态人均资本水平和稳态人均收入水平对 FDI 产生影响。对比式（4-7）、式（4-8）、式（4-9）可知，$aid_o$ 与 $aid_{se}$ 对 FDI 影响效果的差别就在于它们对全要素生产率的影响差别。

## 第三节　援助的结构对受援国 FDI 影响的实证分析

### 一、亚非国家国际发展援助的部门分布

表 4-1 显示了 1995～2012 年亚非国家国际发展援助的部门分布情况。从亚非国家的总体情况来看，20 世纪 90 年代中期以来，亚非国家接受的发展援助主要流向了社会基础设施及服务部门，1995～2012 年社会基础设施及服务部门援助占所有部门总援助的

三分之一。经济基础设施及服务部门援助和债务减免，分别占总援助的 19% 和 14%；生产部门援助、多部门援助、一般预算援助和人道主义援助均仅占总援助的 7%。社会基础设施及服务部门援助占主体地位很大程度是因为 20 世纪 90 年代中期以来社会基础设施部门援助的增长。20 世纪 90 年代中期，全球推行广泛领域的"减贫"，穷人要享受最基本的健康、卫生和教育的权利，国际发展援助领域转向医疗卫生、基础教育等社会公共服务领域。进入 21 世纪，"千年发展目标"进一步带动了社会基础设施及服务部门援助的增加。

对比亚洲地区和非洲地区的情况，社会基础设施及服务部门援助在两个地区的国际发展援助中均占主体地位，然而经济基础设施及服务部门援助和债务减免却表现出极大的差异性。亚洲国家的经济基础设施及服务部门援助所占比重比非洲国家高出 15%，非洲国家的债务减免所占比重是亚洲国家的两倍。亚洲国家的经济基础设施及服务部门援助所占比重较高主要缘于日本，亚洲是日本官方发展援助的重点区域，而同时日本的对外援助又以交通、能源、通信等经济基础设施部门援助为重点。非洲国家的债务减免所占比重高缘于非洲贫困人口多，穷国债务沉重。全球最不发达的 50 个国家中，其中有 33 个在撒哈拉以南的非洲地区；2009 年"重债穷国计划"中有 26 个国家达到了完成点，非洲占据 20 个。

表 4 - 1    1995 ~ 2012 年亚非国家国际发展援助的部门分布

| 援助部门 | 亚洲和非洲国家 | | 非洲国家 | | 亚洲国家 | |
|---|---|---|---|---|---|---|
| | 援助金额（亿美元） | 占所有部门援助比重（%） | 援助金额（亿美元） | 占所有部门援助比重（%） | 援助金额（亿美元） | 占所有部门援助比重（%） |
| 社会基础设施及服务部门 | 3719.47 | 35.24 | 1787.95 | 36.91 | 1931.52 | 33.83 |
| 经济基础设施及服务部门 | 2049.77 | 19.42 | 535.11 | 11.05 | 1514.66 | 26.53 |

续表

| 援助部门 | 亚洲和非洲国家 | | 非洲国家 | | 亚洲国家 | |
|---|---|---|---|---|---|---|
| | 援助金额（亿美元） | 占所有部门援助比重（%） | 援助金额（亿美元） | 占所有部门援助比重（%） | 援助金额（亿美元） | 占所有部门援助比重（%） |
| 生产部门 | 812.44 | 7.70 | 360.42 | 7.44 | 452.03 | 7.92 |
| 多部门 | 754.37 | 7.15 | 288.45 | 5.95 | 465.92 | 8.16 |
| 一般预算援助 | 687.09 | 6.51 | 389.35 | 8.04 | 297.75 | 5.21 |
| 债务减免 | 1481.46 | 14.04 | 919.77 | 18.99 | 561.68 | 9.84 |
| 人道主义援助 | 863.88 | 8.19 | 470.49 | 9.71 | 393.40 | 6.89 |
| 援助机构管理成本 | 31.80 | 0.30 | 18.65 | 0.38 | 13.15 | 0.23 |
| 对在援助国内部的难民援助 | 61.82 | 0.59 | 27.65 | 0.57 | 34.17 | 0.60 |
| 未分类部门的援助 | 92.19 | 0.87 | 46.78 | 0.97 | 45.41 | 0.80 |

注：数据来源于 OECD 数据库 http：//www.oecd.org/statistics/，部门援助数据始于 1995 年。

从表 4-2 亚非国家接受的国际发展援助的部门变化来看，20 世纪 90 年代中期以来，社会基础设施及服务部门援助所占比重越来越大，而经济基础设施及服务部门援助的比重呈现快速下降趋势。此外，债务减免和人道主义援助所占份额在上升，生产部门援助和一般预算援助所占份额下降。单独从亚洲或非洲国家来看，也表现出相同的趋势。社会基础设施及服务部门援助和债务减免所占比重的上升是因为 21 世纪将缓解全球贫困放在国际发展援助的重要位置。"千年发展目标"提出使医疗卫生、基础教育、环境保护等领域受到关注，而《蒙特雷共识》中西方发达国家提出提高对重债穷国的债务减免力度，推动了债务减免的地位上升。

表 4 - 2      亚非国家国际发展援助的部门分布的变化      单位：%

| 援助部门 | 亚洲和非洲 | | | 非洲 | | | 亚洲 | | |
|---|---|---|---|---|---|---|---|---|---|
| | t1 | t2 | t3 | t1 | t2 | t3 | t1 | t2 | t3 |
| 社会基础设施及服务部门 | 27.37 | 32.92 | 38.99 | 33.03 | 35.47 | 39.03 | 23.22 | 30.80 | 39.19 |
| 经济基础设施及服务部门 | 29.71 | 17.60 | 17.52 | 15.29 | 8.55 | 11.16 | 40.40 | 25.46 | 23.55 |
| 生产部门 | 10.53 | 7.60 | 7.12 | 10.05 | 6.90 | 7.18 | 10.92 | 8.09 | 6.99 |
| 多部门 | 8.15 | 7.68 | 6.79 | 8.37 | 6.28 | 5.35 | 8.01 | 8.87 | 8.20 |
| 一般预算援助 | 9.89 | 7.90 | 5.08 | 9.60 | 9.46 | 7.14 | 10.14 | 6.51 | 3.19 |
| 债务减免 | 8.96 | 16.55 | 13.27 | 16.60 | 22.85 | 16.87 | 3.11 | 11.08 | 9.44 |
| 人道主义援助 | 4.10 | 7.48 | 9.52 | 5.56 | 8.32 | 11.30 | 3.03 | 6.77 | 7.94 |
| 援助机构管理成本 | 0.06 | 0.20 | 0.43 | 0.09 | 0.31 | 0.51 | 0.05 | 0.11 | 0.35 |
| 对在援助国内部的难民援助 | 0.37 | 0.78 | 0.55 | 0.14 | 0.68 | 0.62 | 0.53 | 0.87 | 0.49 |
| 未分类部门的援助 | 0.87 | 1.29 | 0.73 | 1.25 | 1.18 | 0.84 | 0.59 | 1.43 | 0.64 |

注：数据来源于 OECD 数据库 http：//www.oecd.org/statistics/。t1、t2、t3 分别代表 1995～1999 年、2000～2004 年、2005～2012 年。

## 二、各部门援助对受援国 FDI 影响的实证分析

### (一) 模型设定和数据说明

本节将国际发展援助作为影响东道国区位优势的因素之一引入到 FDI 模型中，依据前文的分类，依次考察社会基础设施及服务部门援助、经济基础设施及服务部门援助、生产部门援助以及由一般预算援助和债务减免组成的其他部门援助对 FDI 的影响。设定的模型如式 (4 - 13) 所示：

$$\ln FDI_{it} = \beta_0 + \beta_1 \ln AIDx_{it} + \beta_2 \ln FDI_{it-1} + \sum \beta_j X_{it} + \eta_i + \gamma_t + \varepsilon_{it}$$

$$(4 - 13)$$

其中，ln 为自然对数，$i$ 表示国家，$t$ 代表年份。FDI 为外商直接投资流量，$AIDx$ 代表某一部门援助，具体包括 $AIDs$、$AIDe$、$AIDp$ 和 $AIDo$，分别表示经济基础设施及服务部门援助、社会基础及服务设施部门援助、生产部门援助以及由一般预算援助和债务减免组成的其他部门援助。$X$ 为影响 FDI 的其他控制变量，此处选取东道国的市场规模、贸易开放度、宏观经济稳定性及基础设施水平四个因素，分别用 $GDPg$（GDP 增长率）、$OPEN$（进出口总额占 GDP 的比例）、$\ln INF$（通货膨胀率）、$\ln TEL$（每千人拥有电话线的长度）来表示。$\eta_i$ 表示不随时间变化的个体效应，$Y_t$ 表示不随个体变化的时间效应，$\mu_{it}$ 是残差项。在模型的解释变量中增加被解释变量 FDI 的滞后一期来衡量 FDI 的聚集效应。

样本国家的经济基础设施及服务部门、社会基础设施及服务部门、生产部门及其他部门援助金额数据来源于 OECD 的 CRS 数据库，由于这些部门援助数据始于 1995 年，基于数据的可得性，本节选取 24 个亚洲国家[①]和 48 个非洲国家[②] 1995~2012 年的相关数据为样本。将样本平均划分为六个期间，所有经济变量取期间的平均值，以此消除经济周期对数据的影响，构造短面板数据。样本国家的 FDI 流量数据来源于 UNCTAD's Foreign Direct investment 子数据库，经济增长率、贸易额占 GDP 的百分比、通货膨胀率及每千人拥有电话线的长度数据来源于世界银行的 WDI 数据库。

---

① 24 个亚洲国家：柬埔寨、中国、印度尼西亚、老挝、蒙古、菲律宾、泰国、越南、亚美尼亚、阿塞拜疆、孟加拉国、不丹、印度、哈萨克斯坦、吉尔吉斯斯坦、尼泊尔、巴基斯坦、斯里兰卡、塔吉克斯坦、乌兹别克斯坦、约旦、黎巴嫩、也门、叙利亚。
② 48 个非洲国家：阿尔及利亚、埃及、利比亚、摩洛哥、突尼斯、安哥拉、贝宁、博茨瓦纳、布基纳法索、布隆迪、喀麦隆、佛得角、中非共和国、乍得、科特迪瓦、刚果金、刚果布、吉布提、赤道几内亚、厄立特里亚、埃塞俄比亚、加蓬、加纳、冈比亚、几内亚、肯尼亚、莱索托、利比里亚、马达加斯加、马里、毛里塔尼亚、莫桑比克、南非、苏丹、多哥、坦桑尼亚、乌干达、赞比亚、津巴布韦、埃塞俄比亚、马拉维、尼日利亚、尼日尔、纳米比亚、卢旺达、塞内加尔、塞舌尔、塞拉利昂。

## (二) 模型估计及结果分析

表 4 - 3 各部门援助数据统计分析显示，第一，在样本期间，
流入亚非国家的社会基础设施及服务部门援助平均规模最大，这与
20 世纪 90 年代中后期，贫困、人口、疾病等全球社会问题凸显密
切相关。第二，在四大部门援助中，经济基础设施及服务部门援助
在样本之间的差异最大。因为这些援助主要服务于援助国在受援国
的经济利益，所以更具有指向性。第三，由一般预算援助和债务减
免构成的其他部门援助，在时间上具有较大变动性。具体表现在：
20 世纪八九十年代，在国际援助领域，重点支持发展中国家进行
经济改革和政府能力建设，一般预算援助多；债务减免伴随着 21
世纪贫困问题的凸显而出现增长趋势。其他数据情况如表 4 - 3
所示：

**表 4 - 3**　　　　　　　　　　　**数据基本统计描述**

| 变量 | 单位 | 中值 | 标准差 | 最小值 | 最大值 |
| --- | --- | --- | --- | --- | --- |
| ln$FDI$ | 美元 | 20.8889400 | 2.1418360 | 14.7021800 | 27.1848500 |
| ln$AIDs$ | 美元 | 18.3847700 | 1.3709020 | 14.2840100 | 21.2399100 |
| ln$AIDe$ | 美元 | 16.5097800 | 2.3639600 | 9.5644740 | 21.6025300 |
| ln$AIDp$ | 美元 | 16.4511900 | 1.6842170 | 9.5662650 | 21.6025300 |
| ln$AIDo$ | 美元 | 16.9125200 | 1.9861560 | 9.7017900 | 21.4753100 |
| $GDPg$ | % | 5.2651380 | 4.0705900 | -9.1333330 | 38.0449400 |
| $OPEN$ | % | 78.6010800 | 36.3163900 | 18.6124000 | 215.8233000 |
| ln$TEL$ |  | 5.2880980 | 1.5560360 | 0.5806696 | 8.1884900 |
| ln$INF$ | % | 2.0418400 | 1.0934420 | -3.0789740 | 7.8091430 |

为了规避上述动态面板模型中被解释变量滞后项、解释变量援
助、经济增长率以及贸易额占 GDP 的百分比具有内生性的可能导
致的组内估计量不一致，本节采用 GMM 方法。考虑本节采用的样

本个体多达 72 个、时间只有 6 段，为典型的长面板数据，因而系统 GMM 估计方法更适合。利用 Stata12.0 对模型（4 - 10）进行系统 GMM 估计及相应的检验，得出如表 4 - 4 所示的结果：

表 4 - 4　　　　　　　　　模型（4 - 10）估计结果

| 解释变量 | $\ln AIDs$ | $\ln AIDe$ | $\ln AIDp$ | $\ln AIDo$ |
|---|---|---|---|---|
| $\ln FDIt - 1$ | 0. 950 *** | 0. 980 *** | 1. 001 *** | 1. 001 *** |
| | （0. 015） | （0. 016） | （0. 017） | （0. 014） |
| $\ln AIDx$ | 0. 069 *** | 0. 038 ** | - 0. 057 *** | - 0. 038 ** |
| | （0. 027） | （0. 016） | （0. 020） | （0. 016） |
| $GDPg$ | 0. 012 *** | 0. 011 *** | 0. 010 ** | 0. 014 *** |
| | （0. 004） | （0. 004） | （0. 004） | （0. 005） |
| $OPEN$ | 0. 004 *** | 0. 005 *** | 0. 003 *** | 0. 003 *** |
| | （0. 001） | （0. 001） | （0. 001） | （0. 001） |
| $\ln TEL$ | 0. 106 *** | 0. 106 *** | 0. 052 ** | 0. 15 *** |
| | （0. 018） | （0. 023） | （0. 023） | （0. 027） |
| $\ln INF$ | - 0. 040 *** | - 0. 019 | - 0. 053 *** | - 0. 037 *** |
| | （0. 014） | （0. 014） | （0. 014） | （0. 014） |
| 过度识别检验 | | | | |
| chi2 统计量 | 51. 9608 | 49. 4086 | 46. 6376 | 50. 7873 |
| $p$ 值 | 0. 0975 | 0. 1463 | 0. 2182 | 0. 1180 |
| 自相关检验 | | | | |
| 一阶 | - 4. 4382 | - 4. 5232 | - 4. 5189 | - 4. 4926 |
| | 0. 0000 | 0. 0000 | 0. 0000 | 0. 0000 |
| 二阶 | - 1. 0495 | - 1. 2888 | - 1. 2020 | - 1. 1130 |
| | 0. 2940 | 0. 1975 | 0. 2294 | 0. 2657 |

注：$\ln AIDs$、$\ln AIDe$、$\ln AIDp$、$\ln AIDo$ 所在列分别表示 $\ln AIDx$ 取 $\ln AIDs$、$\ln AIDe$、$\ln AIDp$、$\ln AIDo$ 所得方程的估计结果。系数下方的括号内为标准差。*** 表示在 1% 的临界值条件下显著，** 表示在 5% 临界值条件下显著，* 表示在 10% 临界值条件下显著。扰动项自相关检验包括一阶与二阶检验，上面一行是 $z$ 统计量，其下方是 $P$ 值。

表 4 - 4 中扰动项自相关检验结果显示，四个方程的检验 $p$ 值（二阶）均大于 0.1，因此接受"扰动项差分的二阶自相关系数为零的原假设"。过度识别检验的 $p$ 值大于 0.05，说明在 5% 的显著

性水平上接受"所有工具变量都有效"的原假设。以上都表明系统
GMM 估计有效率。

表 4 - 4 中 ln$AIDx$ 的系数在 ln$AIDs$、ln$AIDe$、ln$AIDp$、ln$AIDo$ 方
程中均在 5% 的临界值条件下显著，说明流入到不同部门的援助对
FDI 都有显著影响。ln$AIDs$ 的系数为 0.069，意味着社会基础设施
及服务部门援助平均每增加 1%，流入的 FDI 将增加 0.069%，以
全部样本的援助和 FDI 的平均值计算，并采用 2010 年的可比价格，
社会基础设施部门援助平均增加 101.11 万美元，流入的 FDI 将增
加 79.26 万美元。ln$AIDe$ 的系数为 0.038，意味着经济基础设施部
门援助投入增加 1%（15.77 万美元），FDI 将增加 0.038%
（43.65 万美元）。ln$AIDp$ 的系数为 -0.057，说明生产部门援助投
入增加 1%（15 万美元），FDI 流入减少 0.057%（65.48 万美元）。
ln$AIDo$ 系数为 -0.038，说明其他部门（一般预算援助、债务减免）
援助增加 1%（20.83 万美元），FDI 流入减少 0.038%（43.65 万
美元）。从绝对量来看，这四大部门的援助中，经济基础设施及服
务部门援助和生产部门援助相对较少，而前者对 FDI 的促进效果最
好，后者对 FDI 的替代效果最强。

上述结论说明，不同部门的援助对 FDI 的影响是截然不同的。
OECD DAC 国家对 72 个亚非国家的社会基础设施及服务部门援助
和经济基础设施及服务部门援助促进了 FDI 流入这些亚非国家，说
明上述 72 个亚非样本国家基础设施及服务部门援助提高的资本产
出率对 FDI 产生的促进效应大于因该部门援助引致的经济增长带来
的国内投资增加对 FDI 的挤出效应。基础设施及服务部门援助通过
改善亚非受援国基础设施水平和人力资本使资本的产出率大幅提
高；另外，因经济增长带来国内投资增加而导致对 FDI 需求减少的
同时，经济增长带来的市场潜力也表现出对外资的吸引力，众多学
者的研究表明，东道国经济增长加速促进 FDI 流入（Root and
Ahmed，1977；Karakaplan and Sayek，2005；Bandyopadhyay and

Younas，2011）。其他部门援助（一般预算援助、债务减免）的增加导致 FDI 的减少。根据前文的理论分析结果，其他部门援助与基础设施及服务部门援助对 FDI 的影响差别在于两部门援助对全要素生产率的影响，结合基础设施及服务部门援助与 FDI 的实证结果可知，其他部门援助导致全要素生产率下降，相应地，资本产出率下降。实证结果说明投入亚非国家的一般预算援助和债务减免对于经济自由化、政治民主化的支持及政府治理能力的塑造活动，并没有为私人投资与生产创造更好的制度环境以提高全要素生产率，使资本产出率得到大幅提升；相反，可能因为改革方案的不适应性或者过度的改革要求而加重了受援国政府的负担，适得其反。抑或者是一般预算援助促使受援国滋生了非生产性寻租活动，从而导致受援国的资本产出效率下降。生产部门援助挤出了 FDI，说明 72 个亚非样本国家生产部门接受的官方援助与外来私人资本产生了竞争。若在全要素生产率或资本产出率没有提高的情况下，国际发展援助投入私人投资涉入程度较高的生产部门，会产生相互替代的效果。

　　表 4 - 4 中 $t$ 检验结果表明，除 ln$AIDe$ 方程中通货膨胀率 ln$INF$ 的系数外，ln$AIDs$、ln$AIDe$、ln$AIDp$、ln$AIDo$ 方程中其余解释变量在 5% 的临界值条件下均显著。这些方程中 $lnFDI_{t-1}$ 的系数均显示，在 72 个亚非样本国家，集聚效应对 FDI 产生较强的促进效果，前期 FDI 增加 1%，能够促进当期 FDI 增加约 1%。$GDPg$ 的系数均为正，约 0.01，表明对 72 个亚非样本国家而言，经济增长越快，越能被外商视为具有潜力的市场，越能吸引外商的直接投资。$OPEN$ 的系数也都为正，依据布斯和赫菲克（2007）的理论可知，72 个亚非样本国家的外商直接投资者更多地是利用东道国的低成本自然资源或劳动力进行生产，然后出口。ln$INF$ 的系数为负，表明在 72 个亚非样本国家，以高通货膨胀率为代表的经济低稳定性带来的投资风险对直接投资有明显的阻碍作用。ln$TEL$ 的系数为正且相对较

大，说明对 72 个亚非样本国家而言，完善的基础设施对外商直接投资具有较大的吸引力。

### (三) 区分受援国不同的制度水平

#### 1. 包含制度变量的模型

鉴于援助领域众多学者的研究结论证实受援国的制度水平能够影响援助的有效性，本节将区分不同制度水平下，各部门援助对 FDI 的影响效果。我们借鉴凯拉科普兰（2005）、哈姆和卢茨（2003，2006）和苏内森（2008）的做法，在模型（4－10）的基础上增加了制度变量与部门援助的交叉项，得如下模型，如式（4－14）所示：

$$\ln FDI_{it} = \beta_0 + \beta_1 \ln AIDx_{it} + \beta_2 \ln FDI_{it-1} + \beta_3 \ln AIDx_{it} \times GOV_{it}$$
$$+ \sum \beta_j X_{it} + \eta_i + \gamma_t + \varepsilon_{it} \tag{4－14}$$

其中，$AIDx$ 统一代表各部门援助，具体包括社会基础设施及服务部门援助（$AIDs$）、经济基础设施及服务部门援助（$AIDe$）、生产部门援助（$AIDp$）、一般预算援助与债务减免（$AIDo$）。$AIDx \times GOV$ 表示各部门援助与制度变量的交叉项，用以说明制度水平如何影响各部门援助对 FDI 的效果。ln 表示自然对数。

#### 2. 综合制度变量的构建

受援国的制度变量采用世界银行 WGI 数据库的指标和数据，世界银行是从公众参与度（$VAA$）、政治稳定性（$PAV$）、政府效率（$GTE$）、政策质量（$RYQ$）、法律环境（$ROL$）和腐败程度（$COC$）六个方面评价一国的制度水平的高低。鉴于本节需要检验的是制度水平对各部门援助的影响及可能存在的差异，而非不同制度对援助的 FDI 效应的影响，因此我们将运用上述六个制度指标去构造一个综合的国家制度指标。

为了研究经济政策对援助的经济增长效果产生的影响，伯恩赛德和朵拉（2000）用财政政策指标（财政预算盈余占 GDP 的比率）、货币政策指标（通货膨胀率）和贸易政策指标（贸易开放度）构造了一个加权的综合经济政策变量。他将上述三个经济政策变量与人均 GDP、国际援助及其他影响经济增长因素一道引入经济增长方程式，估计三个经济政策变量的参数，以它们的参数作为权重构造了综合经济政策变量。[①] 本节借鉴伯恩赛德和朵拉（2000）的方法，用世界银行六个国家制度变量、前期 FDI 构造 FDI 的方程，将六个国家制度变量的系统 GMM 估计参数作为权数构建如下国家综合制度变量：$GOVw = 0.1997632 \times PAV + 0.2794252 \times RYQ + 0.1092932 \times ROL + 0.0418471 \times COC + 0.0190569 \times GTE - 0.2545667 \times VAA$，其中，$GOVw$ 表示加权平均综合制度变量，$VAA$、$PAV$、$RYQ$、$ROL$、$COC$、$GTE$ 为分别代表公众参与度、政治稳定性、政策质量、法律环境、腐败程度和政府效率。为了保证检验结果的稳健性，我们同时还运用简单平均法构造了另一组国家综合制度变量，用 $GOVa$ 表示简单平均综合制度变量。两个综合制度变量数据描述如下：

表 4－5 显示，加权平均综合制度变量水平远小于简单平均综合制度变量水平，这是由数据处理引起的，因为在获取各制度变量权重时，FDI 的方程中引入了前期的 FDI，弱化了各制度变量对 FDI 的影响，但这并不影响任何一组综合制度的单独作用。事实上，两个综合变量的相关性较高，相关系数为 0.8314。从变化幅度来看，简单平均综合制度变量更大一些。两个变量的变化主要来自国家之间。[②]

---

① Burnside C., Dollar D. Aid, Policies, and Growth. American Economic Review, Vol. 90, 2000, pp. 847 – 868.

② $GOVw$、$GOVa$ 变量样本组间标准差依次为 0.2452605、0.5108442，组内标准差依次为 0.1007444、0.1602238。

表 4 - 5　　　　　　　　　　制度变量基本统计描述

| 变量 | 单位 | 中值 | 标准差 | 最小值 | 最大值 |
|------|------|------|--------|--------|--------|
| GOVa | 分 | 2.3723380 | 2.1418360 | 0.8857250 | 3.7594540 |
| GOVw | 分 | 0.9672548 | 0.2638793 | 0.1323136 | 1.5915400 |

### 3. 模型估计和结果分析

为了规避上述动态面板模型中被解释变量滞后项以及解释变量国际发展援助（$AIDx$）、经济增长率（$GDP$）、贸易额占 GDP 的百分比（$OPEN$）具有内生性可能导致的组内估计量不一致，考虑样本的短面板特征，采用系统 GMM 进行参数估计。估计结果如表 4 - 6 和表 4 - 7 所示。

表 4 - 6　　　　　　　　　　模型（4 - 12）回归结果 1

| 解释变量 | ln$AIDs$ | ln$AIDe$ | ln$AIDp$ | ln$AIDo$ |
|----------|----------|----------|----------|----------|
| ln$FDIt-1$ | 0.943 *** | 0.985 *** | 0.994 *** | 0.987 *** |
|  | (0.012) | (0.016) | (0.015) | (0.014) |
| ln$AIDx$ | 0.067 *** | 0.058 *** | -0.063 *** | -0.053 * |
|  | (0.023) | (0.016) | (0.018) | (0.012) |
| ln$AIDx \times GOVa$ | 0.013 ** | 0.019 *** | 0.014 *** | 0.026 *** |
|  | (0.010) | (0.011) | (0.010) | (0.013) |
| $GDPg$ | 0.017 *** | 0.020 *** | 0.020 *** | 0.020 *** |
|  | (0.004) | (0.003) | (0.003) | (0.004) |
| $OPEN$ | 0.003 *** | 0.003 *** | 0.003 *** | 0.002 *** |
|  | (0.001) | (0.001) | (0.001) | (0.001) |
| ln$TEL$ | 0.115 *** | 0.108 *** | 0.089 *** | 0.112 *** |
|  | (0.016) | (0.019) | (0.020) | (0.021) |
| ln$INF$ | -0.042 *** | -0.031 *** | -0.046 *** | -0.054 *** |
|  | (0.012) | (0.012) | (0.010) | (0.012) |
| 过度识别检验 | | | | |
| chi2 统计量 | 55.5444 | 56.1792 | 55.6120 | 51.8931 |
| $p$ 值 | 0.2118 | 0.1952 | 0.2100 | 0.3247 |

续表

| 解释变量 | lnAIDs | lnAIDe | lnAIDp | lnAIDo |
|---|---|---|---|---|
| 自相关检验 | | | | |
| 一阶 | -4.4781 | -4.622 | -4.5607 | -4.5408 |
| | 0.0000 | 0.0000 | 0.0000 | 0.0000 |
| 二阶 | -0.9357 | -1.1415 | -1.0713 | -0.9445 |
| | 0.2930 | 0.2537 | 0.2840 | 0.3449 |

注：lnAIDs、lnAIDe、lnAIDp、lnAIDo 所在列分别表示 lnAIDx、lnAIDx × GOVa 取 lnAIDs、lnAIDs × GOVa、lnAIDe、lnAIDe × GOVa、lnAIDp、lnAIDp × GOVa、lnAIDo、lnAIDo × GOVa 所得方程的估计结果。系数下方的括号内为标准差。*** 表示在 1% 的临界值条件下显著，** 表示在 5% 临界值条件下显著，* 表示在 10% 临界值条件下显著。扰动项自相关检验包括一阶与二阶检验，上面一行是 $z$ 统计量，其下方是 $P$ 值。

**表 4 - 7**                  **模型（4 - 12）回归结果 2**

| | lnAIDs | lnAIDe | lnAIDp | lnAIDo |
|---|---|---|---|---|
| $lnFDIt - 1$ | 0.966 * | 0.994 *** | 0.998 *** | 1.013 *** |
| | (0.013) | (0.015) | (0.012) | (0.011) |
| $lnAIDx$ | 0.044 *** | 0.021 *** | -0.062 *** | -0.039 ** |
| | (0.026) | (0.012) | (0.017) | (0.012) |
| $lnAIDx \times GOVw$ | 0.005 * | 0.006 *** | 0.010 *** | 0.013 ** |
| | (0.003) | (0.003) | (0.003) | (0.003) |
| $GDPg$ | 0.015 *** | 0.016 *** | 0.016 *** | 0.021 *** |
| | (0.003) | (0.003) | (0.003) | (0.003) |
| $OPEN$ | 0.004 *** | 0.004 *** | 0.003 *** | 0.003 *** |
| | (0.001) | (0.001) | (0.001) | (0.001) |
| $lnTEL$ | 0.060 *** | 0.084 *** | 0.065 *** | 0.093 *** |
| | (0.013) | (0.019) | (0.015) | (0.021) |
| $lnINF$ | -0.031 ** | -0.024 ** | -0.044 *** | -0.030 *** |
| | (0.013) | (0.010) | (0.013) | (0.011) |
| 过度识别检验 | | | | |
| chi2 统计量 | 58.8484 | 56.0744 | 58.0281 | 63.4050 |
| $p$ 值 | 0.1832 | 0.2577 | 0.2035 | 0.0965 |

续表

| | ln*AIDs* | ln*AIDe* | ln*AIDp* | ln*AIDo* |
|---|---|---|---|---|
| | 自相关检验 | | | |
| 一阶 | -4.4538 | -4.5172 | -4.5019 | -4.4956 |
| | 0.0000 | 0.0000 | 0.0000 | 0.0000 |
| 二阶 | -1.0516 | -1.1715 | -1.1164 | -1.1122 |
| | 0.2930 | 0.2414 | 0.2642 | 0.2660 |

注：ln*AIDs*、ln*AIDe*、ln*AIDp*、ln*AIDo* 所在列分别表示 ln*AIDx*、ln*AIDx* × *GOVw* 取 ln*AIDs*、ln*AIDs* × *GOVw*，ln*AIDe*、ln*AIDe* × *GOVw*，ln*AIDp*、ln*AIDp* × *GOVw*，ln*AIDo*、ln*AIDo* × *GOVw* 所得方程的估计结果。系数下方的括号内为标准差。*** 表示在 1% 的临界值条件下显著，** 表示在 5% 临界值条件下显著，* 表示在 10% 临界值条件下显著。扰动项自相关检验包括一阶与二阶检验，上面一行是 *z* 统计量，其下方是 *P* 值。

表 4-6 和表 4-7 中所有的方程，扰动项自相关检验及过度识别检验的结果都表明系统 GMM 估计有效率。

系数 *t* 检验结果表明各部门援助与国家综合制度变量交叉项 ln*AIDx* × *GOVw*、ln*AIDx* × *GOVa* 的系数均在 10% 的临界值条件下显著，说明在 72 个亚非样本国家中，制度水平显著影响了各部门援助对 FDI 的效果。ln*AIDx* × *GOVw*、ln*AIDx* × *GOVa* 的系数均为正值，说明在拥有良好制度水平的国家，各部门援助会增加对 FDI 的正向影响。

以加权平均综合制度变量来说，ln*AIDs* × *GOVw* 的系数为 0.013，意味着当受援国的制度水平每增加 1 分，社会基础设施及服务部门援助对 FDI 的促进效果平均增加 0.013（即援助增加 1%，FDI 增加 0.013%，或者援助增加 96.47 万美元，FDI 增加 15.34 万美元）。ln*AIDe* × *GOVw*、ln*AIDp* × *GOVw*、ln*AIDo* × *GOVw* 的系数分别为 0.019、0.014、0.026，则表示当受援国的制度水平每增加 1 分，经济基础设施及服务部门援助、生产部门援助和其他部门援助对 FDI 的促进效果平均增加 0.019（援助增加 14.79 万美元，FDI 增加 22.42 万美元）、0.014（援助增加 13.95 万美元，FDI 增加 16.52 万美元）、0.026（援助增加 22.13 万美元，FDI 增加 30.68

万美元)。若以简单平均综合制度变量来说,受援国的制度水平每增加 1 分,社会基础设施及服务部门援助、经济基础设施及服务部门援助、生产部门援助和其他部门援助对 FDI 的促进效果分别平均增加 0.005、0.006、0.010 和 0.013。可见,以制度水平对援助的 FDI 效果大小论,其他部门援助对 FDI 的效果受制度水平影响最大,经济基础设施及服务部门援助和社会基础设施及服务部门援助对 FDI 的效果受制度水平影响相对较小。可能原因可以从两个方面考虑:第一,与其他三个部门的援助不同,其他部门援助的组成一般预算援助、债务援助是进入受援国政府财政的非捆绑性援助,它们的有效性对受援国政府的制度要求更高。正如伊科诺米季斯(2008)、斯文松(2000)、达尔高和奥尔森(2006)的研究显示,在政府机构较弱的受援国,非捆绑性援助能够成为"租"。①②③ 官员"腐败"、企业"寻租"将削弱援助对 FDI 的促进效应。第二,通常在制度水平较高的国家,基础设施相对完善,对基础设施援助的需求程度没那么高,一定程度上降低了基础设施对 FDI 的促进效应。这一结论得到了哈姆和卢茨(2003,2006)的证实。④

若将 $\ln AIDx$、$\ln AIDx \times GOV$ 的系数结合来看,我们发现虽然受援国的制度水平会增加各部门援助的 FDI 促进效果,但最终并没有完全改变各部门援助对 FDI 效果的方向。无论国家制度变量采用的是加权平均综合制度变量还是简单平均综合制度变量,社会经济基

① George Economides, Sarantis Kalyvitis, Apostolis Philippopoulos, Does Foreign Aid Distort Incentives and Hurt Growth? Public Choice, Vol. 134, 2008, pp. 463–488.

② Jakob Svensson, Foreign Aid and Rent – Seeking. Journal of International Economics, Vol. 51, 2000, pp. 437–461.

③ Dalgaard and Olsson, Windfall Gains, Political Economy and Economic Development. Paper prepared for the 2006 AERC conference in Nairobi, 2006.

④ Harms P, Lutz M Aid, Governance and Private Investment: Some Puzzling Findings and a Possible Explanation. HWWA Disscussion Paper, No. 1 – 33, 2003; Harms P, Lutz M. Aid, Governance and Private Investment: Some Puzzling Findings for the 1990s'. Economic Journal. Vol. 116, 2006, pp. 773–790.

础设施及服务部门和经济基础设施及服务部门援助对 FDI 均产生正
向影响，在高制度水平的受援国将强化这一正向效果。生产部门援
助对 FDI 产生替代作用，即使在制度水平最高的受援国，官方援助
资本与私人资本还是产生了竞争。如以简单平均综合制度变量计
算，最高制度水平为 3.76，生产部门援助增加 1% 将挤出 0.025%
的 FDI；若以加权平均综合制度变量计算，生产部门援助增加 1%，
FDI 将减少 0.05%。而由一般预算援助和债务减免构成的其他部门
援助对 FDI 产生促进作用的制度临界点为：加权平均综合制度变量
2.0 分、简单平均综合制度变量 3.0 分，这一制度水平对于一般发
展中国家，尤其是重债穷国是很难达到的。

# 本 章 小 结

本章研究了援助的结构对受援国 FDI 的影响。首先，将援助的
结构界定为不同部门援助的组成，分析了主要部门援助的目标、产
出或效果及其产生的区位优势。其次，将各部门援助通过增加物质
资本和影响全要素生产率两个途径引入小型开放经济体的 Solow 模
型，就主要部门援助对 FDI 的影响进行理论分析。最后，以 OECD
DAC 成员国对亚非国家的援助为样本，实证检验了不同部门援助对
受援国 FDI 的影响效果，并构建了国家综合制度变量，来区分受援
国不同制度水平下的效果差异，得到以下结论：

（1）经济基础设施及服务部门援助为受援国提供生产性公共产
品，社会基础设施及服务部门援助为受援国积累了人力资本，这两
部门援助均提升了受援国的区位优势。一般预算援助和债务减免通
常附加政治、经济改革要求，旨在帮助受援国建立良好的制度环
境，然而不适宜的改革方案与过度的附加条件反而无法达到预期效
果且加重了政府负担。另外，一般预算援助和债务减免属非捆绑型

援助更易滋生腐败，形成不利于投资的制度环境。因而，一般预算援助和债务减免通过影响制度环境对受援国的区位优势产生影响。

（2）小型开放经济体的 Solow 模型表明，生产部门援助通过增加物质资本影响 FDI，在储蓄率保持不变的情况下，生产部门援助等量地挤出了 FDI。基础设施及服务部门援助、由一般预算援助和债务减免组成的其他部门援助通过影响全要素生产率从而影响 FDI。基础设施部门援助对 FDI 的影响不确定，取决于资本边际产品提升对 FDI 产生的正效应与稳态人均收入水平提高对 FDI 产生的负效应的综合结果决定，其他部门援助对 FDI 的影响也由上述两效应的综合结果决定。

（3）运用 OECD DAC 成员国对亚非国家的援助样本数据的实证结果显示，社会基础设施部门援助和经济基础设施部门援助对受援国 FDI 产生正向影响，生产部门援助和其他部门援助对 FDI 产生负向影响。受援国的制度水平能够强化各部门援助对 FDI 的正效应、弱化负效应，但不能实质性地改变经济基础设施及服务部门援助、社会基础设施及服务部门援助以及生产部门援助对 FDI 的影响方向。同时，只有在受援国制度水平很高的条件下，才能改变一般预算援助和债务减免对 FDI 的负向效果。

# 第 五 章

## 国际发展援助对援助国直接
## 投资受援国的影响

在国际发展援助与 FDI 的关系研究中，基穆拉和土库（2009）提出了援助对直接投资的"先锋效应"，他指出当援助国向受援国提供的官方发展援助促进了援助国对该受援国的直接投资流入时，援助成为直接投资的"开路先锋"，即产生了"先锋效应"。[1] 本章所指的国际发展援助对援助国流向受援国直接投资的正向影响正体现了"先锋效应"。本书认为，经济动机引导下的国际发展援助很可能成为直接投资的"开路先锋"。国际发展援助为援助国企业创造了综合所有权优势，推动了援助国企业对受援国的直接投资。本章内容安排如下：首先，从理论上分析了援助如何产生对直接投资的"先锋效应"；其次，选择了 8 个经合组织（the Organization of Economic Cooperation and Development，OECD）发展援助委员会（the Development Assistance Committee，DAC）援助国，对这些国家的对外援助与对外直接投资的流向进行了比较分析；最后，以上述 8 个 OECD DAC 成员国对亚非国家的援助与直接投资的配对数据为样本，就各援助国的援助对直接投资是否具有"先锋效应"进行了

---

[1]  Kimura H，Todo Y.，Is Foreign Aid a Vanguard of Foreign Direct Investment? A Gravity – Equation Approach，World Development，Vol. 38，2009，pp：482 – 497.

实证分析。

## 第一节　援助对援助国直接投资受援国影响的理论

### 一、援助的经济动机

关于援助动机的理论可以分为现实主义和理想主义两种。前者认为"无论什么样的对外援助，本质上都是政治的，主要目标都是促进和保护国家利益"，[1][2] 后者强调受援国的基本需求、援助国的援助责任和利他主义，认为人道主义关切是对外援助的主要动因。[3][4][5][6] 在援助实践中，体现出现实主义和理想主义的调和（林燕，2001；Meernik et al.，1998；Apodaca and Stohl，1999；Alesina and Dollar，2000；Berthélemy and Tichit，2004；Berthelemy，2006；Nunnenkamp and Thiele，2006；Easterly，2007；Fink and Redaelli，2009；Harrigan and Chengang Wang，2011）。由于对外援助的资金来源于援助国国内而在受援国使用，援助国政府的援助活动必须得

① Hans Morgenthau, A Political Theory of Foreign Aid. The American Political Science Review, Vol. 56, No. 2, Jun 1962, pp. 301 – 309.

② Olav Stokke, Western Middle Powers, Global Poverty, The Determinants of the Aid Policies of Canada, Denmark, the Netherlands, Norway and Sweden. African Studies Review, Vol. 33, No. 1 (Apr., 1990), pp. 159 – 161.

③ William Ryrie, First World, Third World. Macmillan Press Ltd., 1995, pp. 315.

④ David H. Lumsdaine, Moral Vision in International Politics: The Foreign Aid Regime 1949 ~ 1989. Princeton, N. J.: Princeton University Press, 1993, p. 290.

⑤ Ferkiss, Victor, Foreign Aid: Moral Aspects and Political Aspect, Moral Dimensions of American Foreign Policy. New Brunswick, 1984, pp. 202.

⑥ Stokke, Lav, Western Middle Powers, Global Poverty: The Determinants of the Aid Policies of Canada, Denmark, the Netherlands, Norway and Sweden, African Studies Review, Vol. 33, No. 1 (Apr., 1990), pp. 159 – 161.

到国内的认可，所以对外援助必然会夹杂援助国的利益。正如日本驻华大使国广道彦所说"……既然官方发展援助是主要来源于国民的税收，就必须得到国民的认可，更具体的是国会理解的方法进行使用，而违反这个原则的官方发展援助使用方法将是不可能被接受的。"①

国家利益的范畴较广，经济利益是其中之一。在美国、英国、日本、德国等国的对外援助政策宣言中均表明获取经济利益的援助目标。如美国国际开发署在对其自身工作的描述中指出美国对外援助的主要目标："我们的援助是为美国商品开发未来的市场，美国国际开发署正在与那些鼓励私人投资的国家建立伙伴关系，从而为美国的商品打开新的市场，促进海外贸易与投资……"② 1977 年始卡拉汉政府在英国援助项目中增加了"援助与贸易条款"，用于"与英国商业利益相关的、可靠的发展项目"，这里提到的"英国商业利益"，按照英国官方的解释，包括：有助于英国企业进入受援国的市场领域、有助于建立或维持英国企业与受援国企业的技术联系、有助于保护受到威胁的英国传统海外市场、有助于英国企业与那些以援助项目为武器的贸易竞争对手斗争、有助于英国企业确保"具有重要的商业或工业意义"的受援国订单。③ 显然，主要援助国将官方发展援助为私人资本在受援国创造条件，从而促进私人资本在受援国的投资作为重要的经济目标。

## 二、援助与援助国企业的综合所有权优势

为促进私人资本在受援国的投资，以获取更大的经济利益，援

---

① 国广道彦：《浅谈日本的对华经济援助——在中央统战部礼堂的演讲》，1994 年 6 月 16 日。

② "The Secretary of State to President, March 14, 1949," FRUS, 1949, Vol. I, pp. 779.

③ 周弘、张浚、张敏：《外援在中国》，社会科学文献出版社 2007 年版，第 307 页。

助国在实施援助的同时会采取一系列的促进举措。如战后美国杜鲁门政府在实施第四点计划、对亚非拉不发达地区实行经济技术援助时，要求受援国努力为私人资本的流入创造有利条件，保护美国投资在他们国家免遭"不合理的和歧视性的法律"的伤害。同时，美国政府还授权进出口银行为美国私人资本在国外不发达地区投资于经济开发的生产性企业提供担保。又如始于 20 世纪 80 年代、大规模地在亚非拉发展中国家实施的"结构性调整贷款"，这一贷款援助要求受援国进行私有化、自由化、市场化为核心的宏观经济改革，建立和完善市场经济体系，以从制度上保障援助国在受援国的经济活动。因而，本书认为援助的实施能够为援助国的私人投资在受援国创造良好的投资环境、降低投资的风险、减少投资的成本，从而为援助国的企业创造综合所有权优势，具体表现在以下几个方面：

### （一）信息优势

在国际直接投资活动中，投资者面对的是陌生的、与国内不同的环境，因此准确获取投资环境信息并加以客观、有效地评估是国际经营活动取得成功的前提条件。但对于私人企业来说，收集信息不仅需要成本还涉及能力问题，尤其是在有诸多市场不完善和制度缺陷的发展中国家。为降低由于信息不完全造成的经营失败概率，减少收集信息的成本，私人企业通常选择信息相对充分的区域进行投资，因此信息和知识成为跨国公司选择区位的重要因素（Mody et al. , 2003；Mariotti S. and L. Piscitello，1995；Erramilli M. K. and D. E. D Souza，1995；贺灿飞和魏后凯，2001）。正如一些区域，如经济发展核心区、外资集中区、边界地带及开放地区，由于拥有发达的交通通讯设施、完善的行政体系和商业服务，信息相对透明公开，信息外溢效应高，因而成为跨国公司对外直接投资的首选地区。①② 所以，企业对东道国投资环境了解得越多，越可能促使其在该国进行直接投资。

在国际发展援助方式中，项目援助占主导地位，以 OECD DAC 成员国提供的援助为例，2010 年项目援助接近 546 亿美元，占 DAC 成员国援助总量的 53%。③ 在双边援助中，无论是贷款项目还是赠款项目，在项目立项之前都要对项目进行调研，即做可行性研究。首先，援助国通过对项目进行多次的调查研究，不仅获取了援助领域的相关信息，还能获取受援国信息。以日本提供的日元贷款项目为例，在贷款合同签订之前的每一道程序都涉及项目的调查。日元贷款采用的是"申告主义"，所以第一道程序需要受援国就有关援建项目通过日本驻外使馆等外交渠道向日本政府提出贷款申请。在申请之前，受援国要对投资范围、规模、实施时期等进行可行性调查，并完成投资项目计划书。因各种原因，部分发展中国家不想或者没有能力进行这些调查，由日本国际协力机构通过技术合作形式完成。第二道程序是日方的审查和批准。受援国的申请经过外务省初审筛选后，交由四省厅进行协商，同时外务省指令日本海外经济协力基金对申请国进行调查。调查项目包括申请国的经济发展水平、社会稳定程度、偿还贷款的能力、申请项目的必要性与可行性等。经四省厅协商和 OECF 审议结果认为可以提供贷款的项目进入第三道程序——双边协商、交换公文与落实合同。双方政府主管部门就贷款规模、利息率、偿还期限、采购条件等事项进行谈

① Mariotti, S. , L. Piscitello, Information Cost s and Location of Foreign Direct Investments within the Host Country: Empirical Evidence from Italy. Journal of International Business Studies, Vol. 4, 1995, pp. 815 – 836.

② 贺灿飞、魏后凯：《信息成本、集聚经济与中国外商投资区位》，载《中国工业经济》2001 年第 9 期。

③ 李小云、王伊欢、唐丽霞：《国际发展援助——发达国家的对外援助》，世界知识出版社 2013 年版，第 22 页。

判，达成协议后形成公文。双方完成签署、交换公文后，OECF 再次对该项目的有关情况进行详尽的调查研究，确认其可行性，然后向受援国提交"法律调查文件"，要求受援国说明在利用外国贷款方面有哪些法律、法规、法令和法律保障。如果 OECF 认为受援国的法律体系完备，足以保障外国资金的借贷和偿还，双方最后才签订贷款合同。其次，援助国通过对项目进行多次的调查研究，可以获取受援国的多方面信息，既包括社会、经济发展状况，也包括政府政策与政府治理方面的情况。以 1995 年中德云南二期造林项目为例，项目启动前的 1991~1994 年，德国方面分别派出林业专家组成的专家小组、由德国复兴信贷银行的项目管理官员、财务人员、林业专家组成的大规模考察团，以及联合中方的科技人员对项目区进行了三次考察，获取了林业发展状况、自然环境状况和社会经济状况方面的大量信息，具体包括林业自然资源、林业产值、造林营林技术现状、林业生产经营体制、林木产权制度、自然环境调查、工农业生产总值、地方财政收支情况、农民人均年纯收入、山区经济发展和农民生产生活对林产品的需求、可投入林业生产的劳力和土地等，这些信息可作为日后对该地区进行林业投资的参考。

同时，长期的援助活动最终形成援助国援助机构驻扎在受援国的局面。美国国际开发署在组织结构基层设置驻海外办事处，目前它的外派职员遍布世界 100 多个国家；德国国际合作公司在全球超过 130 个国家开展工作，拥有员工 17185 名，其中 69% 的员工为直接在各地区工作的国家专业人员；英国的国际发展部下设了 51 个国际办事处，其中一半的工作人员驻守海外；瑞典国际发展合作署管理并组织实施瑞典与非洲、亚洲、拉丁美洲以及中东欧国家和地区的双边及多边发展合作，目前，在海外使领馆中派驻人员将近 200 人。这些机构通过援助活动与受援国建立起了沟通与交流的多层次渠道，既可与国家层面直接沟通，也建立起了与部委或地方的直接联系，有利于广泛收集、获得与更新受援国的多方面信息，这些信息不断地通过援助国政府与企业的联系产生溢出效应，为企业做出正确的投资决策提供了保障条件，同时也减少了企业的投资成本、扩大了企业的投资机会。

## （二）软环境优势

投资的"软环境"是指能够影响资本流入的各种非物质因素，或称"人际环境"，它的范畴很广，包括如政治体制、法律制度等政治因素，如市场购买力、经济开放度等经济因素，如贸易政策、外资政策等政策因素，如语言、文化传统、宗教等社会和文化因素。这里的"软环境"主要涉及文化因素，以及由文化和经济环境形成的技术标准、管理模式等。

在不同的文化背景下，人的价值观念、思维方式和行为模式都存在差异。如果东道国与母国之间的文化差异较大，那么母国投资者在与东道国政府以及当地其他关联企业的交流过程中，因在信息认知、转换、理解，特别是认同上存在困难时，双方容易出现沟通障碍。如果母国和东道国没有使用相同的母语，这种可能性更大。另外，在跨国公司内部，来自两国的员工也可能因文化和语言的不同，导致信息交流不通畅。如果母国投资者以合资的形式进入东道国，那么不同文化背景下的企业进行整合，难免会存在因文化差异而产生的文化误解和文化冲突。[1] 两国间的文化距离越大，组织管理和沟通协调的难度也会随之增大，管理冲突的增加以及国家文化、企业文化的双重文化适应问题的产生，也容易导致国际合资企业的失败。[2] 文化差异进一步会影响企业的行为规范，加上双方经济发展水平的差距，东道国与母国同类企业采用的生产标准及管理

---

[1] Hennart, J. F., M. Zeng, Cross – Cultural Differences and Joint Venture Longevity. Journal of International Business Studies, Vol. 33, No. 4, 2002, pp. 699 – 716.

[2] Park, S. H., G. R. Ungson, The Effect of National Culture, Organizational Complementarity and Economic Motivation on Joint Venture Dissolution. The Academy of Management Journal, Vol. 40, No. 2, 1997, pp. 279 – 307.

规范也会存在差异，这些差异增加了跨国公司的调整成本，如机器设备置换成本、员工的培训成本，无益于企业竞争力的提升。为最大程度地避免跨国投资的风险，降低企业经营的生产、交易成本，跨国公司倾向于投资在和母国具有相同文化背景的东道国或区域。如英国大多数的 FDI 集中在英联邦国家和地区，日本、韩国的 FDI 则在亚洲，法国的 FDI 偏爱法语系的国家。又如在中国，韩国的 FDI 集中在山东、东北三省，香港的 FDI 集中在广东，来自台湾地区的 FDI 则集中在福建。

援助国可以通过以项目形式为主的援助活动影响受援国项目区的生产经营"软环境"，如生产技术标准、管理技术规范、项目管理模式等。援助项目不论是由受援国的政府机构或者非政府部门执行还是由援助国直接负责具体的实施工作，均会在受援国设立独立于受援国体系的专门机构"项目办"。"项目办"严格按照援助方和受援方协议中规定的一整套工作程序执行。因援助国在项目相关领域具有的知识、经验和观念的优势，在项目实施过程中，多数要求采用援助国推荐的生产技术标准和管理技术规范。为保证这些标准和规范的执行到位，援助国聘请本国专业人士或委托"项目办"为项目管理人员、技术人员以及广大的生产者提供多次的培训、现场指导及咨询服务，同时援助项目采用"报账提款"的资金划拨制度与"多层级验收"的质量管理制度相结合，确保了这些标准和规范的严格实施。援助国的生产技术标准、管理技术规范、项目管理模式等"软件"通过援助项目嫁接、消化在受援区域本土，进一步随着项目的示范效果而在受援国各地复制，为援助国企业在受援国的经济活动创造了有利的内部"软环境"。技术援助在实践中更加表现出"供给推动型"，一些技术援助从项目的设计到技术支持专家和机构的选聘，再到财政预算的控制均由援助国掌控、单方面做出决策。因而，上述效果将会更加明显。

援助国注重通过援助活动来推广本民族的语言和文化，尤其是非英语的援助国。如德国在中国设立了歌德学院和其他一些德语培训中心，这些机构不仅教授语言，而且经常举办音乐会和电影展等文化交流活动；德国向中国提供的多数奖学金均以掌握德语为条件。法国对非洲的援助更加凸显对法国语言和文化的宣传，每个法国对非洲的援助项目几乎都会包括"教育"和"文化"的内容。在法国政府与马里政府签订的《2006～2010 年合作框架协议》中将提高法语语言能力作为两国优先合作的领域之一；而通过法语教育和对法国文化的宣传使南非人认识法国也一直以来是法国与南非合作的重点之一。目前，法国外交部属下的 50 多个法国文化中心和法语培训中心已成为非洲文化生活中不可或缺的行为体。以语言和文化为主要内容的援助提升了受援国公民的援助国语言能力以及对援助国文化的包容性和理解力，为援助国私人资本在受援国创造了更加通畅的信息交流环境。

### （三）低风险优势

对跨国投资者来说，东道国的投资环境是陌生的、复杂的、差异的而又变化着的，因此不可避免地存在着因客观条件的不确定而对未来行为的决策偏离预定目标的可能性。这一客观条件可以来自东道国的政策，也可能源于东道国的政治、经济因素或社会、文化因素。风险的存在将降低投资者对资本收益的预期，不利于投资者做出跨国投资决策，尤其是当东道国政局动荡、国内冲突不断或者投资者在东道国可能面临国有化风险时，能够达到直接限制跨国公司进入的效果。

向受援国提供双边发展援助将降低援助国企业在受援国当地投资的政治、经济风险。首先，双边发展援助作为一项官方间的转移支付，能够帮助开启或增强与受援国之间的友好关系。两国间良好的、稳定的政治关系为援助国的私人投资创造了稳定的外部环境，减少了在受援国遭遇国家风险的可能性。日本于 1979 年开始向中国实施第一批日元贷款项目，截至 1988 年，日方共完成两批对华日元贷款，累计金额 8709 亿日元，投入到铁路、港口、电力、城市基础设施等领域的 22 个项目中。20 世纪 80 年代（至 1988 年），以政府间经济合作为中心的中日关系和谐、稳定，也推动了中日经贸的快速发展。日本对华投资规模由 1983 年的 9.4 亿美元扩大至 1988 年的 79.6 亿美元，增长了 8 倍。双边贸易额从 1979 年的 67 亿美元增长至 1988 年的 146 亿美元，日本成为继中国香港之后，中国的第二大贸易伙伴。① 其次，官方发展援助作为一项有力的外交工具，在私人资本遭受国有化政策、外汇管制、停止或延期偿还债务等国家风险时，可以作为谈判砝码，为援助国私人资本在受援国的投资保驾护航。美国肯尼迪政府在巴西曾有效地使用过官方发展援助这一外交工具。20 世纪 60 年代，为实现民族经济自主发展，拉美国家进行了土地改革并对一些部门实施国有化政策。1962 年巴西南里奥格兰德州州长布里佐拉没收了美国国际电报电话公司在该州的一个子公司。随后，肯尼迪政府以经济援助为手段，向古拉特政府施加压力，迫使巴西满足国际电报电话公司的赔偿要求。之后国会在国际电报电话公司的竭力游说下，通过了《1961 年对外援助法》的 620（e）款即《西肯鲁帕修正案》，该条款规定："如果接受美国援助的国家没收美国公司财产，否认与美国公司所签合同的效力，迫使美国公司屈从于歧视性的税收和管理，美国总统就应中止对该国的所有经济援助，包括削减该国商品的进口份额；在实施制裁之前，当事国有六个月时间，可采取积极措施开始进行补偿。"② 很明显，这一修正案把对外援助计划与保护美国海外投资直接联系起来。再次，援助国向受援国提供援助，很大程度上反映了援助国与该受援国良好的外交关系和互利的经济联系。所以，当

---

① 参见对外经济贸易部：《中国对外经济贸易年鉴》1984 年、1990 年。

② Hoden, Eric Zolob, Latin American and the United States: A Documentary History, pp. 238-239.

受援国遭受经济危机或金融危机时，援助国有动力提供进一步援助来帮助受援国缓解危机。比如始于 1997 年泰铢大幅度贬值的亚洲金融危机。在这场危机中，印度尼西亚损失惨重，从 1998 年开始，印度尼西亚出现资本外逃现象，FDI 净流量由 1997 年的 47.3 亿美元变为 1998 年的负 2.1 亿美元，这一现象直至 2003 年才有所缓解，FDI 净流量由 2003 年的负 6 亿美元变为 2004 年的 19 亿美元。而同一时期，OECD DAC 成员国给予了印度尼西亚大规模的官方发展援助。OECD 统计数据显示，DAC 成员国对印度尼西亚的援助净流量由 1997 年的 7.7 亿美元增加至 1998 年的 12.4 亿美元，1999 年达到历史最高值 20.1 亿美元，直到 2003 年印度尼西亚接受的援助净流量均在 11.7 亿美元以上。可见，在亚洲金融危机时期，官方发展援助有助于缓解金融危机对印度尼西亚的影响，降低私人投资风险，也为危机解除后 FDI 的重新流入创造了条件。2004 年之后印度尼西亚的 FDI 净流量快速增长，到 2012 年达到了 198.5 亿美元。

## 第二节　主要援助国的对外援助与对外直接投资流向的比较分析

本书以 OECD DAC 成员国对亚非国家的国际发展援助和直接投资为样本进行实证分析。美国、日本、德国、法国、英国、荷兰、瑞典、瑞士是 OECD DAC 中重要的援助国，1985～2012 年他们对亚非国家的官方发展援助占所有 DAC 国家提供的官方发展援助的比例分别为 24%、18%、12%、10%、7.2%、4.1%、3.0%、1.4%，累计达 80%。下文将对这 8 个援助国的对外援助与对外直接投资的流向进行比较分析，以检验两者是否具有一致性。

# 一、美国的对外援助与对外直接投资流向

## （一）区域流向

表 5 - 1 显示，美国的对外援助主要流向了亚洲地区和非洲地区。1990~2009 年这两个地区接受的美国援助金额分别占美国对外援助总额的 42.23% 和 37.04% 。美国的对外援助其次流向了美国所在的美洲大陆，美国对美洲地区的援助规模占美国对外总援助的 14.95% 。撒哈拉以南的非洲地区受援国数量多，中东地区蕴藏着丰富的石油、天然气资源且是美国全球安全战略的重点地区，美国对这些地区的对外援助金额占对外援助总额的比例均超过了 25% 。从美国对各区域援助规模的变化来看，2000~2009 年相比 1990~1999 年，美国对撒哈拉以南的非洲地区、中南亚地区的援助比重成倍提升，而美国对传统外援区域北非地区的援助比重大幅缩减。主要原因是进入 21 世纪，防止与打击恐怖主义成为美国援助的战略目标之一，而消除贫困是应对恐怖主义的根本措施，拥有全球 49 个贫困国家中的 34 个的撒哈拉以南非洲地区必然受到美国外援的重视。随着伊拉克战争的结束，南亚地区的阿富汗和巴基斯坦成为美国打击恐怖主义的前沿阵地，美国对北非地区的部分外援转移到了中南亚地区。总体上，进入 21 世纪后，美国对非洲地区的援助占美国对外援助的比重略有下降，而对亚洲地区的援助比重相对明显地增加。

表 5 - 1 显示，20 世纪 90 年代以来，美国的对外直接投资（不包括对 OECD 成员国的直接投资）主要流向了美国所在的美洲地区。1990~2009 年美国对美洲地区的对外直接投资流量约占美国对外直接投资总流量的 51.77% 。美国的对外直接投资其次流向了亚洲地区，美国对亚洲地区的对外直接投资流量占美国对外直接投

资总流量的 36.58%。美国流入非洲地区的直接投资很少，仅占美国对外直接投资总流量的 5.99%。对比 1990～1999 年与 2000～2009 年美国对外直接投资的区域分布发现，美国对外直接投资流向并没有发生较大改变，美国对美洲地区的对外直接投资占美国对外直接总投资的比重略有下降，而对非洲地区和亚洲地区的比重略显增加。

表 5－1　　　　　美国对外援助和对外直接投资的区域分布　　　　单位：%

| | 区域 | 1985～1989 年 | 1990～1999 年 | 2000～2009 年 | 2010～2012 年 | 1990～2009 年 |
|---|---|---|---|---|---|---|
| 对外援助区域分布 | 非洲 | 35.08 | 42.48 | 34.06 | 43.86 | 37.04 |
| | 其中：撒哈拉以北 | 18.93 | 20.82 | 3.75 | 1.29 | 9.80 |
| | 撒哈拉以南 | 14.81 | 17.20 | 30.02 | 42.56 | 25.48 |
| | 亚洲 | 39.40 | 31.74 | 47.97 | 40.60 | 42.23 |
| | 其中：远东 | 4.04 | 3.19 | 3.79 | 3.78 | 3.58 |
| | 中南亚 | 8.19 | 6.34 | 16.55 | 24.05 | 12.93 |
| | 中东 | 26.52 | 21.24 | 27.29 | 12.47 | 25.15 |
| | 大洋洲 | 3.01 | 2.68 | 1.34 | 1.12 | 1.82 |
| | 欧洲 | 0.59 | 3.25 | 4.37 | 2.50 | 3.97 |
| | 美洲 | 21.92 | 19.86 | 12.26 | 11.92 | 14.95 |
| 对外直接投资区域分布 | 非洲 | －3.54 | 5.11 | 6.41 | 6.64 | 5.99 |
| | 其中：北非 | 0.00 | 0.00 | 1.75 | 1.72 | 1.19 |
| | 非洲其他地区 | －3.54 | 5.11 | 4.66 | 4.92 | 0.99 |
| | 亚洲 | 10.04 | 32.43 | 38.56 | | 36.58 |
| | 其中：中东 | －1.49 | 5.25 | 6.70 | | 6.23 |
| | 亚洲其他地区 | 11.53 | 27.19 | 31.86 | | 30.35 |
| | 大洋洲 | | 3.50 | 0.00 | | 1.13 |
| | 欧洲 | －0.05 | 3.36 | 5.09 | | 4.53 |
| | 美洲 | | 55.59 | 49.94 | 69.61 | 51.77 |

注：美国对外援助和对外直接投资数据均来自 OECD 数据库 http：//www.oecd.org/statistics/，部分数据残缺。由于两者采用的是净流量，所以某区域占比可能出现负值，所有区域占比之和或与 100% 有差距，但区域之间还是具有可比性的。最后一列时间范围取 1990～2009 年的原因是这一段时期内，美国对外直接投资的区域数据是完整的。

## （二）国家流向

表 5-2 显示，从具体国别来看，在亚洲地区和非洲地区，接受美国对外援助较多的国家是中东和北非地区的埃及、以色列、约旦和伊拉克，以及中南亚地区的阿富汗和巴基斯坦，对这些国家的援助主要服务于美国的全球安全战略。撒哈拉以南非洲地区的埃塞俄比亚、刚果金、南非、尼日利亚、坦桑尼亚、莫桑比克、肯尼亚等也是美国的重点外援助对象。1985 年美国提出了《援助非洲经济政策改革计划》后，在 50 多个非洲国家实施了以建立民主制度、鼓励私营经济为主要内容的附条件经济援助，坦桑尼亚、莫桑比克和埃塞俄比亚均是重点国家。美国对尼日利亚、刚果金和南非的对外援助还体现攫取能源和矿产资源、培育受援国贸易伙伴能力等经济目标。在亚洲国家和非洲国家范围内，美国对外直接投资的主要流入国是东南亚地区的印度尼西亚、马来西亚和泰国，东北亚地区的中国，中东和北非地区的埃及、以色列、阿联酋和沙特阿拉伯，以及撒哈拉以南非洲地区的南非和尼日利亚。

表 5-2　　　　美国在亚非地区的十大受援国和十大东道国

| | 排名 | 1985~1989 年 | 1990~1999 年 | 2000~2009 年 | 2010~2012 年 | 1985~2012 年 | 比例（%） |
|---|---|---|---|---|---|---|---|
| 美国十大受援国 | 1 | 以色列 | 埃及 | 伊拉克 | 阿富汗 | 伊拉克 | 13.93 |
| | 2 | 埃及 | 以色列 | 阿富汗 | 伊拉克 | 埃及 | 12.37 |
| | 3 | 菲律宾 | 菲律宾 | 埃及 | 巴基斯坦 | 以色列 | 10.23 |
| | 4 | 巴基斯坦 | 孟加拉国 | 苏丹 | 埃塞俄比亚 | 阿富汗 | 6.99 |
| | 5 | 苏丹 | 埃塞俄比亚 | 埃塞俄比亚 | 刚果金 | 巴基斯坦 | 3.18 |
| | 6 | 孟加拉国 | 约旦 | 约旦 | 肯尼亚 | 苏丹 | 3.02 |
| | 7 | 摩洛哥 | 伊拉克 | 巴基斯坦 | 南非 | 埃塞俄比亚 | 3.02 |
| | 8 | 埃塞俄比亚 | 莫桑比克 | 刚果金 | 坦桑尼亚 | 约旦 | 2.51 |
| | 9 | 约旦 | 南非 | 肯尼亚 | 尼日利亚 | 刚果金 | 2.22 |
| | 10 | 印度 | 卢旺达 | 尼日利亚 | 约旦 | 菲律宾 | 1.90 |

续表

| 排名 | | 1985 ~ 1989 年 | 1990 ~ 1999 年 | 2000 ~ 2009 年 | 2010 ~ 2012 年 | 1985 ~ 2012 年 | 比例（%） |
|---|---|---|---|---|---|---|---|
| 美国十大东道国 | 1 | 泰国 | 南非 | 中国 | 印度 | 中国 | 18.51 |
| | 2 | 中国 | 中国 | 印度 | 中国 | 印度 | 10.30 |
| | 3 | 以色列 | 印度尼西亚 | 以色列 | 马来西亚 | 印度尼西亚 | 7.55 |
| | 4 | 印度 | 泰国 | 马来西亚 | 埃及 | 马来西亚 | 7.13 |
| | 5 | 埃及 | 以色列 | 印度尼西亚 | 安哥拉 | 泰国 | 7.03 |
| | 6 | 沙特阿拉伯 | 马来西亚 | 泰国 | 泰国 | 以色列 | 6.44 |
| | 7 | 马来西亚 | 菲律宾 | 埃及 | 印度尼西亚 | 埃及 | 4.65 |
| | 8 | | 印度 | 尼日利亚 | 毛里求斯 | 南非 | 3.56 |
| | 9 | | 沙特阿拉伯 | 卡塔尔 | 哈萨克斯坦 | 尼日利亚 | 3.21 |
| | 10 | | 尼日利亚 | 阿联酋 | 南非 | 阿联酋 | 2.59 |

注：美国对亚非各国的援助和对外直接投资数据均来自 OECD 数据库 http://www.oecd.org/statistics/。最后一列表示 1985 ~ 2012 年美国对亚非各国的对外援助或对外直接投资占美国对亚非地区的援助总额或对外直接投资总额的比重。

### （三）比较分析的结果

通过比较美国对外援助和对外直接投资的区域分布发现，美国对外援助和对外直接投资的主要区域没有表现出完全的一致性，不过亚洲地区既是美国主要的对外援助区域也是主要的对外直接投资区域。美国在亚非地区的十大受援国和东道国的对比结果显示，在亚洲地区，美国的主要受援国多数来自中东地区和中南亚地区，而主要东道国更多位于远东地区，以色列是唯一既位列十大受援国又位列十大东道国的亚洲国家。在非洲地区，美国十大受援国与十大东道国重合的国家也仅有埃及、南非和尼日利亚。从区域分布变化来看，与20世纪90年代相比，21世纪美国的对外援助和对外直接投资流向亚洲地区的比重均呈现上升趋势但对外援助的变化更加明显，而美国的对外援助和对外直接投资流向非洲地区的比重呈现相反的变化趋势。

## 二、日本的对外援助与对外直接投资流向

### （一）区域流向

表 5 - 3 显示，日本的对外援助主要流向日本所在的亚洲地区。2000～2012 年日本对亚洲地区的援助额占日本对外援助总额的 65.45%。日本的对外援助其次流向非洲地区，2000～2012 年这一地区接受的日本外援金额占日本对外援助总金额的 24.15%，这一比例仅为亚洲地区的三分之一。若将各区域进一步划分，日本的对外援助从产生至今，远东地区一直是其外援的主体，日本对远东地区的援助占日本外援的四分之一以上。这一分布特征很大程度上是由历史原因和地位地置决定的。一方面，东南亚地区是日本"二战"后主要的战争赔款国家，也是"科伦坡计划"和"美日联合计划"的援助对象。另一方面，东南亚国家和中国是日本重要的出口市场、能源与原材料供应地及投资场所，也是日本"亚洲一员"外交的主要对象。

从日本对各区域外援规模的变化来看，2010 年以后，日本对远东地区的援助比重下降较快并呈现负值①，这一结果主要是由于日本从 2008 年开始停止对华日元贷款所致。日本政府在新的《政府开发援助大纲》中强调要关注贫困、恐怖主义、环境保护等全球问题，重点给予冲突地区战后和平重建的人道主义援助。在新大纲的指导下，日本加强了对南亚贫困、冲突地区的援助，以及对中亚民主化和经济市场化的援助。同时，日本选择印度来取代中国在其受援国中的地位。因此，日本对中南亚地区的援助比重表现出明显的上升趋势。从亚洲整体来看，2010 年以后，日本对这一地区的援

---

① 对外援助净流量为负值说明为原援助贷款所支付的利息超过了新增援助款项。

助比重略有下降。进入 21 世纪，为扩大在非洲地区的影响力、获得非洲的自然资源和市场机遇，日本对非洲地区的援助比重有较大幅度的增加。2006 年日本对非洲的援助规模开始超过东南亚地区，其援助中心也逐渐由东南亚转向非洲。

表 5-3 显示，日本的对外直接投资（不包括对 OECD 成员国的直接投资）主要流向了日本所在的亚洲地区。2000～2012 年日本对亚洲地区的直接投资流量占日本对外直接投资总流量的 62.34%。日本的对外直接投资其次流向了美洲地区，日本对美洲地区的直接投资流量占日本对外直接投资总流量的 33.15%，仅为其对亚洲地区的一半。日本流入非洲地区的直接投资非常少，2000～2012 年其仅占日本对外直接投资总流量的 1.29%。从日本对各地区直接投资变化来看，相比 2000～2009 年，2010～2012 年日本流入亚洲地区的直接投资占日本全球直接投资的比重快速上升，而流入美洲地区和非洲地区的直接投资比重大幅下降。

表 5-3　　　　日本对外援助和对外直接投资的区域分布　　　　单位：%

| | 区域 | 1985～1989 年 | 1990～1999 年 | 2000～2009 年 | 2010～2012 年 | 2000～2012 年 |
|---|---|---|---|---|---|---|
| 对外援助区域分布 | 非洲 | 17.22 | 16.64 | 22.01 | 34.43 | 24.15 |
| | 其中：撒哈拉以北 | 3.19 | 3.57 | 2.21 | 0.93 | 1.99 |
| | 撒哈拉以南 | 14.01 | 13.04 | 19.38 | 31.85 | 21.53 |
| | 亚洲 | 71.05 | 69.41 | 66.97 | 58.20 | 65.45 |
| | 其中：远东 | 45.63 | 46.63 | 33.62 | -0.68 | 27.70 |
| | 中南亚 | 22.82 | 18.30 | 19.41 | 50.54 | 24.78 |
| | 中东 | 2.53 | 4.30 | 13.45 | 6.62 | 12.27 |
| | 大洋洲 | 1.37 | 1.91 | 1.43 | 3.00 | 1.71 |
| | 欧洲 | 2.01 | 1.71 | 2.23 | 5.82 | 2.85 |
| | 美洲 | 8.36 | 10.33 | 7.37 | -1.46 | 5.84 |

续表

| 区域 | | 1985 ~ 1989 年 | 1990 ~ 1999 年 | 2000 ~ 2009 年 | 2010 ~ 2012 年 | 2000 ~ 2012 年 |
|---|---|---|---|---|---|---|
| 对外直接投资区域分布 | 非洲 | 1.69 | 2.11 | 1.86 | 0.32 | 1.29 |
| | 其中：北非 | 0.00 | 0.03 | 0.07 | 0.15 | 0.10 |
| | 　　　非洲其他地区 | 1.69 | 2.08 | 1.79 | 0.17 | 1.19 |
| | 亚洲 | 43.17 | 60.97 | 55.61 | 73.69 | 62.34 |
| | 其中：中东 | 0.00 | 0.00 | 1.73 | 0.50 | 0.19 |
| | 　　　亚洲其他地区 | 43.17 | 60.97 | 53.89 | 73.20 | 61.07 |
| | 大洋洲 | | | 0.52 | 0.54 | 0.53 |
| | 欧洲 | -0.17 | -0.65 | 0.52 | 6.35 | 2.69 |
| | 美洲 | | | 41.48 | 19.10 | 33.15 |

注：日本对外援助和对外直接投资数据均来自 OECD 数据库 http：//www. oecd. org/ statistics/，部分数据残缺。由于两者采用的是净流量，所以某区域占比可能出现负值，所有区域占比之和或与 100% 有差距，但区域之间还是具有可比性的。最后一列时间范围取 2000 ~ 2012 年的原因是这一段时期内，日本对外直接投资的区域数据是完整的。

## （二）国家流向

表 5 - 4 显示，在亚洲和非洲地区，日本的对外援助流入较多的国家是东南亚地区的印度尼西亚、菲律宾、泰国、越南和马来西亚，东北亚的中国以及南亚的印度、巴基斯坦、孟加拉国和斯里兰卡。日本的目的是通过对这些亚洲地区进行援助来维护与周边国家紧密的经济联系和良好的外交关系。进入 21 世纪以后，日本提升了对非洲援助的战略地位。日本外援在非洲地区的主要受援国有坦桑尼亚、刚果金和苏丹，这些国家均有着丰富的矿产资源或能源，正如坦桑尼亚外交部长所言："日本对非洲的官方发展援助为日本矿产投资者铺平道路，直接结果是日本投资随之大量流入非洲矿产资源领域，包括钴、铁、铀等资源。"[①] 同样地，在亚洲国家和非洲国家范围内，日本对外直接投资的主要流入国是东南亚地区的印

---

① Tanzania，Japanese Eye Mining Industry. The Citizen，June 2，2008.

度尼西亚、马来西亚、泰国、菲律宾和越南，东北亚地区的中国，
南亚地区的印度，中东地区的产油国阿联酋和沙特阿拉伯，以及来
自非洲地区的矿产大国南非和利比里亚。

表 5 - 4　　　　　　　日本在亚非地区的十大受援国和十大东道国

| | 排名 | 1985～<br>1989 年 | 1990～<br>1999 年 | 2000～<br>2009 年 | 2010～<br>2012 年 | 1985～<br>2012 年 | 比例<br>（%） |
|---|---|---|---|---|---|---|---|
| 日本十大受援国 | 1 | 中国 | 中国 | 伊拉克 | 越南 | 中国 | 13.39 |
| | 2 | 印度尼西亚 | 印度尼西亚 | 中国 | 印度 | 印度尼西亚 | 11.71 |
| | 3 | 菲律宾 | 菲律宾 | 越南 | 阿富汗 | 菲律宾 | 6.56 |
| | 4 | 泰国 | 印度 | 印度尼西亚 | 巴基斯坦 | 印度 | 7.22 |
| | 5 | 孟加拉国 | 泰国 | 印度 | 伊拉克 | 越南 | 5.98 |
| | 6 | 印度 | 巴基斯坦 | 菲律宾 | 斯里兰卡 | 伊拉克 | 4.52 |
| | 7 | 巴基斯坦 | 埃及 | 巴基斯坦 | 柬埔寨 | 泰国 | 3.83 |
| | 8 | 斯里兰卡 | 孟加拉国 | 坦桑尼亚 | 刚果金 | 巴基斯坦 | 3.70 |
| | 9 | 马来西亚 | 越南 | 斯里兰卡 | 坦桑尼亚 | 孟加拉国 | 3.06 |
| | 10 | 埃及 | 斯里兰卡 | 柬埔寨 | 苏丹 | 斯里兰卡 | 2.98 |
| 日本十大东道国 | 1 | 泰国 | 中国 | 中国 | 中国 | 中国 | 40.61 |
| | 2 | 印度尼西亚 | 印度尼西亚 | 泰国 | 泰国 | 泰国 | 18.75 |
| | 3 | 中国 | 泰国 | 印度 | 印度 | 印度尼西亚 | 15.47 |
| | 4 | 利比里亚 | 马来西亚 | 印度尼西亚 | 印度尼西亚 | 马来西亚 | 9.05 |
| | 5 | 马来西亚 | 菲律宾 | 马来西亚 | 越南 | 印度 | 8.41 |
| | 6 | 菲律宾 | 利比里亚 | 菲律宾 | 马来西亚 | 菲律宾 | 6.12 |
| | 7 | 阿联酋 | 印度 | 越南 | 菲律宾 | 利比里亚 | 2.44 |
| | 8 | | 南非 | 沙特阿拉伯 | 南非 | 越南 | 2.37 |
| | 9 | | 沙特阿拉伯 | 毛里求斯 | 利比里亚 | 沙特阿拉伯 | 1.59 |
| | 10 | | | 南非 | | 南非 | 1.29 |

　　注：日本对亚非各国的援助和对外直接投资数据均来自 OECD 数据库 http://
www. oecd. org/statistics/。最后一列表示 1985～2012 年日本对亚非各国的对外援助或对外
直接投资占日本对亚非地区的援助总额或对外直接投资总额的比重。

## （三）比较分析的结果

日本的对外援助与对外直接投资的区域分布较一致，均集中在亚洲地区。通过比较日本在亚非地区的十大受援国和十大东道国发现，日本对外援助的重点受援国和对外直接投资的主要流入国表现出极高的重合度，主要是因为日本对外援助的受援国和对外直接投资的东道国在亚洲地区的一致性，这些国家包括东南亚地区的印度尼西亚、马来西亚、泰国、菲律宾和越南，东北亚地区的中国及南亚地区的印度。从区域分布的变化来看，21世纪以后，日本的对外援助与对外直接投资流向亚洲地区和非洲地区的比重呈现相反的趋势。根据卡罗和拉鲁（2010）的解释，这一现象正说明官方发展援助为对外直接投资打开了受援国的大门，充当了对外直接投资的"开路先锋"。①②

## 三、德国的对外援助和对外直接投资流向

## （一）区域流向

表5-5显示，20世纪80年代中期以来，德国的对外援助主要流向非洲和亚洲地区，这两个地区接受的德国援助金额分别占德国对外援助总金额的40.72%和37.95%。其中，撒哈拉以南非洲地区是德国对外援助的重点区域，在德国对外援助的全球57个合作

---

① Carro M，Larru，J. M，Flowing Together or Flowing Apart：An Analysis of the Relation between FDI and ODA Flows to Argentina and Brazil. MPRA Paper. No. 25064，posted 17 September 2010.

② 当受援国投资环境不好时，官方发展援助为私人投资创造有利的"软环境"和"硬环境"，可能表现为外援的上升和对外直接投资的下降；当官方发展援助"开路先锋"的任务完成后，私人投资随后大举进入受援国，可能表现为外援的下降和对外直接投资的上升。

伙伴中，撒哈拉以南非洲地区占有 24 个，1985～2012 年德国对该区域援助占德国对外总援助的 32.96%。德国的发展理念包括"政治和经济体制与经济发展密切相关"，从 20 世纪 90 年代开始，德国政府将对外援助与五项标准捆绑，这五项标准为注重人权、公众参与政治过程、法治国家、市场经济秩序、国家的发展行为。撒哈拉以南非洲地区占有全球 34 个处于全球化边缘的极端贫困国家，德国将其视为改善政府治理、促进人权和民主，加强私人部门发展、减少贫困人口，增加反恐活动、维护全球安全的重点援助区域。从德国对各区域援助规模的变化来看，进入 21 世纪以后，德国对非洲地区的援助比重稳中略降。德国对亚洲地区的援助比重不断上升，从亚洲地区内部来看，这一表现并不一致。德国流入中东地区的援助占德国对外总援助的比重呈现先上升后下降的趋势，而对中南亚地区的援助比重在 2010 年后成倍增长。德国对这两个区域的援助变化与国际安全局势重点的转移密切相关。随着伊拉克战争的爆发，伊拉克在战后重建及难民救助方面获得了大量的西方国家的援助，而随着阿富汗、巴基斯坦等反恐中心区域的形成，西方外援部分由中东地区转移到了南亚地区。

表 5-5 显示，20 世纪 80 年代中期以来，德国的对外直接投资（不包括对 OECD 成员国的直接投资）主要流向了亚洲和欧洲地区。1985～2012 年德国流入亚洲地区的直接投资流量占德国对外直接投资总流量的 46%，德国流入欧洲地区的直接投资比重为 32.68%。德国对非洲地区的直接投资非常少，仅占德国对外直接投资总流量的 4.8%。进入 21 世纪以后，德国对外直接投资的区域分布变化较明显。2000～2009 年德国流入欧洲地区的直接投资占德国对外直接总投资比重增长了两倍，2010 年后，德国对欧洲地区的直接投资呈现净流出的特点；德国对亚洲地区的直接投资比重在经历了 21 世纪初的下降之后，2010 年后快速上升；非洲地区吸引的德国直接投资先降后升，总体呈现略降态势。

表 5 – 5　　　　　德国对外援助和对外直接投资的区域分布　　　单位：%

| | 区域 | 1985 ~ 1989 年 | 1990 ~ 1999 年 | 2000 ~ 2009 年 | 2010 ~ 2012 年 | 1985 ~ 2012 年 |
|---|---|---|---|---|---|---|
| 对外援助区域分布 | 非洲 | 43.76 | 40.69 | 40.89 | 36.58 | 40.72 |
| | 其中：撒哈拉以北 | 9.12 | 8.60 | 4.27 | 3.94 | 6.47 |
| | 　　　撒哈拉以南 | 34.03 | 31.38 | 35.31 | 29.08 | 32.96 |
| | 亚洲 | 33.44 | 36.13 | 40.17 | 41.89 | 37.95 |
| | 其中：远东 | 10.97 | 17.10 | 10.51 | 10.23 | 12.74 |
| | 　　　中南亚 | 15.67 | 10.07 | 10.86 | 21.92 | 12.88 |
| | 　　　中东 | 6.37 | 8.46 | 17.25 | 7.07 | 11.17 |
| | 大洋洲 | 0.44 | 0.29 | 0.06 | 0.12 | 0.21 |
| | 欧洲 | 7.47 | 8.72 | 7.67 | 6.99 | 7.90 |
| | 美洲 | 14.89 | 14.17 | 11.21 | 14.41 | 13.23 |
| 对外直接投资区域分布 | 非洲 | 10.93 | 6.95 | 3.65 | 6.41 | 4.80 |
| | 其中：北非 | 3.46 | - 0.04 | 2.22 | 2.56 | 1.97 |
| | 　　　非洲其他地区 | 7.45 | 6.99 | 1.44 | 3.85 | 2.82 |
| | 亚洲 | 63.47 | 40.79 | 32.96 | 86.96 | 46.00 |
| | 其中：中东 | 21.75 | 2.87 | 2.84 | 5.42 | 1.17 |
| | 　　　亚洲其他地区 | 41.72 | 37.92 | 30.13 | 81.54 | 42.44 |
| | 大洋洲 | 1.27 | - 0.10 | 0.02 | 0.01 | 0.01 |
| | 欧洲 | 5.57 | 17.18 | 50.95 | - 9.06 | 32.68 |
| | 美洲 | 18.76 | 35.18 | 12.42 | 15.68 | 16.52 |

　　注：德国对外援助和对外直接投资数据均来自 OECD 数据库 http://www.oecd.org/statistics/，部分数据残缺。由于两者采用的是净流量，所以某区域占比可能出现负值，所有区域占比之和或与 100% 有差距，但区域之间还是具有可比性的。

## （二）国家流向

　　表 5 – 6 显示，从国别流向来看，在亚洲和非洲地区，德国的对外援助主要流向了东北亚的中国，南亚的印度、阿富汗、巴基斯坦和孟加拉国，中东和北非地区的伊拉克和埃及，以及撒哈拉以南非洲地区的喀麦隆、赞比亚、坦桑尼亚、刚果金、埃塞俄比亚等。德国对中国的官方发展援助更多的是为获取在中国的经济利益服

务，对伊拉克、埃及的官方发展援助以服务国家安全战略（能源安全）为主。对喀麦隆、赞比亚、坦桑尼亚、刚果金、埃塞俄比亚、孟加拉国等国家的官方发展援助体现了德国社会发展型援助模式的特征，即通过经济援助促进受援国政治、经济、社会全面发展。赞比亚和坦桑尼亚都是经济政治改革积极、大力推行民主和良治的国家，喀麦隆、赞比亚、坦桑尼亚、刚果金、埃塞俄比亚、孟加拉国均是世界上最贫困的国家。此外，德国对喀麦隆、赞比亚、刚果金的官方发展援助也是为了获取矿产资源开采权。同样地在亚洲和非洲地区，德国对外直接投资的主要流入国是东南亚地区的印度尼西亚、马来西亚和泰国，东北亚地区的中国，中南亚地区的印度和哈萨克斯坦，中东地区的以色列、产油国阿联酋和伊朗，以及非洲地区的产油国埃及和利比亚、矿产资源大国南非。

表 5 – 6　　　　　　德国在亚非地区的十大受援国和十大东道国

| | 排名 | 1985 ~ 1989 年 | 1990 ~ 1999 年 | 2000 ~ 2009 年 | 2010 ~ 2012 年 | 1985 ~ 2012 年 | 比例（%） |
|---|---|---|---|---|---|---|---|
| 德国十大受援国 | 1 | 埃及 | 中国 | 伊拉克 | 阿富汗 | 中国 | 7.77 |
| | 2 | 印度 | 埃及 | 尼日利亚 | 印度 | 伊拉克 | 6.74 |
| | 3 | 印度尼西亚 | 印度 | 中国 | 中国 | 印度 | 4.18 |
| | 4 | 巴基斯坦 | 印度尼西亚 | 喀麦隆 | 埃及 | 埃及 | 6.23 |
| | 5 | 中国 | 赞比亚 | 阿富汗 | 巴基斯坦 | 尼日利亚 | 3.37 |
| | 6 | 孟加拉国 | 埃塞俄比亚 | 埃及 | 肯尼亚 | 喀麦隆 | 3.03 |
| | 7 | 摩洛哥 | 孟加拉国 | 赞比亚 | 坦桑尼亚 | 阿富汗 | 2.45 |
| | 8 | 苏丹 | 莫桑比克 | 刚果金 | 埃塞俄比亚 | 印度尼西亚 | 2.40 |
| | 9 | 坦桑尼亚 | 坦桑尼亚 | 越南 | 也门 | 赞比亚 | 2.35 |
| | 10 | 斯里兰卡 | 约旦 | 莫桑比克 | 刚果金 | 坦桑尼亚 | 2.10 |

续表

| | 排名 | 1985～1989年 | 1990～1999年 | 2000～2009年 | 2010～2012年 | 1985～2012年 | 比例（%） |
|---|---|---|---|---|---|---|---|
| 德国十大东道国 | 1 | 南非 | 中国 | 中国 | 中国 | 中国 | 46.63 |
| | 2 | 阿联酋 | 南非 | 印度 | 印度 | 印度 | 14.11 |
| | 3 | 叙利亚 | 泰国 | 埃及 | 南非 | 南非 | 5.88 |
| | 4 | 利比亚 | 印度尼西亚 | 马来西亚 | 马来西亚 | 马来西亚 | 4 |
| | 5 | 中国 | 印度 | 南非 | 印度尼西亚 | 泰国 | 2.96 |
| | 6 | 印度 | 马来西亚 | 阿联酋 | 埃及 | 印度尼西亚 | 2.83 |
| | 7 | 泰国 | 以色列 | 泰国 | 泰国 | 埃及 | 2.46 |
| | 8 | 马来西亚 | 阿联酋 | 哈萨克斯坦 | 阿联酋 | 阿联酋 | 2.37 |
| | 9 | 以色列 | 尼日利亚 | 伊朗 | 哈萨克斯坦 | 哈萨克斯坦 | 1.46 |
| | 10 | 加蓬 | 伊朗 | 印度尼西亚 | 利比亚 | 利比亚 | 1 |

注：德国对亚非各国的援助和对外直接投资数据均来自 OECD 数据库 http：//www.oecd.org/statistics/。最后一列表示 1985～2012 年德国对亚非各国的对外援助或对外直接投资占德国对亚非地区的援助总额或对外直接投资总额的比重。

### （三）比较分析的结果

德国对外援助和对外直接投资区域分布对比的结果显示，德国对外援助和对外直接投资的流向并未完全一致，但 20 世纪 80 年代中期以来，30% 以上的德国对外援助和对外直接投资均流向了亚洲地区。在亚洲地区，除中国和印度外，德国的重点受援国和主要东道国并没有重合；相比重点受援国，德国的主要东道国除来自中南亚地区和中东地区外，还来自东南亚地区。在非洲地区，既位于德国十大受援国又位列十大东道国名单的只有埃及。通过对比德国对外援助和对外直接投资区域分布的变化发现，与 20 世纪 90 年代相比，21 世纪德国对外援助流向亚洲地区的比重不断增加，而对外直接投资流向亚洲地区的比重先降后升；德国对外援助和外直接投资流向非洲地区的比重正好呈现相反的变化趋势。

## 四、法国的对外援助和对外直接投资流向

### (一) 区域流向

表 5 - 7 显示，法国的对外援助主要流向了非洲地区，2000 ~ 2012 年法国对非洲地区的对外援助额占法国对外援助总额的 68. 57% ，其中撒哈拉以南非洲地区接受的法国对外援助金额就占法国总援助额的 53. 84% 。亚洲地区居第二位，但相比非洲地区，这一地区接受的法国对外援助较少，2000 ~ 2012 年法国对亚洲地区的对外援助额仅占法国对外援助总额的 17. 59% ，这一比例仅为非洲地区的四分之一。缘于历史原因，非洲地区是法国对外援助的传统区域，法国在非洲曾占据 21 个殖民地，殖民化产生了 31 个非洲法语国家。法国对外援助的目标之一就是巩固和加强其在原殖民地国家的政治、文化和经济的存在，并将其影响力由法语国家扩大到非法语国家。目前，在法国双边援助的 55 个 "优先团结地区"名单中，非洲地区占了 44 个。从法国对各地区援助规模的变化来看，2010 年以后，法国投向非洲地区和亚洲地区的援助占法国总援助的比重稳中略降，而投向美洲地区的援助比重呈现上升趋势。主要原因是法国进一步扩展了援助对象，将拉丁美洲一些新兴发展中国家纳入，为这些国家提供全球公共产品。

表 5 - 7 显示，法国的对外直接投资主要流向了亚洲地区，2000 ~ 2012 年法国流入亚洲地区的直接投资流量占法国对外直接投资总流量的 36. 72% 。美洲地区、欧洲地区与非洲地区吸引的法国直接投资相当，2000 ~ 2012 年法国对这三个地区的直接投资占法国对外直接投资的比重约占 20% 。从法国对各区域直接投资的规模变化来看，2010 年以后，法国流入亚洲地区的直接投资比重上升近一倍，而流入非洲和美洲地区的比重成倍减少。

表5-7　　　　　法国对外援助和对外直接投资的区域分布　　　　　单位：%

| | 区域 | 1985~1989年 | 1990~1999年 | 2000~2009年 | 2010~2012年 | 2000~2012年 |
|---|---|---|---|---|---|---|
| 对外援助区域分布 | 非洲 | 66.26 | 67.39 | 70.80 | 62.21 | 68.57 |
| | 其中：撒哈拉以北 | 10.93 | 15.09 | 13.23 | 12.67 | 13.09 |
| | 撒哈拉以南 | 55.33 | 52.11 | 55.89 | 47.99 | 53.84 |
| | 亚洲 | 11.64 | 11.52 | 17.66 | 17.37 | 17.59 |
| | 其中：远东 | 4.89 | 7.01 | 6.89 | 9.75 | 7.63 |
| | 中南亚 | 4.41 | 2.06 | 2.04 | 4.02 | 2.55 |
| | 中东 | 2.34 | 2.36 | 8.31 | 3.58 | 7.09 |
| | 大洋洲 | 16.00 | 14.89 | 2.07 | 2.04 | 2.06 |
| | 欧洲 | 0.90 | 1.47 | 4.68 | 3.81 | 4.45 |
| | 美洲 | 5.20 | 4.73 | 4.79 | 14.57 | 7.33 |
| 对外直接投资区域分布 | 非洲 | 1.28 | 6.15 | 23.97 | 10.13 | 20.71 |
| | 其中：北非 | 0.00 | 0.60 | 13.30 | 1.76 | 10.58 |
| | 非洲其他地区 | 1.28 | 5.56 | 10.67 | 8.37 | 10.13 |
| | 亚洲 | 5.33 | 12.17 | 30.74 | 56.14 | 36.72 |
| | 其中：中东 | 0.00 | 0.00 | 6.52 | 22.56 | 5.32 |
| | 亚洲其他地区 | 5.33 | 12.17 | 24.22 | 33.58 | 26.43 |
| | 大洋洲 | | | -0.28 | 0.00 | -0.22 |
| | 欧洲 | 0.42 | 3.55 | 20.55 | 23.25 | 21.19 |
| | 美洲 | | | 25.02 | 10.47 | 21.59 |

注：法国对外援助和对外直接投资数据均来自 OECD 数据库 http://www.oecd.org/statistics/，部分数据残缺。由于两者采用的是净流量，所以某区域占比可能出现负值，所有区域占比之和或与100%有差距，但区域之间还是具有可比性的。最后一列时间范围取2000~2012年的原因是这一段时期内，法国对外直接投资的区域数据是完整的。

**（二）国家流向**

表5-8显示，在亚洲和非洲地区，法国外援的重点受援国包括科特迪瓦、摩洛哥、塞内加尔、刚果布、喀麦隆、埃及、阿尔及利亚、马达加斯加、刚果金、突尼斯。这些国家全部位于非洲地区，除埃及外，这些国家均为法国前殖民地或非洲法语国家。法国对亚洲地区的外援以中国、印度和越南为主要受援国。在亚洲和非

洲地区，法国的对外直接投资主要流向远东地区的中国、印度尼西亚和泰国，中南亚地区的印度和哈萨克斯坦，中东和北非地区的沙特阿拉伯、阿联酋、埃及和摩洛哥，以及撒哈拉以南非洲地区的安哥拉、尼日利亚、刚果布、加纳和南非。

表 5 - 8 　　　　　　法国在亚非地区的十大受援国和十大东道国

| | 排名 | 1985 ~ 1989 年 | 1990 ~ 1999 年 | 2000 ~ 2009 年 | 2010 ~ 2012 年 | 1985 ~ 2012 年 | 比例 (%) |
|---|---|---|---|---|---|---|---|
| 法国十大受援国 | 1 | 摩洛哥 | 科特迪瓦 | 尼日利亚 | 刚果金 | 科特迪瓦 | 7.28 |
| | 2 | 塞内加尔 | 埃及 | 伊拉克 | 刚果布 | 摩洛哥 | 5.41 |
| | 3 | 科特迪瓦 | 喀麦隆 | 科特迪瓦 | 摩洛哥 | 塞内加尔 | 5.04 |
| | 4 | 马达加斯加 | 塞内加尔 | 摩洛哥 | 科特迪瓦 | 喀麦隆 | 4.62 |
| | 5 | 马里 | 摩洛哥 | 塞内加尔 | 中国 | 埃及 | 4.59 |
| | 6 | 喀麦隆 | 阿尔及利亚 | 喀麦隆 | 越南 | 刚果布 | 3.82 |
| | 7 | 中国 | 马达加斯加 | 刚果金 | 突尼斯 | 阿尔及利亚 | 3.25 |
| | 8 | 印度 | 刚果布 | 刚果布 | 塞内加尔 | 马达加斯加 | 3.08 |
| | 9 | 埃及 | 布基纳法索 | 突尼斯 | 埃及 | 尼日利亚 | 2.99 |
| | 10 | 刚果布 | 中国 | 阿尔及利亚 | 利比里亚 | 刚果金 | 2.97 |
| 法国十大东道国 | 1 | 尼日利亚 | 中国 | 中国 | 中国 | 中国 | 11.50 |
| | 2 | 埃及 | 泰国 | 埃及 | 安哥拉 | 埃及 | 6.37 |
| | 3 | 印度尼西亚 | 加纳 | 摩洛哥 | 尼日利亚 | 摩洛哥 | 6.32 |
| | 4 | 加纳 | 印度尼西亚 | 哈萨克斯坦 | 印度 | 哈萨克斯坦 | 5.99 |
| | 5 | 泰国 | 菲律宾 | 印度 | 哈萨克斯坦 | 印度 | 4.41 |
| | 6 | 中国 | 阿联酋 | 刚果布 | 摩洛哥 | 安哥拉 | 3.64 |
| | 7 | 摩洛哥 | 埃及 | 沙特阿拉伯 | 沙特阿拉伯 | 尼日利亚 | 3.62 |
| | 8 | 沙特阿拉伯 | 卡塔尔 | 阿联酋 | 南非 | 刚果布 | 2.95 |
| | 9 | 马来西亚 | 南非 | 也门 | 刚果布 | 加纳 | 2.70 |
| | 10 | 叙利亚 | 印度 | 安哥拉 | 阿尔及利亚 | 沙特阿拉伯 | 2.53 |

注：法国对亚非各国的援助和对外直接投资数据均来自 OECD 数据库 http://www.oecd.org/statistics/。最后一列表示 1985 ~ 2012 年法国对亚非各国的对外援助或对外直接投资占法国对亚非地区的援助总额或对外直接投资总额的比重。

### （三）比较分析的结果

法国对外援助和对外直接投资的区域分布并非完全一致，非洲地区既是法国的重要外援区域也是获得相对较多的法国直接投资的

区域。从法国在亚非地区的十大受援国和东道国对比结果来看，除
北非地区的埃及与摩洛哥外，并未发现重点受援国与主要东道国重
合的其他国家。在亚洲地区，同时是法国对外援助的重点受援国和
对外直接投资的主要东道国的也仅有中国和印度。从区域分布变化
来看，2010 年以后，法国对外援助和对外直接投资流向非洲地区
的比重呈现相同变化趋势但对外直接投资的比重变化明显；法国对
外援助流向亚洲地区的比重基本持平，而法国对外直接投资流向亚
洲地区的比重明显上升。

## 五、英国的对外援助和对外直接投资流向

### （一）区域流向

表 5 - 9 显示，非洲地区一直是英国对外援助的重点区域。
1990～2012 年英国投向非洲地区的对外援助金额占英国对外援助
总额的 54.84%。亚洲地区是英国对外援助的另一个重点区域，
1990～2012 年英国投向亚洲地区的对外援助金额占英国对外援助
总额的 37.06%。若将区域进一步细分，英国的对外援助主要流向
了相对贫困的撒哈拉以南非洲地区和中南亚地区。1990～2012 年，
撒哈拉以南非洲地区获得的英国援助占英国对外总援助的 50%，中
南亚地区获得的英国援助超过了英国对外总援助的 25%。这一分布
特征的产生是因为减贫是英国对外援助的重要战略目标，从 20 世
纪 80 年代中期开始，英国的对外援助就优先给予了最贫穷的国家。
与 20 世纪 90 年代相比，21 世纪英国对外援助在各区域的分布变化
并不大。非洲地区和亚洲地区获得的英国外援占英国对外援助的比
重略呈上升趋势，这是由于英国增加了对撒哈拉以南非洲地区、中
南亚地区和中东地区的援助。21 世纪初，联合国提出了以减贫为
核心的"千年发展目标"，英国强化了对经济脆弱地区和不安定地

区等较难实现这些目标的地区的外援，南亚地区和撒哈以南非洲地
区的部分国家由此得到了重点关注。

表 5 - 9 显示，英国的对外直接投资（不包括对 OECD 成员国
的直接投资）主要流向了亚洲地区和欧洲地区，1990 ~ 2012 年这
两个区域吸引的英国直接投资流量均占英国在全球直接投资流量的
30% 以上。英国的对外直接投资其次是流向了非洲地区和美洲地
区，1990 ~ 2012 年英国对外直接投资中有 17% 左右分别流入这两
个区域。与 20 世纪 90 年代相比，21 世纪英国流入各区域的直接投
资变化较大。英国流入亚洲地区的直接投资占英国全球对外直接投
资的比重由 1990 ~ 1999 年的 22.66% 不断上升至 2010 ~ 2012 年的
58.84%，英国流入欧洲地区的直接投资占英国全球对外直接投资
的比重由 1990 ~ 1999 年的 56.71% 不断减少至 2010 ~ 2012 年的
18.91%。英国对外直接投资中流入非洲地区和美洲地区的比重经
历了 21 世纪前十年的上升后下降。总体来看，相比 20 世纪 90 年
代英国对非洲地区的直接投资占英国对外直接总投资的比重呈上升
趋势，而对美洲地区的直接投资比重呈下降趋势。

表 5 - 9　　　英国对外援助和对外直接投资的区域分布　　单位：%

| | 区　域 | 1985 ~ 1989 年 | 1990 ~ 1999 年 | 2000 ~ 2009 年 | 2010 ~ 2012 年 | 1990 ~ 2012 年 |
|---|---|---|---|---|---|---|
| 对外援助区域分布 | 非洲 | 51.12 | 48.58 | 56.22 | 58.33 | 54.84 |
| | 其中：撒哈拉以北 | 2.61 | 1.21 | 0.57 | 0.83 | 0.78 |
| | 　　　撒哈拉以南 | 48.35 | 46.89 | 53.62 | 54.25 | 52.15 |
| | 亚洲 | 35.68 | 34.42 | 38.02 | 37.53 | 37.06 |
| | 其中：远东 | 6.98 | 8.46 | 5.36 | 2.91 | 5.58 |
| | 　　　中南亚 | 27.04 | 23.09 | 24.06 | 29.87 | 25.04 |
| | 　　　中东 | 1.62 | 2.56 | 7.66 | 4.07 | 5.70 |
| | 大洋洲 | 3.44 | 1.40 | 0.10 | 0.12 | 0.41 |
| | 欧洲 | 1.83 | 4.25 | 3.31 | 0.82 | 3.02 |
| | 美洲 | 7.92 | 11.35 | 2.35 | 3.20 | 4.67 |

续表

| 区　域 | | 1985～<br>1989 年 | 1990～<br>1999 年 | 2000～<br>2009 年 | 2010～<br>2012 年 | 1990～<br>2012 年 |
|---|---|---|---|---|---|---|
| 对外直接投资区域分布 | 非洲 | 21. 20 | 6. 20 | 21. 84 | 15. 57 | 17. 25 |
| | 其中：北非 | 0. 51 | 0. 59 | 3. 25 | 4. 12 | 2. 88 |
| | 非洲其他地区 | 20. 69 | 5. 61 | 18. 28 | 3. 30 | 14. 19 |
| | 亚洲 | 19. 11 | 22. 66 | 30. 58 | 58. 84 | 34. 88 |
| | 其中：中东 | - 2. 39 | 2. 11 | 6. 69 | 10. 59 | 6. 56 |
| | 亚洲其他地区 | 21. 50 | 20. 55 | 23. 89 | 48. 24 | 28. 32 |
| | 大洋洲 | | 1. 73 | 0. 73 | 0. 44 | 0. 88 |
| | 欧洲 | - 6. 88 | 56. 71 | 25. 91 | 18. 91 | 30. 86 |
| | 美洲 | | 12. 71 | 20. 93 | 6. 25 | 16. 12 |

注：英国对外援助和对外直接投资数据均来自 OECD 数据库 http：//www. oecd. org/statistics/，部分数据残缺。由于两者采用的是净流量，所以某区域占比可能出现负值，所有区域占比之和或与 100% 有差距，但区域之间还是具有可比性的。最后一列时间范围取 1990～2012 年的原因是这一段时期内，英国对外直接投资的区域数据是完整的。

## （二）国家流向

表 5 - 10 显示，在亚洲和非洲地区，英国对外援助的主要接受国家是南亚地区的印度、孟加拉国、巴基斯坦和阿富汗，中东地区的伊拉克，撒哈拉以南非洲地区的坦桑尼亚、加纳、乌干达、埃塞俄比亚、马拉维、苏丹和肯尼亚。其中，孟加拉国、阿富汗、坦桑尼亚、乌干达、埃塞俄比亚和马拉维被联合国列为最不发达国家。20 世纪 90 年代后期，伴随着地区冲突与安全问题的凸显，英国将安全因素作为对贫困国家提供发展援助的重要因素。21 世纪，伊拉克、阿富汗、埃塞俄比亚和苏丹进入英国对外援助的十大受援国。另外，坦桑尼亚、加纳、乌干达、马拉维和肯尼亚均属于英联邦国家，与英国有着丰厚贸易和投资利益联系。在亚洲和非洲地区，英国对外直接投资的主要东道国为中南亚地区的印度和哈萨克斯坦，远东地区的中国、马来西亚、印度尼西亚和泰国，中东和北非地区的埃及、阿联酋和沙特阿拉伯，以及撒哈拉以南非洲地区的尼日利亚和南非。

表 5 - 10　　　　　　　英国在亚非地区的十大受援国和十大东道国

| | 排名 | 1985 ~ 1989 年 | 1990 ~ 1999 年 | 2000 ~ 2009 年 | 2010 ~ 2012 年 | 1985 ~ 2012 年 | 比例（%） |
|---|---|---|---|---|---|---|---|
| 英国十大受援国 | 1 | 印度 | 印度 | 尼日利亚 | 印度 | 印度 | 10.66 |
| | 2 | 孟加拉国 | 孟加拉国 | 印度 | 埃塞俄比亚 | 尼日利亚 | 9.95 |
| | 3 | 肯尼亚 | 坦桑尼亚 | 伊拉克 | 阿富汗 | 孟加拉国 | 5.71 |
| | 4 | 苏丹 | 赞比亚 | 坦桑尼亚 | 刚果金 | 坦桑尼亚 | 5.27 |
| | 5 | 坦桑尼亚 | 乌干达 | 孟加拉国 | 巴基斯坦 | 伊拉克 | 4.14 |
| | 6 | 加纳 | 马拉维 | 阿富汗 | 孟加拉国 | 埃塞俄比亚 | 3.89 |
| | 7 | 赞比亚 | 肯尼亚 | 加纳 | 尼日利亚 | 加纳 | 3.61 |
| | 8 | 马拉维 | 中国 | 埃塞俄比亚 | 坦桑尼亚 | 巴基斯坦 | 3.61 |
| | 9 | 巴基斯坦 | 莫桑比克 | 苏丹 | 乌干达 | 阿富汗 | 3.55 |
| | 10 | 莫桑比克 | 加纳 | 乌干达 | 加纳 | 乌干达 | 3.54 |
| 英国十大东道国 | 1 | 马来西亚 | 马来西亚 | 南非 | 印度 | 南非 | 19.80 |
| | 2 | 印度 | 南非 | 中国 | 印度尼西亚 | 印度 | 10.03 |
| | 3 | 泰国 | 泰国 | 印度 | 南非 | 中国 | 6.57 |
| | 4 | 菲律宾 | 印度 | 埃及 | 中国 | 马来西亚 | 5.43 |
| | 5 | 尼日利亚 | 中国 | 阿联酋 | 哈萨克斯坦 | 埃及 | 4.09 |
| | 6 | | 菲律宾 | 哈萨克斯坦 | 埃及 | 印度尼西亚 | 3.88 |
| | 7 | | 印度尼西亚 | 泰国 | 马来西亚 | 泰国 | 2.93 |
| | 8 | | 尼日利亚 | 马来西亚 | 越南 | 哈萨克斯坦 | 2.93 |
| | 9 | | 埃及 | 尼日利亚 | 尼日利亚 | 尼日利亚 | 2.09 |
| | 10 | | | 沙特阿拉伯 | 沙特阿拉伯 | 阿联酋 | 1.63 |

注：英国对亚非各国的援助和对外直接投资数据均来自 OECD 数据库 http://www.oecd.org/statistics/。最后一列表示 1985 ~ 2012 年英国对亚非各国的对外援助或对外直接投资占英国对亚非地区的援助总额或对外直接投资总额的比重。

## （三）比较分析的结果

通过对比英国对外援助和对外直接投资的区域分布发现，英国对外援助和对外直接投资流向不完全一致，不过 20 世纪 90 年代以来，英国的对外援助和对外直接投资超过 30% 同时流向了亚洲地区。从英国在亚非地区的十大受援国和东道国来看，英国在亚洲地区的主要受援国来自中南亚地区和中东地区，而其主要东道国来自远东地区，除原英国殖民地印度外，没有其他亚洲国家同时位于十大受援国和东道国之列。英国在非洲地区的重点受援国和主要东道国也并未重合。从区域分布变化来看，相比 20 世纪 90 年代，21 世纪英国的对外援助和对外直接投资流向非洲地区和亚洲地区的比重并未呈现完全相同的变化趋势。英国的对外援助流向亚洲地区的比重先升后降，而英国对外直接投资流向亚洲地区的比重不断增加；英国的对外援助流向非洲地区的比重不断增加，而英国对外直接投资流向非洲地区的比重先升后降。

## 六、荷兰的对外援助和对外直接投资流向

### （一）区域流向

表 5 - 11 显示，荷兰的对外援助主要流向非洲地区，其次是亚洲地区和美洲地区。1990～2012 年荷兰向非洲地区投入的对外援助的金额占荷兰对外援助总金额的 50.32%，向亚洲地区和美洲地区投入的对外援助的金额占荷兰对外援助总金额的 25.84% 和17.47%，这一比例仅为非洲地区的 51% 和 35%。从荷兰对各区域援助规模的变化来看，21 世纪以后，荷兰的对外援助中流向非洲地区的比重持续上升，流向美洲地区的比重持续下降，而流向亚洲地区的比重先升后降，总体呈现略降趋势。

表 5 - 11 显示，荷兰的对外直接投资（不包括流向 OECD 成员国的部分）主要流向了亚洲地区和美洲地区，荷兰流向亚洲地区和美洲地区的直接投资流量分别占荷兰全球直接投资流量的 34.62% 和 34.69%。荷兰的对外直接投资其次流向了欧洲地区，1990～2012 年荷兰对外直接投资中 23.73% 流入欧洲地区。荷兰对非洲地区的直接投资很少，1990～2012 年荷兰对外直接投资中流入非洲地区的仅有 7.02%。比较 20 世纪 90 年代，21 世纪荷兰的对外直

接投资流向变化较大。2000～2009 年，荷兰流向欧洲地区的直接投资比重有较大提升，而流向亚洲和美洲地区的直接投资占比呈大幅下降趋势。2010 年以后，荷兰对外直接投资中欧洲地区的比重由 38.01% 下降至 1.26%，而对亚洲地区和美洲地区直接投资比重分别回升至 40.41% 和 47.69%。21 世纪荷兰流向非洲地区的直接投资占荷兰全球直接投资的比重持续上升。

表 5 - 11　　　　荷兰对外援助和对外直接投资的区域分布　　　单位：%

| | 区　域 | 1985～1989 年 | 1990～1999 年 | 2000～2009 年 | 2010～2012 年 | 1990～2012 年 |
|---|---|---|---|---|---|---|
| 对外援助区域分布 | 非洲 | 42.63 | 42.02 | 55.29 | 64.09 | 50.32 |
| | 其中：撒哈拉以北 | 2.34 | 1.66 | 0.80 | 0.77 | 1.17 |
| | 撒哈拉以南 | 39.23 | 38.07 | 52.47 | 61.37 | 47.02 |
| | 亚洲 | 35.88 | 25.55 | 26.77 | 22.22 | 25.84 |
| | 其中：远东 | 14.65 | 5.60 | 9.81 | 2.79 | 7.37 |
| | 中南亚 | 18.11 | 13.71 | 10.94 | 13.93 | 12.41 |
| | 中东 | 2.80 | 5.53 | 5.53 | 4.75 | 5.46 |
| | 大洋洲 | 0.18 | 0.18 | 0.09 | 0.00 | 0.12 |
| | 欧洲 | 0.29 | 6.54 | 6.59 | 3.05 | 6.25 |
| | 美洲 | 21.02 | 25.71 | 11.26 | 10.64 | 17.47 |
| 对外直接投资区域分布 | 非洲 | 3.19 | 2.33 | 6.08 | 10.76 | 7.02 |
| | 其中：北非 | 0.00 | -0.69 | 0.76 | 0.40 | 0.49 |
| | 非洲其他地区 | 3.19 | 3.01 | 5.32 | 10.36 | 6.53 |
| | 亚洲 | 23.48 | 46.58 | 29.49 | 40.41 | 34.62 |
| | 其中：中东 | 1.29 | 1.59 | 7.23 | 6.52 | 6.38 |
| | 亚洲其他地区 | 22.18 | 44.99 | 22.26 | 33.89 | 28.24 |
| | 大洋洲 | | -0.25 | 0.02 | -0.12 | -0.05 |
| | 欧洲 | 33.49 | 6.69 | 38.01 | 1.26 | 23.72 |
| | 美洲 | | 44.66 | 26.40 | 47.69 | 34.69 |

注：荷兰对外援助和对外直接投资数据均来自 OECD 数据库 http：//www.oecd.org/statistics/，部分数据残缺。由于两者采用的是净流量，所以某区域占比可能出现负值，所有区域占比之和或与 100% 有差距，但区域之间还是具有可比性的。最后一列时间范围取 1990～2012 年的原因是这一段时期内，荷兰对外直接投资的区域数据是完整的。

## （二）国家流向

表 5 - 12 显示，在亚洲和非洲地区，荷兰对外援助的主要受援国为南亚地区的孟加拉国、印度和阿富汗，东南亚地区的印度尼西亚，以及撒哈拉以南非洲地区的坦桑尼亚、苏丹、莫桑比克、加纳、赞比亚、刚果金、马里。荷兰的重点受援国以不发达国家居多，且多数选择的是接受并积极实施民主制度和改善治理的国家，如坦桑尼亚、莫桑比克、赞比亚，而加纳和马里是非洲国家经济结构调整和政治制度改革的样板。同样地，在亚洲和非洲地区范围内，荷兰对外直接投资的主要东道国有远东地区的中国、泰国、马来西亚和菲律宾，中东地区的以色列和沙特阿拉，中南亚地区的印度和哈萨克斯坦，以及撒哈拉以南非洲地区的南非和尼日利亚。

表 5 - 12　　　　荷兰在亚非地区的十大受援国和十大东道国

| | 排名 | 1985~1989年 | 1990~1999年 | 2000~2009年 | 2010~2012年 | 1985~2012年 | 比例（%） |
|---|---|---|---|---|---|---|---|
| 荷兰十大受援国 | 1 | 印度尼西亚 | 印度 | 坦桑尼亚 | 刚果金 | 坦桑尼亚 | 6.23 |
| | 2 | 印度 | 坦桑尼亚 | 加纳 | 阿富汗 | 印度尼西亚 | 5.26 |
| | 3 | 坦桑尼亚 | 孟加拉国 | 印度尼西亚 | 孟加拉国 | 孟加拉国 | 4.89 |
| | 4 | 孟加拉国 | 莫桑比克 | 苏丹 | 莫桑比克 | 苏丹 | 4.51 |
| | 5 | 苏丹 | 肯尼亚 | 阿富汗 | 加纳 | 莫桑比克 | 4.27 |
| | 6 | 肯尼亚 | 埃塞俄比亚 | 尼日利亚 | 苏丹 | 印度 | 3.85 |
| | 7 | 莫桑比克 | 也门 | 莫桑比克 | 坦桑尼亚 | 加纳 | 3.65 |
| | 8 | 赞比亚 | 苏丹 | 刚果金 | 埃塞俄比亚 | 马里 | 3.13 |
| | 9 | 也门 | 布基纳法索 | 孟加拉国 | 马里 | 阿富汗 | 3.11 |
| | 10 | 巴基斯坦 | 赞比亚 | 乌干达 | 布基纳法索 | 赞比亚 | 2.94 |

续表

| 排名 | | 1985 ~ 1989 年 | 1990 ~ 1999 年 | 2000 ~ 2009 年 | 2010 ~ 2012 年 | 1985 ~ 2012 年 | 比例（%） |
|---|---|---|---|---|---|---|---|
| 荷兰十大东道国 | 1 | | 泰国 | 尼日利亚 | 尼日利亚 | 尼日利亚 | 11.8 |
| | 2 | | 菲律宾 | 中国 | 中国 | 中国 | 8.86 |
| | 3 | | 印度尼西亚 | 哈萨克斯坦 | 马来西亚 | 泰国 | 6.34 |
| | 4 | | 中国 | 马来西亚 | 沙特阿拉伯 | 印度 | 4.55 |
| | 5 | | 印度 | 沙特阿拉伯 | 卡塔尔 | 马来西亚 | 4.38 |
| | 6 | | 南非 | 印度 | 印度 | 菲律宾 | 4.37 |
| | 7 | | 以色列 | 泰国 | 泰国 | 哈萨克斯坦 | 3.51 |
| | 8 | | 哈萨克斯坦 | 卡塔尔 | | 南非 | 2.44 |
| | 9 | | 孟加拉国 | 菲律宾 | | | |
| | 10 | | | 以色列 | | | |

注：荷兰对各国的援助和对外直接投资数据均来自 OECD 数据库 http://www.oecd.org/statistics/。最后一列表示 1985 ~ 2012 年荷兰对各国的对外援助或对外直接投资占荷兰对外援助总额或对外直接投资总额的比重。

## （三）比较分析的结果

荷兰的对外援助和对外直接投资的区域分布并未表现出完全一致的特征，但 20 世纪 90 年代后，荷兰的对外援助和对外直接投资均有超过 25% 流向了亚洲地区。在亚洲地区，除印度外，位列荷兰对外援助的十大受援国和东道国的国家并不重合；荷兰的主要受援国多数来自南亚地区，而东道国更多来自远东地区和中东地区。在非洲地区也未发现同时位列荷兰十大受援国和东道国的国家。通过对比荷兰的对外援助和对外直接投资区域分布变化发现，21 世纪荷兰的对外援助和对外直接投资流向非洲地区的比重呈现相同变化趋势；荷兰的对外援助流向亚洲地区的比重先升后降，而荷兰对外直接投资流向亚洲地区的比重呈现明显的先减后增特征。

## 七、瑞典的对外援助和对外直接投资流向

### (一) 区域流向

表 5 - 13 显示，瑞典对外援助的主要区域是非洲地区，尤其是撒哈拉以南非洲地区，1990 ~ 2012 年，非洲地区接受的瑞典援助的金额占瑞典对外援助总额的 51.77%，其中撒哈拉以南非洲地区获得的瑞典援助占瑞典对外总援助的 46.83%。这一分布特征与瑞典作为典型的北欧式人道主义型援助模式密不可分，瑞典国际发展援助的总体目标是通过捐献帮助穷人改善生存条件。瑞典的对外援助其次流向了亚洲地区，1990 ~ 2012 年亚洲地区获得的瑞典援助的金额占瑞典对外援助总额的 27.65%，这一比例约为非洲地区的 50%，其中，瑞典对亚洲地区的援助主要集中在中南亚地区。从瑞典对各区域援助规模的变化来看，进入 21 世纪以后，瑞典对外援助各区域分布变化不大，瑞典对非洲地区的援助比重先减后增，总体略有上升；而对亚洲地区的援助比重先增后减，总体略有下降。但在亚洲地区内部表现不一，远东地区获得的瑞典援助占瑞典对外总援助的比重由 1990 ~ 1999 年的 10.87% 不断下降至 2010 ~ 2012 年的 5%，中南亚地区和中东地区获得的瑞典援助占瑞典对外总援助的比重却分别由 1990 ~ 1999 年的 11.33% 和 4.26% 不断上升至 2010 ~ 2012 年的 12.57% 和 7.42%。

表 5 - 13 显示，瑞典的对外直接投资（不包括对 OECD 成员国的直接投资）主要流向瑞典所在的欧洲地区，1990 ~ 2012 年瑞典流入欧洲地区的直接投资流量占瑞典全球直接投资总流量的 79.96%，而瑞典流向亚洲地区、美洲地区和非洲地区的直接投资流量仅占瑞典全球直接投资总流量的 9.98%、7.23% 和 2.8%。从瑞典对外直接投资各区域分布变化来看，2010 年以后，瑞典对外

直接投资区域分布不平衡的现象得到缓解。瑞典对外直接投资中流入欧洲地区的比重由 2000～2009 年的 89.5% 下降至 2010～2012 年的 35.3%，流向亚洲地区和美洲地区的比重分别由 2000～2009 年的 6.87% 和 1.45% 上升至 2010～2012 年的 28.43% 和 30.30%。2010 年以后，瑞典流入非洲地区的直接投资占瑞典全球直接投资的比重有较快上升。

表 5－13　　　　瑞典对外援助和对外直接投资的区域分布　　　　单位：%

| | 区　域 | 1985～1989 年 | 1990～1999 年 | 2000～2009 年 | 2010～2012 年 | 1990～2012 年 |
|---|---|---|---|---|---|---|
| 对外援助区域分布 | 非洲 | 59.80 | 51.90 | 49.90 | 57.10 | 51.77 |
| | 其中：撒哈拉以北 | 1.73 | 1.36 | 0.35 | 1.00 | 0.82 |
| | 撒哈拉以南 | 55.20 | 46.74 | 45.62 | 50.63 | 46.83 |
| | 亚洲 | 31.09 | 27.22 | 28.55 | 25.94 | 27.65 |
| | 其中：远东 | 11.00 | 10.87 | 8.96 | 5.00 | 9.03 |
| | 中南亚 | 19.32 | 11.33 | 11.15 | 12.57 | 11.44 |
| | 中东 | 0.59 | 4.26 | 6.97 | 7.42 | 6.05 |
| | 大洋洲 | 0.00 | 0.07 | 0.01 | 0.03 | 0.04 |
| | 欧洲 | －0.30 | 7.43 | 9.27 | 9.24 | 8.59 |
| | 美洲 | 9.40 | 13.38 | 12.27 | 7.69 | 11.95 |
| 对外直接投资区域分布 | 非洲 | 0.07 | 2.27 | 2.19 | 5.80 | 2.80 |
| | 其中：北非 | 0.00 | 0.04 | 0.31 | 1.60 | 0.48 |
| | 非洲其他地区 | 0.07 | 2.22 | 1.88 | 4.19 | 2.06 |
| | 亚洲 | 0.82 | 3.57 | 6.87 | 28.43 | 9.98 |
| | 其中：中东 | －0.67 | 0.01 | 1.67 | 0.82 | 1.28 |
| | 亚洲其他地区 | 1.49 | 3.56 | 5.20 | 27.61 | 8.70 |
| | 大洋洲 | | －0.01 | 0.00 | 0.17 | 0.03 |
| | 欧洲 | 0.02 | 86.50 | 89.49 | 35.30 | 79.96 |
| | 美洲 | | 7.67 | 1.45 | 30.30 | 7.23 |

注：瑞典对外援助和对外直接投资数据均来自 OECD 数据库 http://www.oecd.org/statistics/，部分数据残缺。由于两者采用的是净流量，所以某区域占比可能出现负值，所有区域占比之和或与 100% 有差距，但区域之间还是具有可比性的。最后一列时间范围取 1990～2012 年的原因是这一段时期内，瑞典对外直接投资的区域数据是完整的。

### （二）国家流向

表 5 - 14 显示，在选择受援国时，瑞典主要考虑该国的贫困程度、民主进程以及是否能和瑞典成为互惠伙伴等因素。在瑞典对外援助的主要区域亚洲和非洲地区，瑞典的对外援助主要流入了撒哈拉以南非洲地区的坦桑尼亚、莫桑比克、埃塞俄比亚、赞比亚、肯尼亚、乌干达、刚果金、苏丹和安哥拉等国家，中南亚地区的印度、孟加拉国和阿富汗，东南亚地区的越南。这些国家中除印度、越南和肯尼亚外，其他受援国均是联合国认定的最不发达国家，而阿富汗、苏丹、刚果金和肯尼亚等都是冲突不断的国家。同样地是在亚洲和非洲地区，瑞典的对外直接投资主要流入远东地区的中国、泰国和菲律宾，中南亚地区的哈萨克斯坦、阿塞拜疆和印度，中东和北非地区的以色列、突尼斯，撒哈拉以南非洲地区的南非和加纳。

**表 5 - 14　　　瑞典在亚非地区的十大受援国和十大东道国**

| | 排名 | 1985 ~ 1989 年 | 1990 ~ 1999 年 | 2000 ~ 2009 年 | 2010 ~ 2012 年 | 1985 ~ 2012 年 | 比例 （%） |
|---|---|---|---|---|---|---|---|
| 瑞典十大受援国 | 1 | 坦桑尼亚 | 坦桑尼亚 | 坦桑尼亚 | 刚果金 | 坦桑尼亚 | 9.27 |
| | 2 | 印度 | 莫桑比克 | 莫桑比克 | 坦桑尼亚 | 莫桑比克 | 8.26 |
| | 3 | 莫桑比克 | 印度 | 阿富汗 | 阿富汗 | 印度 | 4.90 |
| | 4 | 越南 | 越南 | 刚果金 | 莫桑比克 | 越南 | 4.26 |
| | 5 | 埃塞俄比亚 | 赞比亚 | 乌干达 | 苏丹 | 埃塞俄比亚 | 4.14 |
| | 6 | 赞比亚 | 埃塞俄比亚 | 伊拉克 | 肯尼亚 | 赞比亚 | 3.80 |
| | 7 | 安哥拉 | 津巴布韦 | 埃塞俄比亚 | 乌干达 | 孟加拉国 | 3.13 |
| | 8 | 津巴布韦 | 孟加拉国 | 肯尼亚 | 埃塞俄比亚 | 肯尼亚 | 3.13 |
| | 9 | 孟加拉国 | 安哥拉 | 越南 | 利比里亚 | 乌干达 | 2.92 |
| | 10 | 肯尼亚 | 乌干达 | 苏丹 | 布基纳法索 | 刚果金 | 2.62 |

续表

| 排名 | | 1985 ~ 1989 年 | 1990 ~ 1999 年 | 2000 ~ 2009 年 | 2010 ~ 2012 年 | 1985 ~ 2012 年 | 比例（%） |
|---|---|---|---|---|---|---|---|
| 瑞典十大东道国 | 1 | 菲律宾 | 中国 | 中国 | 中国 | 中国 | 22.44 |
| | 2 | 泰国 | 印度 | 印度 | 印度 | 印度 | 12.15 |
| | 3 | 印度 | 菲律宾 | 马来西亚 | 哈萨克斯坦 | 马来西亚 | 7.56 |
| | 4 | 中国 | 摩洛哥 | 以色列 | 阿塞拜疆 | 以色列 | 5.60 |
| | 5 | 埃及 | 南非 | 南非 | 马来西亚 | 南非 | 4.95 |
| | 6 | 马来西亚 | 泰国 | 阿塞拜疆 | 刚果布 | 哈萨克斯坦 | 3.56 |
| | 7 | 印度尼西亚 | 马来西亚 | 突尼斯 | 泰国 | 阿塞拜疆 | 3.42 |
| | 8 | | | 哈萨克斯坦 | 加纳 | 突尼斯 | 2.05 |
| | 9 | | | 格鲁吉亚 | 南非 | 加纳 | 1.47 |
| | 10 | | | 加纳 | | 泰国 | 1.43 |

注：瑞典对亚非各国的援助和对外直接投资数据均来自 OECD 数据库 http://www.oecd.org/statistics/。最后一列表示 1985 ~ 2012 年瑞典对亚非各国的对外援助或对外直接投资占瑞典对亚非地区的援助总额或对外直接投资总额的比重。

### （三）比较分析的结果

瑞典对外援助和对外直接投资的区域分布完全不同，20 世纪 90 年代以来，瑞典的对外援助主要流向非洲地区和亚洲地区，而瑞典的对外直接投资主要集中在欧洲地区。通过对比瑞典在亚非地区的十大受援国和东道国发现，印度是唯一既位列于瑞典十大受援国名单又是十大东道国之一的国家。通过对比瑞典的对外援助和对外直接投资区域分布变化发现，21 世纪瑞典的对外援助和对外直接投资流向非洲地区的比重呈相同的变化趋势；瑞典的对外援助流向亚洲地区比重先降后升，变化较小，而对外直接投资的比重不断增加且变化明显。

## 八、瑞士的对外援助和对外直接投资流向

### （一）区域流向

表 5 - 15 显示，非洲地区是接受瑞士对外援助最多的区域，尤

其是撒哈拉以南的非洲地区，2000～2012 年瑞士投向这一区域的对外援助金额占瑞士对外援助总金额的 34.52%。亚洲地区是瑞士对外援助的另一重点区域，2000～2012 年瑞士的对外援助中流向亚洲地区的比例达 33.54%。在亚洲地区，中南亚地区获得的瑞士外援最多，2000～2012 年瑞士向该区域投入的对外援助占瑞士对外总援助的 18.99%。瑞士对外援助的重点目标是实现千年发展目标和减少贫困、促进人类安全和减少安全风险、有助于发展的全球化。瑞士对外援助的机构主要有两个：瑞士发展合作署和国家经济事务秘书处，前者主要负责以人道主义援助和社会基础设施援助为主的全球合作，撒哈拉以南非洲地区的贫困国家是其援助的重点，后者的主要目标是帮助伙伴国家进入世界市场、促进可持续的经济增长，该组织以亚洲地区的先进发展中国家和转型国家为援助的重点。2000～2012 年瑞士对美洲地区和欧洲地区的对外援助约占瑞士对外总援助的 15%。2010 年以后，瑞士对外援助的区域分布变化不大，非洲地区获得的瑞士援助占瑞士对外总援助的比例稳中略升，亚洲地区获得的瑞士援助比重稳中略降。

　　表 5-15 显示，瑞士的对外直接投资（不包括对 OECD 成员国的直接投资）主要流向美洲地区和亚洲地区，2000～2012 年瑞士流入美洲地区和亚洲地区的直接投资流量分别占瑞士全球直接投资总流量的 47.33% 和 31.37%。瑞士的对外直接投资其次是流向欧洲地区和非洲地区，2000～2012 年瑞士对外直接投资中分别有 16.06% 和 5.29% 流入欧洲地区和非洲地区。2010 年以后，瑞士对外直接投资区域分布变得更加不平衡。瑞士流向美洲地区和亚洲地区的直接投资比重分别由 2000～2009 年的 41.03% 和 22.06% 增加至 2010～2012 年的 55.39% 和 42.59%，瑞士流向非洲地区的直接投资比重下降，而对欧洲地区的直接投资出现净流出。

表 5 - 15　　　　　　瑞士对外援助和对外直接投资的区域分布　　　　单位：%

| 区 域 | | 1985 ~ 1989 年 | 1990 ~ 1999 年 | 2000 ~ 2009 年 | 2010 ~ 2012 年 | 2000 ~ 2012 年 |
|---|---|---|---|---|---|---|
| 对外援助区域分布 | 非洲 | 54.22 | 44.53 | 36.68 | 39.24 | 37.33 |
| | 其中：撒哈拉以北 | 1.61 | 2.78 | 1.47 | 2.97 | 1.85 |
| | 撒哈拉以南 | 48.45 | 38.56 | 34.56 | 34.40 | 34.52 |
| | 亚洲 | 28.84 | 31.83 | 33.88 | 32.52 | 33.54 |
| | 其中：远东 | 8.31 | 9.35 | 6.92 | 8.61 | 7.34 |
| | 中南亚 | 17.17 | 17.64 | 19.36 | 17.90 | 18.99 |
| | 中东 | 2.23 | 3.80 | 6.81 | 5.03 | 6.36 |
| | 大洋洲 | 0.08 | 0.11 | 0.04 | 0.01 | 0.03 |
| | 欧洲 | 0.18 | 7.50 | 15.84 | 14.23 | 15.44 |
| | 美洲 | 16.68 | 16.02 | 13.56 | 14.00 | 13.67 |
| 对外直接投资区域分布 | 非洲 | 1.45 | 4.68 | 7.74 | 2.42 | 5.29 |
| | 其中：北非 | 0.11 | 0.93 | 1.33 | 0.07 | 0.78 |
| | 非洲其他地区 | 1.34 | 3.75 | 6.41 | 2.35 | 4.51 |
| | 亚洲 | 2.75 | 15.36 | 22.06 | 42.59 | 31.37 |
| | 其中：中东 | 3.32 | -21.28 | 9.67 | 2.67 | 6.29 |
| | 亚洲其他地区 | -0.57 | 36.64 | 12.39 | 39.92 | 25.07 |
| | 大洋洲 | 4.62 | 1.53 | -0.04 | 0.00 | -0.05 |
| | 欧洲 | 142.55 | 38.76 | 29.21 | -0.41 | 16.06 |
| | 美洲 | | | 41.03 | 55.39 | 47.33 |

注：瑞士对外援助和对外直接投资数据均来自 OECD 数据库 http://www.oecd.org/statistics/，部分数据残缺。由于两者采用的是净流量，所以某区域占比可能出现负值，所有区域占比之和或与100%有差距，但区域之间还是具有可比性的。最后一列时间范围取2000~2012年的原因是这一段时期内，瑞士对外直接投资的区域数据是完整的。

## （二）国家流向

表 5 - 16 显示，作为支持日内瓦公约的国家，瑞士在国际人道主义体系占据特殊的地位。瑞士的对外援助集中在不发达国家和脆弱国家。在亚洲和非洲地区，瑞士的对外援助主要流向南亚地区的印度、尼泊尔、孟加拉国和巴基斯坦，撒哈拉以南非洲地区的莫桑比克、坦桑尼亚、马达加斯加、布基纳法索、卢旺达、马里和多哥，以及东南亚地区的印度尼西亚和越南。其中，尼泊尔、孟加拉

国、莫桑比克、坦桑尼亚、马达加斯加、布基纳法索、卢旺达、马里和多哥都是世界贫困国家。在亚洲和非洲地区内，瑞士的对外直接投资主要流向了远东地区的中国、泰国、菲律宾、印度尼西亚和马来西亚，南亚地区的印度和巴基斯坦，中东和北非地区的阿联酋、以色列和埃及，以及撒哈拉以南非洲地区的南非。

表 5 – 16　　　　　　瑞士在亚非地区的十大受援国和十大东道国

| | 排名 | 1985 ~<br>1989 年 | 1990 ~<br>1999 年 | 2000 ~<br>2009 年 | 2010 ~<br>2012 年 | 1985 ~<br>2012 年 | 比例<br>（%） |
|---|---|---|---|---|---|---|---|
| 瑞士<br>十大<br>受援<br>国 | 1 | 印度 | 印度 | 伊拉克 | 多哥 | 印度 | 5.10 |
| | 2 | 坦桑尼亚 | 莫桑比克 | 莫桑比克 | 尼泊尔 | 莫桑比克 | 4.89 |
| | 3 | 印度尼西亚 | 坦桑尼亚 | 坦桑尼亚 | 莫桑比克 | 坦桑尼亚 | 4.70 |
| | 4 | 马达加斯加 | 印度尼西亚 | 印度 | 布基纳法索 | 尼泊尔 | 3.66 |
| | 5 | 尼泊尔 | 马达加斯加 | 布基纳法索 | 孟加拉国 | 孟加拉国 | 3.21 |
| | 6 | 卢旺达 | 孟加拉国 | 越南 | 坦桑尼亚 | 布基纳法索 | 2.89 |
| | 7 | 莫桑比克 | 卢旺达 | 尼泊尔 | 越南 | 巴基斯坦 | 2.89 |
| | 8 | 塞内加尔 | 尼泊尔 | 多哥 | 马里 | 马达加斯加 | 2.83 |
| | 9 | 马里 | 巴基斯坦 | 阿富汗 | 巴基斯坦 | 印度尼西亚 | 2.74 |
| | 10 | 巴基斯坦 | 布基纳法索 | 孟加拉国 | 阿富汗 | 卢旺达 | 2.40 |
| 瑞士<br>十大<br>东道<br>国 | 1 | | 菲律宾 | 阿联酋 | 中国 | 中国 | 21.49 |
| | 2 | | 中国 | 南非 | 印度 | 阿联酋 | 14.32 |
| | 3 | | 泰国 | 中国 | 阿联酋 | 印度 | 10.37 |
| | 4 | | 马来西亚 | 印度 | 泰国 | 南非 | 9.65 |
| | 5 | | 南非 | 泰国 | 印度尼西亚 | 泰国 | 4.93 |
| | 6 | | 印度 | 印度尼西亚 | 南非 | 菲律宾 | 4.05 |
| | 7 | | 印度尼西亚 | 巴基斯坦 | 菲律宾 | 印度尼西亚 | 3.43 |
| | 8 | | 以色列 | 菲律宾 | 马来西亚 | 马来西亚 | 2.39 |
| | 9 | | 埃及 | 以色列 | 沙特阿拉伯 | 巴基斯坦 | 2.15 |
| | 10 | | | 埃及 | | 埃及 | 1.92 |

注：瑞士对亚非各国的援助和对外直接投资数据均来自 OECD 数据库 http://www.oecd.org/statistics/。最后一列表示 1985 ~ 2012 年瑞士对亚非各国的对外援助或对外直接投资占瑞士对亚非地区的援助总额或对外直接投资总额的比重。

### (三) 比较分析的结果

通过比较瑞士对外援助和对外直接投资的区域分布发现，瑞士的对外援助和对外直接投资的流向并未完全一致，但进入 21 世纪后，瑞士的对外援助和对外直接投资均有超过 30% 流向了亚洲地区。在亚洲地区，瑞士的主要受援国来自南亚地区，而瑞士的主要东道国来自远东地区和中东地区，印度、巴基斯坦和印度尼西亚既是瑞士在亚非地区的十大受援国也是十大东道国之一。在非洲地区，并未发现瑞士的重点受援国和主要东道国中有重合的国家。从区域分布变化来看，21 世纪瑞士的对外援助和对外直接投资流向亚洲地区和非洲地区的比重呈现相反变化趋势且对外援助的变化幅度明显小于对外直接投资的变化幅度。

## 第三节　援助对援助国直接投资受援国影响的实证分析

上节比较分析了美国、日本、德国、法国、英国、荷兰、瑞典、瑞士这 8 个 OECD DAC 成员国的对外援助与对外直接投资的流向。本节在此基础上，以这 8 个 OECD DAC 成员国对亚非国家的援助与直接投资为样本，运用动态面板计量模型检验了 OECD DAC 成员国对亚非国家的双边发展援助是否促进了这些国家的直接投资流入受援国，即 OECD DAC 成员国对亚非国家的双边发展援助是否具有"先锋效应"。

### 一、模型设定和数据说明

#### (一) 模型设定

为了检验国际发展援助是否促进了援助国流向受援国的直接投

资，我们选用决定 FDI 的"引力模型"。"引力模型"最早是由安德森（1979）用来解释 FDI 流向问题的，模型含义是一国向另外一国的投资流动取决于用 GDP 测量的两国经济规模和两国之间的地理距离。[①] 所以，使用引力模型可以将国际发展援助对直接投资的促进作用细化至援助国与受援国，利用"援助国—受援国"的配对数据进行回归分析。本节利用马克库森（2002）转换后的引力模型：知识—资本模型，在此基础上将援助变量纳入。模型设定如式（5-1）所示：

$$\ln FDI_{ijt} = \beta_0 + \beta_1 \ln GDP_{it} + \beta_2 \ln GDP_{jt} + \beta_3 \ln DIS_{ij} + \beta_4 \ln SKD_{ijt}$$
$$+ \beta_5 \ln AID_{ijt} + \beta_6 FDI_{ijt-1} + \eta_{ij} + \gamma_t + \varepsilon_{ijt} \qquad (5-1)$$

其中，ln 为自然对数，$i$ 表示援助国，$j$ 表示受援国，$t$ 代表时间。$FDI_{ij}$ 表示由援助国流向受援国的直接投资，$GDP_i$ 和 $GDP_j$ 分别表示援助国和受援国的 GDP，$SKD_{ij}$ 表示援助国与受援助之间劳动力要素的技术差距，借鉴基穆拉和土库（2009）的方法，用人均收入之差代替，$AID_{ij}$ 表示由援助国流向受援国的国际发展援助，$\eta_{ij}$ 表示不随时间变化的个体效应，$\gamma_t$ 表示不随个体变化的时间效应，$\varepsilon_{ijt}$ 是残差项。在模型的解释变量中增加被解释变量 $FDI_{ij}$ 的滞后一期来衡量 $FDI_{ij}$ 的聚集效应。

马克库森（2002）的知识—资本模型说明，东道国（在本章中也即是受援国）的经济规模正向影响市场寻求型的水平直接投资；母国（在本章中也即是援助国）的经济规模正向影响资源寻求型的垂直直接投资；若东道国和母国的人力资本存在技术的巨大差别时（母国高于东道国），促使母国将使用非技术人力资本的劳动密集型生产转向东道国，形成垂直型直接投资。[②] 东道国和母国的地理距

---

① Anderson J. , A Theoretical Foundation for Gravity Equation. American Economic Research, Vol. 69（March, 1979）, pp. 106 – 126.

② Markusen J, R. , Multinational Firms and the Theory of International, Boston：MIT Press, 2002. pp. 166 – 169.

离能够通过交易成本影响直接投资，两国之间的距离过远，将不利于直接投资的流动（Wei，2000；Mody，Razin and Sadka，2003；Sendberg，2006；Egger and Winner，2006）。

## （二）数据说明

实证检验所用的 FDI 数据来自 OECD 统计数据库中的 FDI by partner country 子数据库，该数据库统计了各 OECD 国家对其他所有国家的海外直接投资。由于该数据库统计的数据始于 1985 年，所以将样本期间选择为 1985～2012 年，数据均取自然对数。为了消除经济周期对数据的影响并构造短面板数据，将样本划分为 9 个三年期间，所有经济变量取期间的平均值。

本节选择 OECD DAC 成员国中法国、德国、日本、英国、美国、荷兰、瑞典和瑞士作为样本援助国，考虑此选择是因为 1985～2012 年这 8 个国家对亚非国家提供的官方发展援助占所有 OECD DAC 成员国提供援助的 80%，所以具有很强的代表性。亚非样本受援国则是基于数据的可得性，选择了 25 个亚洲国家①和 28 个非洲国家②，共产生 220 对施援国—受援国数据组，1980 个有效样本点。

援助国对受援国的直接投资流量数据来自 OECD 统计数据库中的 FDI by partner country 子数据库，单位为美元，用 1985 年为基期的美国消费价格指数进行平减。由于 OECD 数据库统计的 FDI 包括东道国对投资国的资本撤回，所以在某些年份会出现负数。援助国

---

① 25 个亚洲国家是柬埔寨、中国、印度尼西亚、马来西亚、菲律宾、泰国、越南、阿塞拜疆、孟加拉国、印度、哈萨克斯坦、巴基斯坦、斯里兰卡、格鲁吉亚、乌兹别克斯坦、巴林、伊朗、伊拉克、以色列、约旦、黎巴嫩、也门、沙特阿拉伯、叙利亚、阿曼。

② 28 个非洲国家是阿尔及利亚、埃及、利比亚、摩洛哥、突尼斯、安哥拉、喀麦隆、刚果金、刚果布、科特迪瓦、赤道几内亚、加蓬、加纳、几内亚、肯尼亚、利比里亚、马达加斯加、毛里求斯、南非、苏丹、多哥、坦桑尼亚、乌干达、赞比亚、津巴布韦、埃塞俄比亚、马拉维、尼日利亚。

对受援国的双边发展援助净流量数据来自 OECD 统计数据库中的 CRS 子数据库，单位为美元，用 1985 年为基期的美国消费价格指数进行平减，由于在援助净流量指标中需要减去援助中贷款部分的利息支付，所以在某些年份会出现负数。样本国家的 GDP 和人均 GDP 数据来自世界银行的 WDI 子数据库，单位均为美元，并用 1985 年为基期的美国消费价格指数进行平减。

### （三）区分不同援助国的模型

为了检验每个样本援助国投入到亚非国家的双边发展援助对直接投资是否具有"先锋效应"，在模型（5-1）的基础上，增加了 8 个代表援助国的虚拟变量 FR、GM、JP、UK、US、NL、SD、SL，分别代表法国、德国、日本、英国、美国、荷兰、瑞典和瑞士。取值规则以法国为例，当援助国为法国时，FR 取 1，反之 FR 则取 0，其他国家的取值类似。将援助变量和虚拟变量的交叉项加入模型（5-1），得模型（5-2）：

$$
\begin{aligned}
\ln FDI_{ijt} = {} & \beta_0 + \beta_1 GDP_{it} + \beta_2 GDP_{jt} + \beta_3 DIS_{ij} + \beta_4 SKD_{ijt} + \beta_5 FDI_{ijt-1} \\
& + \beta_6 AID_{ijt} \times FR + \beta_7 AID_{ijt} \times GM + \beta_8 AID_{ijt} \times JP \\
& + \beta_9 AID_{ijt} \times UK + \beta_{10} AID_{ijt} \times US + \beta_{11} AID_{ijt} \times NL \\
& + \beta_{12} AID_{ijt} \times SD + \beta_{13} AID_{ijt} \times SL + \eta_{ij} + \gamma_t + \varepsilon_{ijt} \quad (5-2)
\end{aligned}
$$

## 二、模型估计及结果分析

上述动态面板模型中被解释变量滞后项的存在使得解释变量与随机扰动项相关，最终导致组内估计量的不一致，我们采用 GMM 方法解决。由于样本数据个体数量多达 220 对、时间只有 9 段，为典型的长面板数据，因而适合使用系统 GMM 估计方法。考虑解释变量中援助和 GDP 具有内生性的可能，我们将援助变量、援助与援助国虚拟变量的交叉项、援助国和受援国的 GDP 变量设定为内生变量，其他变量设定为外生变量。利用 Stata12.0 对模型（5-1）和模型（5-2）进行系统 GMM 估计并进行自相关和过度识别检验，得如表 5-17 表示的估计结果：

表 5-17　　　　　模型（5-1）、模型（5-2）估计结果

| 解释变量 | 模型（5-1） | | 模型（5-2） | |
|---|---|---|---|---|
| | 系数 | P 值 | 系数 | P 值 |
| $\ln FDI_{t-1}$ | 0.2311848 | 0.004 | 0.2263526 | 0.000 |
| $\ln GDPi$ | 0.7809878 | 0.000 | 1.1331290 | 0.000 |
| $\ln GDPj$ | 0.5618564 | 0.000 | 0.5540931 | 0.000 |
| $\ln DIS$ | 0.0101129 | 0.981 | -0.0405012 | 0.532 |
| $\ln SKD$ | 0.8097392 | 0.100 | 0.0312649 | 0.669 |
| $\ln AID$ | -0.3400544 | 0.106 | | |
| $\ln AID * FR$ | | | -0.0537293 | 0.218 |
| $\ln AID * GM$ | | | 0.0699454 | 0.053 |
| $\ln AID * JP$ | | | 0.0770826 | 0.000 |
| $\ln AID * UK$ | | | 0.0069382 | 0.524 |
| $\ln AID * US$ | | | -0.1264301 | 0.000 |
| $\ln AID * NL$ | | | 0.0508303 | 0.134 |
| $\ln AID * SD$ | | | -0.0844639 | 0.000 |
| $\ln AID * SL$ | | | 0.0534107 | 0.124 |
| 过度识别检验 | | | | |
| | chi2 统计量 | $p$ 值 | chi2 统计量 | $p$ 值 |
| | 92.43225 | 0.0839 | 150.4707 | 0.7321 |
| 自相关检验 | | | | |
| 一阶 | $z$ 统计量 | $p$ 值 | $z$ 统计量 | $p$ 值 |
| | -3.7781 | 0.0002 | -4.2485 | 0.0000 |
| 二阶 | $z$ 统计量 | $p$ 值 | $z$ 统计量 | $p$ 值 |
| | -0.07585 | 0.9395 | 0.18685 | 0.8518 |

表 5-17 中扰动项自相关检验结果显示，两个方程的检验 $p$ 值

（二阶）均大于 0.1，因此接受"扰动项差分的二阶自相关系数为零的原假设"。过度识别检验的 $p$ 值大于 0.05，说明在 5% 的显著性水平上接受"所有工具变量都有效"的原假设。以上都表明系统 GMM 估计有效率。

表 5−17 结果显示，模型（5−1）中 lnAID 的系数为负，但在 5% 的临界值条件下不显著，说明从 OECD DAC 成员国整体来看，他们流向亚非国家的双边发展援助并没有为直接投资流入受援国创造"先锋效应"。模型（5−2）中 8 个援助国虚拟变量与援助变量的交叉项系数显示，$lnAID \times GM$、$lnAID \times JP$、$lnAID \times NL$、$lnAID \times SL$ 和 $lnAID \times UK$ 的系数为正，不过 5% 的临界值条件下，仅有 $lnAID \times JP$ 的系数是显著的。$lnAID \times JP$ 的系数为 0.077，意味着日本对亚非国家的双边发展援助平均每增加 1%，将促进日本流入亚非受援国的直接投资增加 0.077%，以亚非样本国家的援助与 FDI 平均数据计算，日本对亚非国家的双边发展援助净流量平均每增加 185 万美元，日本流入亚非受援国的直接投资将增加 386 万美元。说明日本官方发展援助在促进私人投资的经济动机上比较明显，且在对外援助实践中服务于这一经济动机。$lnAID \times FR$、$lnAID \times US$ 和 $lnAID \times SD$ 的系数为负，在 5% 的临界值条件下，$lnAID \times US$ 和 $lnAID \times SD$ 的系数是显著的，这意味着美国投入亚非国家的双边发展援助部分代替了流入亚非受援国的直接投资。可能原因是服务于美国的私人投资是美国的对外援助动机之一，但就亚非国家而言，这个动机居于次要地位；而以人道主义援助模式为特征的瑞典对外援助以利他为主要目标。

其他解释变量回归结果如下：系数的 $t$ 检验结果表明，两个方程中 $lnFDI_{t-1}$ 在 5% 的临界值条件下都显著。$lnFDI_{t-1}$ 的系数显示，集聚效应对 OECD DAC 成员国对亚非国家的直接投资产生较强的促进效果，前期 FDI 增加 1%，能够促进当期 FDI 增加 0.2%。两个方程中的 $GDP_i$ 和 $GDP_j$ 的系数均为显著正，根据马克库森（2002）

的知识—资本模型理论，说明 OECD DAC 成员国对亚非国家的 FDI
既是看中部分国家的市场潜力，也是为了充分利用亚非国家丰富的
自然资源和廉价的劳动力要素，将其作为制造或加工的场所，然后
将产品销往世界各地。ln*DIS* 的系数在两个方程中正负不一致，并
且在 5% 的临界值条件下不显著，说明地理距离在 OECD DAC 成员
国对亚非国家的直接投资影响因素中并不重要。ln*SKD* 的系数为正
且不显著，OECD DAC 成员国对亚非国家的直接投资并不能说明如
马克库森（2002）的知识—资本模型得出的劳动力技术差距促进垂
直型直接投资的结论。

## 三、日本对外援助对直接投资的"先锋效应"

前文的实证结果表明，在所研究的 8 个援助国中，只有日本的
对外援助显著地促进了本国对受援国的直接投资，即日本的对外援
助对直接投资具有"先锋效应"。相比其他 OECD DAC 成员国，日
本对外援助在分配特征、援助动机、决策机制和利益集团这四个方
面表现出明显的不同，这些不同可能正是日本对外援助"先锋效
应"产生的原因所在。

### （一）日本对外援助的分配特征

相比较 OECD DAC 的其他成员国，日本对外援助的分配在地
区、部门、受援国收入水平方面明显地不同。

首先，从日本对外援助的全球布局看，日本的对外援助主要流
向亚洲地区。表 5 - 18 显示，从 20 世纪 60 年代开始，日本对亚洲
国家的援助保持占日本对外总援助的 60% 以上。1985 ~ 2012 年亚
洲国家接受的日本援助占日本对外总援助的 68.1%，远高于 DAC
成员国 37.14% 的平均水平，这一比例比 DAC 成员国中位列第二位
的美国（41.52%）也高出 27 个百分点。尤其是远东地区，这一地

区接受的日本援助占日本总援助的三分之一。

表 5 - 18　　　　　1960 ~ 2012 年日本对外援助的区域分布　　　单位：%

| 区　域 | 1960 ~ 1969 年 | 1970 ~ 1979 年 | 1980 ~ 1989 年 | 1990 ~ 1999 年 | 2000 ~ 2012 年 | 1985 ~ 2012 年 | |
| --- | --- | --- | --- | --- | --- | --- | --- |
| | 日本 | 日本 | 日本 | 日本 | 日本 | 日本 | DAC |
| 非洲 | 0.45 | 9.72 | 16.81 | 16.64 | 24.15 | 19.79 | 42.97 |
| 其中：撒哈拉以北 | 0.05 | 4.24 | 3.94 | 3.57 | 1.99 | 2.86 | 6.11 |
| 　　　撒哈拉以南 | 0.41 | 5.45 | 12.86 | 13.04 | 21.53 | 16.66 | 35.43 |
| 亚洲 | 98.96 | 84.65 | 71.92 | 69.41 | 65.45 | 68.10 | 37.14 |
| 其中：远东 | 60.52 | 57.65 | 46.41 | 46.63 | 27.70 | 38.77 | 12.93 |
| 　　　中南亚 | 38.19 | 23.54 | 22.92 | 18.30 | 24.78 | 21.74 | 13.29 |
| 　　　中东 | 0.24 | 3.22 | 2.48 | 4.30 | 12.27 | 7.22 | 10.20 |
| 大洋洲 | 0.00 | 0.38 | 1.15 | 1.91 | 1.71 | 1.73 | 3.77 |
| 欧洲 | 0.24 | 0.90 | 1.67 | 1.71 | 2.85 | 2.22 | 4.27 |
| 美洲 | 0.35 | 4.36 | 8.45 | 10.33 | 5.84 | 8.16 | 11.85 |

注：日本对各区域的援助数据来自 OECD 数据库 http：//www.oecd.org/statistics/。对外援助采用的是净流量，因此所有区域占比之和或与 100% 有差距，但区域之间还是具有可比性的。

　　其次，从日本对外援助的部门构成来看，经济基础设施部门的援助比例最高，1985 ~ 2012 年达 35.6%，这一比例远高于 DAC 成员国的平均水平 16.36%，在所有 DAC 成员国中位居第一位，其他主要成员国美国、德国、法国、英国、荷兰、瑞典、瑞士流向经济基础设施部门的援助占总援助的比例分别为 8.62%、21.29%、12.06%、11.94%、9.1%、9.47%、7.21%。其中，日本外援中交通运输和能源部门援助所占份额比 DAC 成员国的平均水平均高出约 20 个百分点（见表 5 - 19）。

表 5 – 19    1967 ~ 2012 年日本对外援助的部门构成    单位：%

| 部　门 | 1967 ~ 1979 年 | 1980 ~ 1989 年 | 1990 ~ 1999 年 | 2000 ~ 2012 年 | 1985 ~ 2012 年 | |
| | 日本 | 日本 | 日本 | 日本 | 日本 | DAC |
| --- | --- | --- | --- | --- | --- | --- |
| 社会基础设施与服务 | 5.65 | 16.55 | 20.51 | 22.40 | 21.07 | 32.09 |
| 其中：教育 | 2.32 | 5.18 | 6.79 | 6.00 | 6.33 | 9.34 |
| 　　　医疗卫生 | 1.15 | 3.21 | 2.16 | 2.41 | 2.35 | 4.21 |
| 　　　人口项目 | 0.00 | 0.03 | 0.13 | 0.23 | 0.17 | 3.11 |
| 　　　水供应 | 0.82 | 5.02 | 7.97 | 10.44 | 8.80 | 4.52 |
| 　　　政府与公民社会 | 0.54 | 0.50 | 0.88 | 2.11 | 1.45 | 7.17 |
| 经济基础设施 | 29.81 | 38.97 | 38.43 | 32.59 | 35.60 | 16.36 |
| 其中：交通运输 | 6.23 | 16.18 | 19.94 | 20.46 | 19.67 | 6.84 |
| 　　　通信 | 4.97 | 5.00 | 2.98 | 0.88 | 2.30 | 1.24 |
| 　　　能源 | 16.55 | 15.60 | 14.05 | 10.65 | 12.27 | 5.78 |
| 　　　银行及金融服务 | 0.00 | 0.12 | 0.95 | 0.17 | 0.46 | 1.19 |
| 　　　商业及其他服务 | 2.06 | 2.07 | 0.52 | 0.41 | 0.90 | 1.31 |
| 生产部门 | 24.95 | 22.53 | 14.85 | 8.99 | 12.65 | 9.69 |
| 其中：农、林、渔业 | 6.59 | 11.16 | 10.49 | 5.98 | 8.34 | 6.40 |
| 　　　工、矿、建筑业 | 16.68 | 9.98 | 4.04 | 2.32 | 3.79 | 2.47 |
| 　　　贸易 | 0.00 | 0.05 | 0.08 | 0.37 | 0.22 | 0.45 |
| 　　　旅游 | 0.00 | 0.20 | 0.13 | 0.30 | 0.23 | 0.11 |
| 多部门 | 4.38 | 1.25 | 2.98 | 5.74 | 4.07 | 6.39 |
| 其中：环境保护 | 0.00 | 0.00 | 1.06 | 3.15 | 1.95 | 1.79 |

　　注：日本对外援助的部门分布数据来自 OECD 数据库 http：//www. oecd. org/statis-tics/，且从 1967 年开始。对外援助采用的是净流量，因此所有部门占比之和或与 100% 有差距，但部门之间还是具有可比性的。

　　最后，按受援国的收入划分，日本的对外援助主要流入中等偏低收入国家，1985 ~ 2012 年这一比例达 51.34%，比 DAC 成员国的平均水平高将近 12 个百分点，比 DAC 成员国中位列第二位的美国也高出近 10 个百分点。而流入最不发达国家的援助占比为 21.86%，不及 DAC 成员国的平均水平 35.05%，这一比例在所有的 DAC 成员国中最低（见表 5 – 20）。

表 5 – 20　　　　　　1960 ~ 2012 年日本的受援国按收入构成　　　　单位：%

| 区　域 | 1960 ~ 1969 年 | 1970 ~ 1979 年 | 1980 ~ 1989 年 | 1990 ~ 1999 年 | 2000 ~ 2012 年 | 1985 ~ 2012 年 | |
|---|---|---|---|---|---|---|---|
| | 日本 | 日本 | 日本 | 日本 | 日本 | 日本 | DAC |
| 最不发达国家 | 10.68 | 16.40 | 23.32 | 15.75 | 27.85 | 21.86 | 35.05 |
| 其他低收入国家 | 0.10 | 0.75 | 1.93 | 2.40 | 1.91 | 2.15 | 2.91 |
| 中等偏低收入国家 | 68.96 | 53.55 | 39.95 | 49.28 | 57.36 | 51.34 | 39.50 |
| 中上收入国家 | 3.24 | 14.48 | 32.28 | 32.37 | 12.95 | 24.42 | 18.36 |
| 高收入国家 | 17.01 | 14.81 | 2.52 | 0.20 | – 0.07 | 0.23 | 4.19 |

注：日本对各收入等级的受援国提供的对外援助数据来自 OECD 数据库 http：// www. oecd. org/statistics/。对外援助采用的是净流量，所以某一收入等级的受援国接受的援助占比可能出现负值，所有收入等级的受援国接受的援助占比之和或与 100% 有差距，但相互之间还是具有可比性的。

## （二）援助动机：保障经济安全是日本对外援助的基本目标

日本是一个资源匮乏的小岛国，它的经济发展需要依赖外部的资源和市场。因此，确保国家的经济安全成为日本援助的首要目标。即使 20 世纪 80 年代后，日本对外援助中政治色彩变浓，也是在实现了经济大国的基础上才向政治大国的目标迈进的。20 世纪五六十年代，日本就将对东南亚地区的战争赔款与对外援助直接挂钩，这一时期对东南亚的援助为日本的化学和重工业产品寻找到了出口市场，并确保了工业材料及燃料的长期稳定供应。20 世纪 70 年代，受石油危机的影响，日本将确保能源供应上升到确保"经济安全"的高度，并通过对外援助与中近东地区的产油国家形成了广泛的友好关系。20 世纪 80 年代，"广场协议"后日元大幅升值，欧美国家相继对日本实施贸易保护措施，日本政府提出了"援助、投资、出口三位一体"的经济合作模式，以对外援助带动海外投资，将东南亚和东亚国家作为生产基地出口欧美国家，以规避贸易壁垒，实现日本在全球的国际协调型产业结构发展。20 世纪 90 年代以后，循环经济体系成为改善日本经济结构、提高产业竞争力的重要内容，日本大力推进环境援助，以打开潜力巨大的发展中国家环境市场。可见，日本政府在对外援助目标的设定上，十分重视实现本国的经济利益。

相比 OECD DAC 的其他成员国，日本对外援助更加凸显了其经济动机，这由日本的其他政府援助规模可见一斑。其他政府援助是由援助国政府提供的，但发展目的或让与性质不符合官方发展援助标准的资源移转，主要是援助国对受援国以出口或投资等商业目的提供的官方援助。① 从 20 世纪 60 年代 OECD DAC 成立起，除了 20 世纪 80 年代外，日本对发展中国家的其他政府援助规模均位列 DAC 第一，且远高于其他国家，② 21 世纪日本的其他政府援助额占所有 DAC 成员国的这一援助总额的比例超过了 40%。

### （三）决策机制：通产省在日本对外援助决策中占有一席之地

对外援助本质上是由援助国的国内政治需求决定的，对外援助战略和具体援助方案是由政党、政府机构、利益集团、民众在援助程序下共同博弈的结果。战后日本对外援助政策的决策过程基本上属于"官高政低"型，国会通常仅通过年度官方发展援助的预算额度，援外政策与立法、援外事业的具体内容和个案细节均交由官僚去制订和实行，所以日本官僚对于援外事务享有相当大的裁量空间。

与其他 DAC 成员相比，日本外援决策体系最大的特点是四省厅协议体制。根据日元贷款的运作程序，通过海外经济合作基金提供的日元贷款项目，经过外务省的初审后，要交由外务省、通产

---

① 其他政府援助是指不符合官方发展援助标准的官方援助，主要项目包括具有商业目的的赠款、促进发展的双边官方援助但赠予比例小于 25%、以便利出口为目的的双边官方援助、给予私人部门的利息补贴、支持私人投资的基金。

② 数据根据 OECD 数据库 http：//www.oecd.org/statistics/DAC 成员国的其他政府援助数据整理。20 世纪 60 年代、70 年代、80 年代、90 年代和 21 世纪日本的其他政府援助额占所有 DAC 成员国的这一援助总额的比例分别为 50.3%、28.5%、14.2%、40.5%、40.5%。

省、大藏省、经济企划厅进行协商决定，协商采取"全体一致型"或"否决权制度"，也即是任何贷款项目，只要有一个省厅反对就不能获得通过。通产省所关注的是日本稳定的对外经济关系及日本企业在海外的商业利益，当然，经济企划厅也会从综合性经济政策的角度进行考虑，所以以四省厅协议的决策机制，即通产省在日本对外援助决策中占有一席之地，保证了以日元贷款为主的对外援助能够体现日本的经济利益。

**（四）利益集团：工商界是日本对外援助中极具影响力的非政府角色**

与其他 DAC 成员国不同，活跃在日本援助活动中的非政府角色不是各类公民社会组织，而是日本的工商界，其中工程顾问协会和日本贸易公司（商社）是两个扮演重要角色的非政府组织。工程顾问协会是由通产省及建设省批准成立的非盈利的法人组织，该组织的主要目的是为日本企业在海外的发展提供技术顾问。组织设有官方发展援助研究会，派遣高层级的代表或科技人才进驻发展中国家，在各领域寻找可行的新开发项目。日本贸易公司分布在世界各国，驻外人员众多，联结成日本在全球的关系网络。由于日本对外援助采取的是"申告主义"，日本贸易公司积极游说进驻国政府利用日元贷款，并为进驻国政府提供项目建议，帮助进驻国达到申请贷款的标准。对于缺乏专家、行政人员而没有能力进行可行性调查、完成项目计划书的发展中国家，日本贸易公司帮助它们获得日本政府提供的技术合作项目——发展调查合作研究，或者委托工程顾问协会提供相应的服务。

**（五）日本的对外援助、综合所有权优势与"先锋效应"**

日本的对外援助主要流向中等收入国家而不是最不发达国家；日本的对外援助主要投入经济基础设施部门，尤其是交通运输与能源部门，这些特征使日本对外援助具备形成对外直接投资"先锋效应"的前提。直接投资活动要求东道国具备一定的经济条件，而最不发达国家往往达不到要求，所以若将大量援助投入最不发达国家，对直接投资的"先锋效应"可能无法形成。经济基础设施及相应服务是生产的社会先行资本，向受援国提供大量的经济基础设施援助可以为后续的直接投资创造必要的条件。另外，日本的对外援助与国际贸易、对外直接投资主要流向的一致性是国际发展援助对直接投资产生"先锋效应"的充分表现。

日本将经济安保视为对外援助的基本目标，使日本对外援助对直接投资产生"先锋效应"具备了方向性；而日本工商界在对外援助活动中的影响力较大，并且代表日本企业的通产省在对外援助决策体系中占有一席之地，日本通产省与工商界相互配合，使日本对外援助对直接投资产生"先锋效应"具备了可操作性。所以，对日本企业来说，对外援助是帮助它们实现海外经济利益的官方资本，它能为日本企业创造综合所有权优势，为其海外投资充当"开路先锋"。具体表现在以下几个方面：（1）信息优势。首先，除了国际协力机构、日本国际事业合作团等日本援助机构驻扎在受援国、建立与受援国政府间的多层次沟通与交流渠道来获取信息外，日本工商界工程顾问协会和日本贸易公司（商社）在全球也有大量的驻外人员，游走于政府、行业协会与企业之间，联结成日本在全球的关系网络，广泛收集、获得与更新受援国的多方面信息。其次，日本工商界可以通过参与受援国可行性调查直接获取受援国的有效信息。同时，由于日本工商界在对外援助活动中与日本政府联系密切，日本国际事业合作团通过发展调查合作研究项目吸收的信息、日本海外经济协力基金通过日元贷款项目的可行性及法律调查获得的信息也较容易地传递给日本企业，为日本企业在受援国投资创造信息优势。（2）软环境优势。首先，日本工商界通常向受援国政府建议一些资金密集型的大型经济基础设施项目，尤其是运输及仓储项目和能源项目，并积极帮助他们达到申请日元贷款的标准，通产省在对外援助决策体系中的表决权也推动了经济基础设施项目的成功申请。交通运输、通信和能源行业是日本具有竞争力的行业，日本向受援国提供的日元贷款集中在经济基础设施项目，有利于日本企业提升中标率。于是日本的工程标准随着大量的经济基础设施项目进入了受援国。其次，日本工商界在参与对外援助的实施过程中，强调使用日本的技术、诀窍和经验来培育发展中国家的人力资源并注重培植日本的企业文化，以为后续的海外投资服务。最后，以获取经济利益为援助基本目标、与日本工商界紧密联系的日本政府重视与受援国的技术合作，并在技术合作中设立了受援国研究人员训练计划，该计划主要集中在马来西亚、印度尼西亚、泰国、菲律宾等远东地区，为这些国家的政府机关职员或民间产业人士提供到日本的研究机构、大学、民间企业、训练所等机构培训的机会，学习有关人力资源、农业、工业等领域的行政或经营管理知识。通过以上工程项目、技术合作、文化援助等形式，日本对外援助为日本企业的海外投资创造了良好的投资软环境。（3）低风险优势。国际发展援助作为一项官方资本转移，是以国家或政府的政策行为对双边或多边的国际关系进行调整的产物。将经济利益视为对外援助基本目标的日本，不仅注重利用援助开启或增强与受援国之间的友好关系、为私人投资创造了稳定的外部政治环境，更注重通过使用这一外交工具，将对外援助与国际贸易、对外直接投资结合起来。当日本企业在受援国遭遇经济风险或政治风险时，可以通过工商界和政府间的联系渠道快速将利益诉求转达给政府，并施加影响力。政府可以给予快速反馈，或通过外交途径，或利用援助的外交杠杆作用化解政治风险；同时，利用对外援助帮助缓解经济危机，逐渐化解本国企业在受援国的经济风险。此外，日本对外援助为日本企业获取了大量的受援国信息、创造了良好的投资软环境，也降低了对受援国的投资风险和跨国经营的风险。

# 本 章 小 结

　　本章研究了国际发展援助对援助国流向受援国直接投资的影响。首先，从理论上分析了国际发展援助为援助国企业创造的综合所有权优势；其次，对 OECD DAC 主要成员国美国、日本、德国、法国、英国、荷兰、瑞典和瑞士的对外援助与对外直接投资的流向进行比较分析；最后，以上述 8 个国家对亚非国家的援助与直接投资的配对数据为样本，实证检验了国际发展援助对援助国流向受援国直接投资的影响，得到以下结论：

　　（1）国际发展援助为援助国企业创造的综合所有权优势表现在以下几个方面：援助国通过援助项目调查或援助驻扎机构获取大量受援国信息，创造援助国企业在受援国投资的信息优势。援助国通过项目合作、技术援助以及文化语言类援助向受援国输入了本国的文化理念、管理模式、技术标准，在受援国培养了有利于投资的"软环境"。国际发展援助还可以帮助援助国建立和维系与受援国的良好关系，创造有利于援助国企业在受援国投资的政治环境，为私人资本消除政治、经济风险，增加私人投资者的信心。

　　（2）比较美国、日本、德国、法国、英国、荷兰、瑞典和瑞士的对外援助与对外直接投资的流向发现：瑞典的对外援助与对外直接投资的区域分布完全不一致；非洲地区是法国对外援助与对外直接投资的主要区域，但这一区域内，同时位列法国十大受援国和东道国的国家很少；亚洲地区同时是美国、德国、英国、荷兰、瑞士对外援助与对外直接投资的主要区域，但这一区域内，同时位列十大受援国和东道国的国家也很少。日本的对外援助与对外直接投资主要流向了亚洲地区，在亚洲地区，位列日本十大受援国的国家同时也位列十大东道国的名单中。

（3）对上述 8 个国家对亚非国家的援助与直接投资的实证检验表明：日本对亚非国家的国际发展援助能够促进日本对这些国家的直接投资，美国、瑞典投入亚非国家的发展援助部分代替了流入亚非受援国的直接投资，其他援助国的发展援助与他们流入亚非国家的直接投资没有统计上的关系。与其他 OECD DAC 成员国相比，日本对外援助在援助分配、援助动机、决策机制、利益集团四个方面表现出明显的不同。通产省在对外援助中具有决策权以及日本工商界在对外援助中的影响力较大等原因最终导致日本的对外援助成为帮助日本企业实现海外经济利益的官方资本，从而形成对直接投资的"先锋效应"。

# 第六章

# 主要结论和政策建议

## 第一节 主要结论

进入 21 世纪，国际发展援助的有效性成为援助领域的关注重点。国际发展援助的实践无法有力地证实国际发展援助对受援国经济增长及社会福利增加是有效的。相比较而言，国际社会对 FDI 在转移知识和技术、创造就业、促进发展中国家经济增长方面的效果是比较认可的。因而，国际发展援助机构呼吁充分利用官方发展援助带动私人直接投资来达到经济增长的效果。在此背景下，本书在现有文献的基础上，以经合组织发展援助委员会成员国对亚非国家的援助为样本，就国际发展援助对受援国 FDI 的影响效果进行了理论分析与实证考察，主要结论如下：

（1）国际发展援助通过影响受援国的区位优势及援助国的综合所有权优势共同作用于受援国的 FDI。

本书在国际发展援助的效果、国际直接投资的动因和区位选择理论的基础上，将国际生产折衷理论简化为 OL 模式，构建了国际发展援助影响 FDI 的分析框架，即国际发展援助对受援国 FDI 的影响包括通过影响受援国的区位优势及影响援助国的综合所有权优势。国际发展援助一方面为受援国补充了物质资本、经济基础设施、人力资本等生产所需要素，提升受援国的区位优势，增强受援国对 FDI 的吸引力；另一方面也可能使受援国形成援助依赖、滋生腐败，恶化制度环境，不利于对 FDI 的吸引。国际发展援助帮助营造良好的双边关系，有利于缩小双方发展模式、文化理念等"软环境"距离，为援助国企业在受援国投资创造优于他国企业的综合所有权优势，增加援助国企业对受援国直接投资的驱动力。

（2）以 OECD DAC 成员国对亚非国家援助为样本，国际发展援助对受援国 FDI 的促进作用受援助规模的影响。由于受到受援国人力资本要素、基础设施水平限制及政府治理能力的影响，受援国存在对援助的有限吸收。在吸收能力范围内，援助弥补受援国的财政资金、为受援国提供公共基础设施与服务的功效得以充分发挥，有利于受援国基础设施水平及人力资本水平区位优势的增加。超过吸收能力，一方面，援助占用大量政府优质资源、造成政府核心功能退化及政府责任心下降的负效应逐渐显现并强化，从而恶化了受援国政府的治理水平，形成了不利的制度环境区位优势；另一方面，用于政府消费和寻租等非生产性活动的援助增加，挤出了用于提供公共基础设施与服务的援助，受援国的区位优势下降。选用包含公共品投入的生产函数，从援助提供公共品和影响全要素生产率两个角度，就不同援助规模对 FDI 的影响进行分析。当援助适量时，贸易品生产者可以得到援助增加受援国政府的公共品投入带来的所有好处，援助对 FDI 表现出极强的正效果。当援助过量时，一方面，国际援助中非生产性活动比例的增加不断地挤出受援国政府投入公共品的援助，援助通过增加受援国政府的公共品投入对 FDI 的正效果越来越小；另一方面，贸易品的全要素生产率持续下降使援助对 FDI 的负效应不断加强，援助对 FDI 的综合效应逐渐由正转向负。在决定 FDI 的动态面板模型中引入援助与援助的平方项，运用 27 个亚洲国家和 49 个非洲国家 1980～2012 年数据及系统 GMM

估计方法进行实证检验，结果显示，国际发展援助对 FDI 的促进效果受援助规模影响，当援助规模为国际发展援助净流量占 GDP 的6.4% 时，援助对 FDI 的正向效果达到最大。在模型中添加援助与制度变量的交叉项检验最优援助规模是否与受援国制度相关，结果表明，受援国的政治稳定性、政府效率、腐败控制三个制度变量平均每提高 1 分，最优援助规模将分别提高 2.4%、2.1%、2.3%；政策质量制度变量平均每下降 1 分，最优援助规模将上升 1.3%；受援国民主程度高低、法律环境好坏并不影响援助对 FDI 的非线性效果。

（3）以 OECD DAC 成员国对亚非国家援助为样本，国际发展援助对受援国 FDI 的影响因援助部门而不同。经济基础设施及服务部门援助和社会基础设施及服务部门援助为受援国提供生产性公共产品、积累人力资本，从而增加了受援国的区位优势。一般预算援助和债务减免属非捆绑型援助，易滋生腐败，政治、经济改革附加条件旨在帮助受援国建立良好的制度环境，然而不适宜的改革方案与过度的附加条件反而可能无法达到预期效果且加重政府负担，形成不利于投资的制度环境。将援助通过增加物质资本与影响全要素生产率两个途径引入小型开放经济体的 Solow 模型，基础设施及服务部门援助以及由一般预算援助和债务减免组成的其他部门援助影响全要素生产率，它们对 FDI 的影响取决于资本边际产品对 FDI 的正效应和稳态人均收入水平对 FDI 的负效应。生产部门援助增加物质资本，稳态条件下挤出 FDI。在决定 FDI 的动态面板模型中分别引入经济基础设施及服务部门援助、社会基础设施及服务部门援助、生产部门援助和其他部门援助，运用 24 个亚洲国家和 48 个非洲国家 1995～2012 年数据的实证结果显示，社会基础设施部门援助和经济基础设施部门援助对 FDI 产生促进效果，生产部门援助和其他部门援助对 FDI 产生负向效果。进一步对援助与制度变量的交叉项进行检验，结果表明，受援国的制度水平能够强化部门援助对

FDI 的正效应、弱化负效应，但不能实质性地改变各部门援助对 FDI 的影响方向。

（4）以 OECD DAC 成员国对亚非国家援助为样本，国际发展援助对直接投资是否具有"先锋效应"因援助国而不同。理论上，援助国通过援助项目调查或援助驻扎机构获取大量的受援国信息，创造援助国企业在受援国进行直接投资的信息优势；援助国通过项目合作、技术援助，以及文化语言类援助向受援国输入本国的文化理念、管理模式及技术标准，在受援国培养有利于本国企业投资的"软环境"；国际发展援助还可以帮助援助国建立和维系与受援国的良好关系，创造有利于援助国企业在受援国进行直接投资的政治环境，为私人资本消除经济、政治风险，增加私人投资者的信心。建立决定 FDI 的引力模型，将援助变量纳入，运用 1985～2012 年德国、日本、英国、美国、法国、荷兰、瑞典和瑞士这 8 个 OECD DAC 主要援助国与 25 个亚洲国家、28 个非洲国家的 220 对援助国—受援国数据组进行实证研究，发现日本对亚非国家的国际发展援助能够促进日本对这些国家的直接投资，美国、瑞典投入亚非国家的发展援助部分代替了流入亚非受援国的直接投资，其他援助国的发展援助与他们流入亚非国家的直接投资没有统计上的关系。通过对日本对外援助与其他 DAC 成员国不同的特点进行分析，包括援助区域、援助领域、受援国收入状况、援助的主要动机、决策机制、利益团体，发现日本工商界在援助中的强大影响力以及代表日本企业的通产省在对外援助决策体系中的地位是日本官方发展援助产生对直接投资"先锋效应"的最主要原因。

# 第二节　政策建议

（1）以引导受援国自我发展为主，注意援助规模的合理范围。

以 OECD DAC 成员国对亚非国家的发展援助为样本的研究表明，国际发展援助对 FDI 的促进作用受援助规模的影响，当援助规模超过最优规模后，国际发展援助将替代或阻碍 FDI 的流入。由于受援国自身条件限制及国际发展援助实践中存在的问题，受援国存在对国际发展援助的有限吸收。援助一旦超过吸收能力，援助对政府治理能力的负效用逐渐显现并强化，长期、大规模援助将最终导致政府既无力又无心引导国家发展经济，取而代之的是对援助的依赖。

西方援助国和国际援助机构虽然意识到这一问题，但出于国家利益的考虑，甚至如布罗蒂加姆和纳克（2004）等学者认为国际援助机构出于自身存在性及整个援助产业的考虑，没有动力彻底去解决。[①] 2004 年美国启动了"千年挑战账户"初创基金，主要目标是"消除贫困"，账户对援助对象设立了三个要求，包括良政、经济自由化和社会投资，要求的提出使得援助分配偏离了初衷，反而造成了资金在账户受援对象的堆集。"千年挑战账户"20 个受援国平均的援助占 GNI 比例达 18.7%，而援助规模最高的尼加拉瓜和莫桑比克援助占 GNI 比例分别高达 52.2% 和 40.8%。[②] 布罗蒂加姆（2000）运用世界银行数据进行分析后发现，在人口 100 万以上、接受援助超过 GDP 10% 或以上的 30 个国家中，其中至少有 20 个国家接受这种高强度的援助状态都维持了 10 年以上。

因此，要解决援助规模过量给受援国 FDI 带来的负效应，西方援助国首先需要改变观念。中国和非洲国家利用国际援助发展经济的效果差异表明发展自主权在援助效率中的重要影响。发展是内生的，受援国的发展要依靠国家自身的努力，任何外力只是协助而不

---

① Brautigam, D. A., Knack, S., Foreign Aid, Institutions and Governance in Sub - Saharan Africa. Economic Development and Cultural Change, Vol. 52, (January 2004), pp. 255 – 285.

② Michael Clemens, Steven Radelet, The Millennium Challenge Account: How Much is Too Much, How Long is Long Enough? Working Paper No. 23, (February 2003). pp. 1 – 31.

该是主导。① 发展中国家照搬西方的发展经验或者援助国以发展援助实现政治和安全利益都很难使受援国实现从"输血"到"造血"的转变。其次，在分配援助时，需要关注受援国的援助相对规模，可以以援助占 GDP 的比例、援助占 GNI 的比例、援助占政府支出的比例或者援助占出口的比例来衡量。以援助占 GDP 的比重为例，一旦这一比例超过 10%，需要引起重视。最后，由于各受援国自身条件差异，对援助的吸收能力也不同。在单一比例的基础上，进一步对援助效果进行监测和评估，以援助效果作为调整的重要依据，力求援助规模在受援国吸收能力范围之内。在实施过程中，特别注意调整不可过于频繁，因为援助过度不稳定也是影响援助效率的因素。②

（2）优化国际发展援助结构，加强援助效率的提升。

①增加经济基础设施及服务部门援助所占比重。以 OECD DAC 成员国对亚非国家的各部门发展援助为样本的实证研究表明，社会基础设施及服务部门援助和经济基础设施及服务部门援助增加了受援国的 FDI，一般预算援助、债务减免和生产部门援助替代受援国 FDI。经济基础设施及服务部门援助对 FDI 的促进效果最好，生产部门援助对 FDI 的替代效果最强。

但从现实情况来看，亚非国家的国际发展援助部门分布表现出与其对 FDI 的效果不一样的特征。1995～2012 年社会基础设施及服务部门援助占所有部门总援助的份额最高，其次是经济基础设施及服务部门援助和债务减免，生产部门援助、多部门援助、一般预算援助和人道主义援助均仅占总援助的 7%。若区分亚洲地区和非洲地区，非洲地区的经济基础设施及服务部门援助投入表现出明显

① 张海冰：《发展引导型援助—中国对非洲援助模式研究》，上海人民出版社 2013 年版，第 151 页。

② Mark McGillivray, Simon Feeny, Niels Hermes, Robert Lensink, Controversies Over the Impact of Development Aid：It Works；It Doesn't；It Can, But That Depends. Journal of International Development. Vol. 18, 2006, pp. 1031－1050.

不足。在亚洲地区，经济基础设施及服务部门援助占所有部门总援助的27%，在非洲地区，这一比例仅为11%。从亚非国家国际发展援助各部门变化来看，社会基础设施及服务部门援助所占比重越来越大，而经济基础设施及服务部门援助的比重呈现快速下降趋势。

经济基础设施尤其是道路、桥梁、铁路、港口、机场等大型基础设施，能够促进国家之间、区域内部经济联系和贸易发展，形成更广阔的市场。而基础设施落后是制约许多发展中国家的硬性"瓶颈"，在非洲表现得尤其明显。根据联合国贸易与发展大会的数据，在全球范围内，运输成本平均占进口额的5.4%，但是在非洲国家，这一比例要高出5倍。[①] 非洲基础设施集团2009年发布的一份报告显示，在绝大多数非洲国家，尤其是低收入国家，基础设施是妨碍商业行为的重大障碍，使公司生产率减少了大约40%。[②]

因此，增加经济基础设施及服务部门援助所占比重是优化亚非地区国际发展援助结构的关键，鉴于非洲基础设施的落后状况以及经济基础设施及服务部门援助的忽视地位，结构优化重点区域在非洲地区且以交通和通信行业等大型基础设施为主。

②提升生产部门援助、一般预算援助和债务减免的有效性。以OECD DAC成员国对亚非国家的发展援助为样本的实证研究显示，生产部门援助作为国际官方资本替代了国际私人资本FDI，并且无论受援国制度水平的高低。因为生产部门援助更多地以资本要素形式进入受援国各生产部门，而在提升全要素生产率方面的功效较弱。这并不意味着，为使援助达到促进FDI的效果，只能减少生产

---

① E. Corpley, Africa Needs $93 Billion a Year for Infrastructure: Report. Reuters, November 12th, 2009, http://www.tralac.org/2009/11/12/africa-needs-93-billion-a-year-for-infrastructure-report/.

② Margareta Drazeniek Hanou, Robert Z. Lawrence, Enhancing Trade in Africa: Lessons from the Enabling Trade Index. The Africa Competitiveness Report 2009, World Economic Forum.

部门援助。生产部门援助包括农业部门援助、工业部门援助、贸易援助和旅游部门援助，发展中国家对生产部门援助的需求仍然旺盛。以贫困国家为例，发展农业、解决饥饿是这些国家经济发展的首要问题。发展经济学家萨克斯认为，"那些成功摆脱贫困陷阱的国家与未能逃脱的国家相比较，最重要的因素是粮食生产率。在仍未摆脱贫困的国家，农民陷入了人口增长与人均粮食产量停滞或下降的旋涡之中"。① 撒哈拉以南非洲拥有世界 60% 的可耕地，而其 1/4 的人口面临饥饿问题。所以，从长远考虑，这些国家最需要的是发展农业。

为使生产部门援助达到促进 FDI 的效果，最优的策略是通过援助提高全要素生产率，技术进步是很重要的一方面。加强技术援助及生产部门的技术转让有利于增加生产部门援助对全要素生产率的正向影响。具体可以考虑采取以下措施：第一，在援建项目实施中，除了向受援国提供机械设备、帮助建设工农业基础设施外，还需要派遣专家指导项目的生产运营，对当地人员进行技术和管理培训，实现有效的技术转让。第二，建设专门的工农业技术示范中心，对适用的新技术进行试点，试点成功后，由点到面进行推广。第三，成立多样化的生产技术培训中心，以个体为单位，传授实用的技术，如编织、刺绣、养殖等。生产的外部规模效应是提高全要素生产率的另一方面，生产部门援助要注重对行业以及"前向联系"和"后向联系"的同时投入。以石油工业为例，通过国际发展援助帮助受援国建立集勘探、钻井、采油、石化、储运于一体的完整石油工业体系。

以 OECD DAC 成员国对亚非国家的发展援助为样本的实证研究表明，以一般预算援助和债务减免构成的其他部门援助有碍于 FDI 的流入，不过在制度水平很高的国家，可以改变这一结果。由于一

---

① ［美］杰弗里·萨克斯：《贫困的终结—我们时代的经济可能》. 邹光译，上海人民出版社 2007 年版，第 63 页。

般预算援助和债务减免直接与受援国政府财政资金联系，它们的非捆绑性质使受援国政府容易滋生腐败。另外，受援国在获得一般预算援助和债务减免之前或同时需要接受大量的附加条件，进行经济、政治和社会改革，总体上并没有实现预期效果，反而加重了受援国政府的改革负担。

因此，为提高一般预算援助的有效性，受援国的选择很重要。选择制度水平高的国家作为一般预算援助对象。通常在制度水平高的国家，具备较全面的经济发展规划，同时这些国家也有很好的财政监督机制，能够保证财政资金的使用效果。市场化、自由化、私有化的经济改革，以及民主、人权的政治改革不应作为一般预算援助必须执行的标准。尊重受援国的发展自主权应该成为国际发展援助的基本原则，衡量是否向受援国提供发展援助以受援国的需求较为合理，而是否进一步提供或增加、减少发展援助则应以援助的实际效果作为决策考虑的主要因素，而不是将重点放在"有效或无效"的方式上。

根据世界银行数据统计，2007 年全球 33 个重债穷国债务占出口总额的比重为 328%，债务占 GDP 总额的比重 31%，债务占财政收入的比重 171%。鉴于发展中国家债务负担的实际情况，债务减免规模是不能降低的，反而需要扩大债务减免范围。关于是否有资格享受债务减免及债务减免的额度，除了考虑国家的债务负担的程度外（债务占出口总额的比重、债务占 GDP 总额的比重、债务占财政收入的比重），还应该考虑该国的经济脆弱性，如经济的外部依存度是否过高，经济结构是否偏向相对脆弱的农业部门，贸易条件是否恶化，国家是否位于热带——经济易受气候变暖影响的地区，因为这些因素不是国家通过自身努力就可以避免的。债务减免的最终目标是通过将受援国外债降低到能够承担的水平，使政府机构得以正常运作，从而引导国家实现自我发展。所以，债权国通过减免资格标准附加大量的经济、政治、社会改革条件，无疑加重了政府的负担，与该部门援助的初衷背道而驰。为提高债务减免援助的有效性，经济、政治、社会改革条件应该废除，至少应该减少。另外，减免债务需与增加援助相结合，尤其是基础设施、人力资源类项目援助和技术援助，两条腿走路才能使重债穷国逐渐摆脱债务的恶性循环。

（3）援助分配不应当过分强调受援国制度环境，尤其是西方民主制度。

20世纪80年代，西方发达国家对之前几十年国际发展援助效果较低的原因进行了反思，得出的结果是：受援国自身的原因导致的，如不良的政府机制、腐败、过度的政府管制。所以，自20世纪80年代开始，西方发达国家及国际援助机构在提供援助的同时，通常附加"华盛顿共识"为核心的经济结构调整要求或民主、善治、人权的政治体制改革条件，援助的分配也更倾向于实施政治、经济改革的国家。

本书以OECD DAC成员国对亚非国家的各部门发展援助为样本的实证研究表明，受援国的制度水平能强化国际发展援助对FDI的正效应、弱化负向效应。但是制度水平并没有实质性地改变各部门援助对FDI效果的方向。生产部门援助仍然对FDI产生替代作用，一般预算援助与债务减免仅在良好制度环境的国家才能产生对FDI的促进效果，而这一制度水平多数超出一般预算援助与债务减免对象的水平。若区分不同的制度变量，以促进FDI作为有效性衡量标准，民主程度高的受援国并不必然具有较高的最优援助规模。因此，建议援助国在选择受援国时，不要过分强调其制度环境，尤其是西方民主制度。可以在优先考虑受援国需求、援助使用效率的基础上，将受援国的制度水平作为二次筛选条件，给予适当考虑。

（4）采用"贸易、投资、援助"三位一体模式，推动全方位的经济合作。

OECD DAC中的8个主要成员国对亚非国家的国际发展援助与

流入这些国家的直接投资实证研究结果表明，只有日本对亚非国家的发展援助促进了日本对这些受援国的直接投资。相比其他 DAC 成员国，日本的对外援助十分凸显其经济目标，他们以位于东亚、东南亚地区的主要贸易、投资伙伴国为重点援助对象，主要提供经济基础设施援助，为贸易和投资创造了必需的硬性环境，实现了"贸易、投资、援助"的三位一体经济开发。

从全球范围来看，国际发展援助的主要援助国 OECD DAC 成员国，还有新兴援助国如中国、巴西、俄罗斯、印度、南非，这些国家也是发展中国家直接投资的主要投资国，援助国实现了援助对直接投资的先锋效应，也意味着受援国的直接投资得以促进。"贸易、投资、援助"的三位一体的援助方式，带动了援助国对受援国的投资、贸易，可以充分发挥双方资源条件和经济结构的互补性，推动全方面的经济合作。

发展中国家与发达国家在经济发展水平上存在巨大差距，全球化下的经济自由化规则以其平等的形式造成了事实的不平等。发展中国家，尤其是包括非加太的不发达国家，由于政治局势不稳定、经济结构不合理、人力资源缺乏等影响，在全球化中处于劣势地位，全球化导致了这些国家的发展机会和空间越来越小。联合国2005 年发布的《世界社会发展状况年度报告》显示，全球80%以上由经济活动带来的主要收益，几乎都流进了发达国家大约 10 亿富裕人口的口袋，而占世界总人口约 85%、生活在发展中国家的50 亿民众，则只能分享大约 20%的世界财富。因此，国际发展援助不仅需要为发展中国家提供资金和技术支持，更需要提供发展的机会，由援助带动投资与贸易，使发展中国家，特别是不发达国家在全球化中分享更多的收益。

欲实现援助带动投资与贸易，首先援助国必须弱化援助的政治动机，强化经济动机。日本对外援助的决策体系是四省厅协议体制，代表企业界的通产省也有一票否决权，所以日本的对外援助体现出以经济利益为基本目标的特征。综观其他援助国的外援决策机构，外交机构掌握了更多的权利。如在美国对外援助体系中，美国国际开发署和国务院居主导地位；英国最主要的对外援助部门是英国国际发展部，由内阁国际发展事务大臣直接管理；外交部是瑞典对外援助的管理机构，议会负责对外援助的政策制定以及援助数额、项目的审批；瑞士的对外援助管理机构是瑞士发展合作署，隶属于外交事务部。因此，在这些国家对外援助决策体系中需要添加或提升经济合作部门的权利。变通援助方式，以直接带动贸易与投资。从援助国方面，援助带动贸易最直接的方式是优惠出口买方信贷。优惠出口买方信贷是援助国政府为受援国提供的以出口买方信贷形式的优惠贷款，它在促进援助国出口的同时也满足了受援国的进口需求。从受援国方面，贸易援助是促进发展中国家提高贸易能力的主要方式。具体措施如建设与贸易有关的基础设施、提供与贸易有关的技术援助、消除贸易政策障碍、实现贸易便利化等。实践中，常规的贸易援助方式并不一定保证能促进发展中国家的贸易，尤其是不发达国家，他们更需要的贸易援助是考虑其特殊情况而给予的特殊待遇，如给予零关税待遇并不断扩大受惠商品。通过援助带动投资，可以借鉴中国对外援助的两种做法。一是政府贴息优惠贷款。政府贴息优惠贷款主要用于中国企业与受援国企业合资合作建设或购买中国生产的成套设备和机电产品，它由中国政府指定进出口银行向受援国提供中、长期低息贷款，优惠利息与基准利率之间的利息差由中国政府进行补贴。二是项目合资合作。将受援国偿还的贷款资金设立为专项基金，支持中国企业与受援国企业的合资合作项目。它在推动中国企业"走出去"的同时，也为受援国提供了资金、设备、技术，促进了双方的经济合作与共同发展。

# 第三节 研究展望

本书在已有相关文献的基础上，构建国际发展援助影响 FDI 的分析框架，将国际发展援助对受援国 FDI 的影响分为影响受援国区位优势和影响援助国企业所有权优势两条途径，并用 OECD DAC 成员国对亚非国家的援助数据实证检验了援助的规模、援助的结构对受援国 FDI 的影响效果，以及援助对援助国流入受援国 FDI 的影响效果。但是，由于笔者研究能力和数据资料等方面的限制，无论是理论分析还是实证分析都存在不完善的地方，有待今后进一步的深入研究。展望今后的研究方向，准备从以下几个角度进行完善与拓展：

（1）理论研究上，在国际发展援助与 FDI 关系的理论框架中，将援助分解为援助规模与援助结构纳入数理分析式中，使理论分析框架更加具体化。

（2）实证研究上，将亚非国家综合样本划分亚洲国家和非洲国家子样本，进一步进行比较分析。

（3）从总的研究思路上，在流入受援国的 FDI 中，除本书考察的国际发展援助对来自援助国部分的 FDI 影响外，还将对来自非援助国部分的 FDI 影响及两类来源国是否存在竞争关系进行单独考察。

# 参 考 文 献

[1] 陈延晶:《对外直接投资的决定:动机与区位》,中国经济出版社 2012 年版。

[2] 崔新健:《FDI 微观理论:OL 模型》,载《管理世界》2001 年第 3 期。

[3] 丁韶彬:《大国对外援助:社会交换论的视角》,社会科学文献出版社 2010 年版。

[4] 黄检良:《80 年代撒哈拉以南非洲的经济结构调整刍议》,载《西亚非洲》1990 年第 3 期。

[5] 黄梅波、王璐、李菲瑜:《当前国际援助体系的特点及发展趋势》,载《国际经济合作》2007 年第 4 期。

[6] 金熙德:《日本政府开发援助》,社会科学文献出版社 2000 年版。

[7] 李福柱:《人力资本结构与区域经济发展研究》,东北师范大学博士学位论文,2006 年。

[8] 李小云、王伊欢、唐丽霞:《国际发展援助—发达国家的对外援助》,世界知识出版社 2013 年版。

[9] 林晓光:《日本政府开发援助与中日关系》,世界知识出版社 2003 年版。

[10] 刘国柱:《在国家利益之间—战后美国对发展中国家发展援助探研》,浙江大学出版社 2011 年版。

[11] 毛小菁:《国际社会对非援助与非洲贫困问题》,载《国

际经济与合作》2004 年第 5 期。

[12] 潘忠：《国际多边发展援助与中国的发展——以联合国开发计划署援助为例》，经济科学出版社 2008 年版。

[13] 沈坤荣、田源：《人力资本与外商直接投资的区位选择》，载《管理世界》2002 年第 11 期。

[14] 沈亚芳：《人力资本对外商直接投资区位选择的影响》，载《国际贸易问题》2007 年第 7 期。

[15] 石卫星：《人力资本与外商直接投资》，经济科学出版社 2012 年版。

[16] 孙同全：《国际发展援助中"援助依赖"的成因》，载《国际经济合作》2008 年第 6 期。

[17] 唐建新、杨军：《基础设施与经济发展》，武汉大学出版社 2003 年版。

[18] 王国庆：《国际官方发展援助分配研究》，中国社会科学院研究生院博士学位论文，2012 年。

[19] 王翚、甘小军、刘超：《国际双边发展援助对 FDI 的影响研究——基于 17 个 OECD 国家对华发展援助的实证》，载《国际贸易问题》2013 年第 6 期。

[20] 王翚、雷鹏飞、甘小军：《官方发展援助对 FDI 的影响效果研究——基于包含制度变量的动态面板模型检验》，载《山西财经大学学报》2014 年第 1 期。

[21] 王翚、甘小军：《官方发展援助影响 FDI 的理论分析与实证检验——基于结构视角》，载《国际经贸易探索》2014 年第 3 期。

[22] 武海峰、陆晓阳：《国际直接投资发展研究》，中国财政经济出版社 2002 年版。

[23] 向丽华：《经济援助外交"杠杆"建构研究》，上海外国语大学博士学位论文，2010 年。

[24] 杨宝荣：《"重债穷国减债计划"非洲案例研究》，载

《西亚非洲》2005 年第 3 期。

[25] 张海冰:《发展引导型援助—中国对非洲援助模式研究》, 上海人民出版社 2013 年版。

[26] 张涵冰、周健:《简评跨国公司直接投资诱发要素组合理论》, 载《社会科学论坛》2005 年第 8 期。

[27] 张汉林、袁佳、孔洋:《中国对非 ODA 与 FDI 关联度研究》, 载《世界经济研究》2010 年第 11 期。

[28] 赵春明:《跨国公司与国际直接投资》, 机械工业出版社 2007 年版。

[29] 赵江林:《外资与人力资源开发: 对中国经验的总结》, 载《经济研究》2004 年第 2 期。

[30] 周弘、张浚、张敏:《外援在中国》, 社会科学文献出版社 2007 年版。

[31] 周弘:《对外援助与现代国际关系》, 载《欧洲》2002 年第 3 期。

[32] Acemoglu, D. , J. Robinson, T. Verdier, Kleptocracy and Divideand – Rule: A Model of Personal Rule. *Journal of the European Economic Association*, 2004.

[33] Adam, C. S. , Bevan, D. L. *Aid*, *Public Policy and Dutch Disease*, Department of Economics, University of Oxford, 2003.

[34] Agenor, Pierre – Richard, Joshua Aizenman, Public Capital and the Big Push, work in progress. University of Manchester, 2006.

[35] Annagedy Arazmuradov, Foreign Aid, Foreign Direct Investment and Domestic Investment Nexus in Landlocked Economies of Central Asia. *The Economic Research Guardian*, 2012.

[36] Asiedu. E. , Jin Y. , Nandwa B. , Does Foreign Aid Mitigate the Adverse Effect of Expropriation Risk on Foreign Direct Investment? *Journal of internalional Economics*, 2009.

［37］ Bauer, P. T. Reality and Rhetoric. *Studies in the Economics of Development.* Cambridge, MA: Harvard University Press. 1984.

［38］ Bauer, P. T. , Foreign Aid: An Instrument for Progress? Two Views on Aid to Developing Countries. *Institute of Economic Affairs*, 1966.

［39］ Beladi H, Oladi R, Does Foreign Aid Impede Foreign Investment? In Professor Hamid Beladi, Chapter 4. Professor E. Kwan Choi (Ed. ) *Theory and Practice of Foreign Aid* (Frontiers of Economics and Globalization, Volume 1), Emerald Group Publishing Limited, 2006.

［40］ Berthelemy J. Q. , Tichit, A. Bilateral Donors'Aid Allocation Decisions-a Three Dimensional Panel Analysis. *International Review of Economics and Finance*, 2004.

［41］ Bhavan T, Xu C, Zhong C. , The Relationship between Foreign Aid and FDI in South Asian Economies. International *Journal of Economics and Finance*, 2011.

［42］ Birdsall, Nancy, Stijin Claessens, Ishac Diwan. Will HIPC Matter: The Debt Game and Donor Behavior in Africa. Paper presented at the Economists' Forum, 2001.

［43］ Birdsall N, Rodrik D, Subramanlan A. How to Help Poor Countries. *Foreign Affairs*, 2005.

［44］ Blaise, S. , Japanese Aid as a Prerequisite for FDI: the Case of Southeast Asian Countries. Asia Pacific Economic Papers, No. 385, 2009.

［45］ Blaise, S. , On the Link between Japanese ODA and FDI in China: A Micro – Economic Evaluation Using Conditional Logit Analysis. *Applied Economics*, 2007.

［46］ Bourguignon F. , M. Sundberg, Absorptive Capacity and Achieving the MDGs, in G. Mavrotas and A. Shorrocks, (Eds). *Advancing Devel-*

*opment.* Core Themes in Global Economics, Palgrave, in association with UNU WIDER, 2007.

［47］Brautigam, D. A. , Knack, S. , Foreign Aid, Institutions and Governance in Sub – Saharan Africa. *Economic Development and Cultural Change*, 2004.

［48］Brautigam, Deborah, Governance, Economy, and Foreign Aid. *Studies in Comparative International Development*, 1992.

［49］Brutigan, Deborah, *Aid Dependence and Governance*, Almqvist & Wiksell, 2000.

［50］Buckley, Peter J. , Mark O. Casson, *The Economic Theory of the Multinational Enterprise*, New York: St. Martin's Press, 1985.

［51］Burnside C, Dollar D. Aid, Policies and Growth: Revisiting the Evidence. World Bank Policy Research Working Paper No. 3251. 2004.

［52］Burnside C. , Dollar D. Aid, Policies, and Growth. American, *Economic Review*, 2000.

［53］Carro M, Larru, J. M, Flowing Together or Flowing Apart: An Analysis of the Relation between FDI and ODA Flows to Argentina and Brazil. MPRA Paper, No. 25064, 2010.

［54］Charles R. Beitz, *Political Theory and International Relations* (*2nd*), Princeton, NJ: Princeton University Press, 1999.

［55］Chauvet L, Guillaumont P. Aid and Growth Revisited: Policy, Economic Vulnerability and Political Instability. Paper presented at the Annual Bank Conference of Development Economics, Oslo. 2002.

［56］Clemens M, Radelet S. The Millennium Challenge Account: How Much is too Much, How Long is Long Enough? Washington: Center for Global Development, Working Paper No. 23, 2003.

［57］Collier P, Dollar D. , Aid Allocation and Poverty Reduction. European *Economic Review*, 2002.

[58] Conway P. IMF Lending Programs: Participation and Impact. *Journal of Development*, 1994.

[59] D'Aiglepierre, R., Wagner, L., Aid and Universal Primary Education. CERDI Etudes et Documents, E 22, 2010. http: //cerdi. org/uploads/ed/2010/2010. 22. pdf.

[60] Dalgaard, Olsson, Windfall Gains, Political Economy and Economic Development. Paper prepared for the 2006 AERC conference in Nairobi, 2006.

[61] Dalgaard CJ, Hansen H, Tarp F. On the Empirics of Foreign Aid and Growth. *Economic Journal*, 2004.

[62] Dalgaard CJ, Hansen H. On Aid, Growth and Good Policies. *Journal of Development Studies*, 2001.

[63] Dasgupta Dipak, Dilip Ratha, What Factors Appear to Drive Private Capital Flows to Developing Countries? And How Does Official Lending Respond? World Bank Policy Research Working Paper No. 2392, 2000.

[64] Deborah A. Brautigam, Stephen Knack, Foreign Aid, Istitutions and Governance in Sub – Saharan Africa. *Southern Economic Development and Cultural Change*, 2004.

[65] Devarajan S, BajkumarA S, Swaroop V. What Does Aid to Africa Finance? Development Research Group, World Bank, January, 1999.

[66] Dilip Ratha. Complementarity between Multilateral Lending and Private Flows to Developing Countries: Some Empirical Results. World Bank Policy Research Working Paper No. 2746, 2001.

[67] Dollar David, William Easterly. The Search for the Key: Aid, Investment and Policies in Africa. World Bank, Development Re-

search Group, 1998.

[68] Dollar David, Lant Pritchett. *Assessing aid: What works, what doesn't, and why.* New York: Oxford University Press, 1998.

[69] Doucouliagos, Paldam. Aid Effectiveness on Growth: Ameta Study. *European Journal of Political Economy* , 2008.

[70] Doucouliagos D, Paldam M. The Aid Effectiveness Literature: the Sad Results of 40 Years of Research. *Journal of Economic Surveys*, 2009.

[71] Dowling, M. , Hiemenz, U. , Aid, Savings and Growth in the Asian Region, Economic Office Report Series 3. Asian Development Bank: Manila, 1982.

[72] Dreher, A. , Nunnenkamp, P. , Thiele, R. Does aid for education educate children? Evidence from panel data. *World Bank Economic Review*, 2008.

[73] Dunning, John H. , *Multinational Enterprises and the Global Economy.* Addison Wesley Publishing company, 1993.

[74] Durbarry R, Gemmell N, Greenaway D. New Evidence on the Impact of Foreign Aid on Economic Growth. CREDIT Research Paper No. 98/9, 1998.

[75] Easterly, W. , Can Foreign Aid Buy Growth? *Journal of Economic Perspectives*, 2003.

[76] Elizabeth Asiedu, Aid and Human Capital Formation: Some Evidence, 2008, http: //www. afdb. org/fileadmin/uploads/afdb/Documents/Knowledge/30754268 – EN – 1. 3. 4 – GYIMAH – AID – HU-MANCAP4. PDF.

[77] Elsabe Loots, Aid and Development in Africa: The debate, the challenges and the way forward, 2005.

[78] George Economides, Sarantis Kalyvitis, Apostolis Philippo-

poulos, Does Foreign Aid Distort Incentives and Hurt Growth? *Public Choice*, 2008.

[79] Gomanee, K. et al. , Aid, Government Expenditure and Aggregate Welfare. *World Development*, 2004.

[80] Gomanee, K. et al. , Aid, Pro – Poor Government Spending and Welfare. CREDIT Research Paper. No 03/03, 2003.

[81] Graham Bird, Dane Rowlands. The Catalytic Effect of Lending by the International Financial Institutions. *World Economy*, 1997.

[82] Gupta, Sanjeev, Benedict Clements, Alexander Pivovarsky, Erwin Tiongson. Foreign Aid and Revenue Response: Does the Composition of Foreign Aid Matter? In Sanjeev Gupta, Benedict Clements and Gabriela Inchauste (eds. ). *Helping Countries Develop. The Role of Fiscal Policy*. Washington D. C. : International Monetary Fund, 2004.

[83] Hadjimichael, M. T, D. Ghura, M. Muhleisen, R. Nord, E. M. Ucer. , Sub – Saharan Africa: Growth, Savings and Investment, 1986 – 93. Washington D. C. : International Monetary Fund Occasional Paper, No. 118, 1995.

[84] Hans Morgenthau, A Political Theory of Foreign Aid. *The American Political Science Review*, 1962.

[85] Hansen H, Tarp F. Aid and Growth Regressions. *Journal of Development Economics*, 2001.

[86] Harms P, Lutz M Aid, Governance and Private Investment: Some Puzzling Findings and a Possible Explanation. HWWA Disscussion Paper, No. 1 – 33, 2003.

[87] Harms P, Lutz M. Aid, Governance and Private Investment: Some Puzzling Findings for the 1990s'. *Economic Journal*, 2006.

[88] Hennart, J. F. , M. Zeng, Cross – Cultural Differences and Joint Venture Longevity. *Journal of International Business Studies*, 2002.

[89] Hien P. T, The Effects of ODA in Infrastructure on FDI Inflows in Provinces of Vietnam 2002 ~ 2004. VDF Working Paper, No. 089, 2008.

[90] Islam N. Regime Changes, Economic Policies and the Effects of Aid on Growth. Paper presented at the conference, Exchange Rates. Economic Integration and the International Economy, 2002.

[91] Itaki Massahiko, A Critical Assessment of the Eclectic Theory of the Multinational Enterprises. *Journal of International Business Studies*, 1991.

[92] J. G. Stotsky, A Wolde Mariam, Tax Effort in Sub – Saharan Africa. International Monetary Fund Working Paper WP/97/107, 1997.

[93] Jakob Svensson, Foreign Aid and Rent – Seeking. *Journal of International Economics*, 2000.

[94] Jensen PS, Paldam M. Can the New Aid – Growth Models Be Replicated? Institute for Economics: Aarhus. Working Paper No. 2003 – 17, 2003.

[95] John H. Dunning, *International Production and the Multinational Enterprise*. London: George Allen & Unwin, 1981.

[96] John. H Dunning, Reappraising the Eclectic Paradigm in An Age of Alliance Capitalism. *Journal of International Business Studies*, 1995.

[97] John. H Dunning, Some Antecedents of Internalization Theory. Journal of International Business Studies, Vol. 34, No. 2, *Focused Issue: The Future of Multinational Enterprise: 25 Years Later*, 2003.

[98] Julian Donaubauer, Dierk Herzer, Peter Nunnenkamp, Does Aid for Education Attract Foreign Investors? An Empirical Analysis for Latin America, Kiel Working Paper No. 1806, 2012.

[99] Kapfer S, Nielsen R, Nielson D, If You Build It, Will They Come? Foreign Aid's Effects on Foreign Direct Investment. Paper

prepared for the 65th MPSA National Conference, 2007.

[100] Karakaplan U. M. , Neyapti B. , Sayek S. , Aid and Foreign Direct Investment: International Evidence. Bilkent University Discussion Paper, No. 05 – 05, 2005.

[101] Karl, Terry Lynn. *The Paradox of Plenty*: *Oil Booms and Petro-states*. Berkeley, CA: University of California Press, 1997.

[102] Karuna Gomanee, Sourafel Girma, Oliver Morrissey, Aid, Public Spending And Human Welfare: Evidence From Quantile regressions. *Journal of International Development*, 2005.

[103] Kimura H, Todo Y. , Is Foreign Aid a Vanguard of Foreign Direct Investment? A Gravity – Equation Approach. *World Development*, 2009.

[104] Kosack S. Effective Aid: How Eemocracy Allows Development Aid to Improve the Quality of Life. *World Development* , 2003.

[105] Lavy Victor, Sheffer , *Foreign Aid and Economic Development in the Middle East*: *Egypt*, *Syria and Jordan*. New York and London: Praeger, 1991.

[106] Lensink R, White H. Are There Negative Returns to Aid? *Journal of Development Studies* , 2001.

[107] Lensink, R, H. White, Aid Dependence, Issues and Indicators. EGDI Study No. 2, 1999.

[108] Lensink, Robert, Howard White, b, Is There an Aid Laffer Curve? Working Paper 99/6, Centre for Research in Economic Development and International Trade, Univ. of Nottingham, 1999.

[109] Loots E. Aid and Development in Africa: the Debate, the Challenges and the Way Forward. *South African Journal of Economics*, 2006.

[110] Lu S, Ram R. Foreign Aid, Government Policies and Eco-

nomic Growth: Further Evidence From Cross-country Panel Data for 1970 to 1993. *Economia Internazionale* , 2001.

[111] Maren, Michael, *The road to hell: The ravaging effects of foreign aid and international charity.* New York: The Free Press, 1997.

[112] Mark McGillivray, Simon Feeny, Niels Hermes, Robert Lensink, Controversies Over the Impact of Development Aid: It Works; It Doesn't; It Can, But That Depends. *Journal of International Development*, 2006.

[113] Markusen J, R. , *Multinational Firms and the Theory of International.* Boston: MIT Press, 2002.

[114] Michael Clemens, Steven Radelet, The Millennium Challenge Account: How Much is Too Much, How Long is Long Enough? Working Paper No. 23, 2003.

[115] Michaelowa, K. and A. Weber, Aid Effectiveness Reconsidered: Panel Data Evidence from the Education Sector. Hamburg Institute of International Development Working Paper No. 264, 2006.

[116] Michaely, Michael, Foreign Aid, Economic Structure and Dependence. *Journal of Development Economics* , 1981.

[117] Mody, A. , Razin, A. , Sadka, E. , The Role of Information in Driving FDI Flows: Host – Country Transparency and Source – Country Specialization. NBER Working Paper, No. 9662, 2003.

[118] Moore, Mick. *Death without taxes: Democracy, state capacity, and aid dependence in the fourth world.* In Towards a democratic developmental state, edited by G. White and M. Robinson. Oxford: Oxford University Press, 1998.

[119] Morrissey, Islei, M. Amanja, Aid Loans Versus Aid Grants. CREDIT Research Paper, No. 06/07, 2006.

[120] Mosley P, Hudson J, Horrell S. Aid, the Public Sector and

the Market in Less Developed Countries. *Economic Journal* , 1987.

[121] Mosley P. Aid Effectiveness: the Micro – Macro Paradox. Institute of Development Studies Bulletin, No. 17, 1986.

[122] Moss, T. , Pettersson, G. , Vander Walle, N. An Aid-institutions Paradox? A Review Essay on Aid Dependency and State Building in Sub – Saharan Africa. Center for Global Development, Working Paper No. 74, 2006.

[123] Odedokun, Matthew. Economics and Politics of Official Loans versus Grants, Panoramic Issues and Empirical Evidence. WIDER Discussion Paper No. 04, 2003.

[124] Park, S. H. , G. R. Ungson, The Effect of National Culture, Organizational Complementarity and Economic Motivation on Joint Venture Dissolution. *The Academy of Management Journal*, 1997.

[125] Patrik Guillaumont, Sylviane Guillaumont Jeanneney, Absorptive Capacity: More Than the Volume of Aid, its Modalities Matter. CERDI Etudes et Documents, February 2007.

[126] Reinikka R. , J. Svensson, Coping with poor public capital. *Journal of Development Economics*, 2002.

[127] Remmer K L. Does Foreign Aid Promote the Expansion of Government? *American Journal of Political Science*, 2004.

[128] Rodrik, D. Why is there multilateral lending? Paper for Annual World Bank Conference on Development Economics, 1995.

[129] Rodrik, Dani. Understanding economic policy reform. *Journal of Economic Literature*, 1996.

[130] Roodman D. The Anarchy of Numbers: Aid, Development and Cross-country Empirics. CGD Working Paper No. 32, 2004.

[131] Rosenstein – Rodan P. N. , International Aid for Underdeveloped Countries. *Review of Economics and Statistics*, 1961.

[132] Selaya P. , Sunesen E. R. , Does Foreign Aid Increase Foreign Direct Investment? Discussion Papers No. 08 – 04, 2008.

[133] Serven, Luis, Infrastructure and Growth. The World Bank, DECRG Research Brief, 2010.

[134] Sobhan, R. , Aid Dependence and Donor Policy: The Case of Tanzania with Lessons from Bangladesh's Experience, in Sida, ed. , 1996.

[135] Stephen Knack, Aid Dependence and the Quality of Governance: Cross – Country Empirical Tests. Southern *Economic Journal*, 2001.

[136] Subhayu Bandyopadhyay, Todd Sandler, Javed Younas, Foreign Direct Investment, Aid, and Terrorism: An Analysis of Developing Countries. Federal Reserve Bank of St. Louis Working Paper Series 2011 – 004A, 2011.

[137] Sung Jing Kang, Hongshik Lee, Bokyeong Park, Does Korea Follow Japan in Foreign Aid? Relationships between Aid and Foreign Investment. *Japan and the World Economy*, 2011.

[138] Thomas Carothers, Aiding Democracy Abroad: A Learning Curve, Washington D. C. Carnegie Endowment for International Peace, 1999.

[139] Tilly, Charles, *War making and state making as organized crime. In Bringing the state back in*, edited by P. Evans, D. Rueschemeyer, T. Skocpol, New York: Cambridge University Press, 1985.

[140] van de Walle, Nicolas, *African Economies and the Politics of Permanent Crisis*, 1979 – 1999. Cambridge University Press: Cambridge, 2001.

[141] White, John, *The Politics of Foreign Aid*. London: The Bodley Head Ltd, 1974.

［142］ William Ryrie, *First World, Third World: North – South Divide.* Robert Ryce Ltd. , 1985.

［143］ World Bank. *Assessing Aid, What Works, What Doesn't and Why.* Oxford University Press, 1998.

［144］ Yasin, M. , Official Development Assistance and Foreign Direct Investment Flows to Sub Saharan Africa. *African Development Review* , 2005.

［145］ Younger, Stephen, Aid and the Dutch Disease: Macroeconomic Management When Everybody Loves You. *World Development*, 1992.